W0038997

CARL AUER
LebensLust

Die Fragebögen und Checklisten aus diesem Buch finden Sie als Download unter:
http://www.carl-auer.de/machbar/wie_man_wird_wer_man_sein_kann

Rolf Arnold

Wie man wird, wer man sein kann

29 Regeln zur Persönlichkeitsbildung

Erste Auflage, 2016

Umschlaggestaltung: Uwe Göbel
Umschlagmotiv: © Feng Yu | Dreamstime.com
Satz: Verlagsservice Hegele, Heiligkreuzsteinach
Printed in Germany
Druck und Bindung: CPI books GmbH, Leck

Erste Auflage, 2016
ISBN 978-3-8497-0102-4 (Printausgabe)
ISBN 978-3-8497-8038-3 (ePUB)
ISBN 978-3-8497-8024-1 (PDF)

© 2016 Carl-Auer-Systeme Verlag
und Verlagsbuchhandlung GmbH, Heidelberg
Alle Rechte vorbehalten

Bibliografische Information der Deutschen Nationalbibliothek:
Die Deutsche Nationalbibliothek verzeichnet diese Publikation
in der Deutschen Nationalbibliografie; detaillierte bibliografische
Daten sind im Internet über http://dnb.d-nb.de abrufbar.

Informationen zu unserem gesamten Programm, unseren Autoren
und zum Verlag finden Sie unter: **www.carl-auer.de**.

Wenn Sie Interesse an unseren monatlichen Nachrichten
aus der Vangerowstraße haben, können Sie unter
http://www.carl-auer.de/newsletter den Newsletter abonnieren.

Carl-Auer Verlag GmbH
Vangerowstraße 14
69115 Heidelberg
Tel. +49 6221 6438-0
Fax +49 6221 6438-22
info@carl-auer.de

Inhalt

Vorwort

Das vorliegende Buch handelt von der Persönlichkeitsbildung. Diese bezeichnet ein altes Anliegen des Nachdenkens über Lernen, Bildung und menschliche Entwicklung, zu dem es in der Vergangenheit unzählige Konzepte und Entwürfe gegeben hat. Diese behaupteten meist mehr, als sie einzulösen vermochten. Sie spannten den Einzelnen in ein Korsett aus überlieferten Ansprüchen und unterstellten Wirkungsversprechen. Konkrete Hinweise darauf, wie er selbst zu werden vermag, der er ist, enthielten sie kaum. Es ist nicht das Ziel der hier vorgelegten Hinweise und Überlegungen zur Persönlichkeitsbildung, diesen Überlieferungen eine weitere Lesart hinzuzufügen.

Dabei rückt eine These in den Vordergrund, welche die Bildung der Persönlichkeit als Ausdruck einer doppelten Spiralbewegung beleuchtet: der *Selbstreflexion* und der *Übung*. Spiralbewegungen haben die Eigenart, kreisförmig zu verlaufen und doch fortzuschreiten. Dieses Bild steht dafür, dass Bildungsprozesse stets pendelartig verlaufen: zwischen dem Individuum mit seinen sich entpuppenden Einsichten und Fähigkeiten auf der einen Seite und den Anregungen, Ansprüchen und Zumutungen seiner sozialen Lage andererseits. Meistens ist das Individuum dieser Pendelbewegung ausgesetzt, und es wählt nur selten selbst aus, womit es sich zu befassen hat. Anders die Persönlichkeitsbildung! Diese lebt von der zunehmenden Autonomie des sich entwickelnden Menschen, sich gezielt mit sich selbst und den Formen seines Umgangs mit seiner inneren und äußeren Welt auseinanderzusetzen.

Das vorliegende Buch eröffnet Möglichkeiten einer solchen selbstreflexiven Übung. Es stellt zahlreiche Regeln und Tools zur Verfügung,[1] die keiner instrumentellen Logik folgen. Vielmehr

---

1 Die Fragebögen und Checklisten aus diesem Buch finden Sie auch als Download zum Ausdrucken auf der Seite http://www.carl-auer.de/machbar/wie_man_wird_wer_man_sein_kann.

ist es das Ziel dieser Tools, Zugänge zum eigenen Ich und seinen bevorzugten Formen der Wirklichkeitskonstruktion anzubahnen. Die dabei formulierten 29 Regeln folgen keiner Wenn-dann-Logik. Das Regelhafte der hier vorgelegten Anleitungen zur eigenen Persönlichkeitsbildung wird vielmehr durch die Regel 29 selbst konterkariert und dementiert, die da heißt: »Misstraue den 28 Regeln und komme ohne sie aus!«

Noch ein Wort zum Titel dieses Buches. Er widmet sich nicht der Frage »Wer bin ich und wenn ja wie viele?«, die auch als Titel für einen Bestseller herhalten musste. Diese Frage ist älter als das erwähnte Buch. Sie findet sich bereits in unterschiedlichen anderen Veröffentlichungen (vgl. Arnold 2007) und zierte wohl auch als Graffiti die Berliner Mauer. Gleichwohl ist dieser Spruch ungenau, da wir nicht »sind«, sondern »werden«. Zu Persönlichkeiten jedoch werden wir nur durch eigene Bewegung, die Suche, Selbstbildung und Übung ist. Das eigentliche Thema der Persönlichkeitsbildung lautet deshalb: Wie kann man werden, wer man ist?

Rolf Arnold
April 2016

Einleitung

In den Tagebüchern des Schriftstellers Max Frisch (1911–1991) findet sich die Formulierung: »So löse ich mich auf und komme mir abhanden« (Frisch 1998, S. 131). Mit diesen Worten charakterisiert Frisch selbst zwar sein eigenes Altern, markiert jedoch auch nicht ganz ungewollt den Pfad einer *wahrhaften Persönlichkeitsbildung*. Menschen altern zwar, doch werden sie erst erwachsen, wenn sie sich selbst zu einem Veränderungsanliegen geworden sind. »Sich abhandenkommen« ist dabei eine unvermeidbare Erfahrung. Mit ihr erleben wir die Zufälligkeit und Wandelbarkeit dessen, was uns gewiss und sicher zu sein scheint. Diese Gewissheiten haben wir in ihren Grundfesten mit der Muttermilch eingesogen. Sie bestimmen nicht nur unsere Spontanreaktionen, sondern auch unser vermeintlich noch so besonnenes Handeln. Wir leben nach dem Motto »Ich will so bleiben, wie ich bin!« und freuen uns über jedes Echo, das uns zuruft: »Du darfst!«

»Gewissheit« beschreibt diesen Zustand der unmittelbaren Evidenz – frei von »Unruhe und Schwanken«; wir fühlen, »dass die Sache sich so verhalte, sich nicht anders verhalten könne, dass sie notwendig so sei, wie wir sie erkennen« (Leimbach 2010, S. 5 f.). Dieser Zustand geht oft mit einer emotionalen Entschiedenheit einher, getragen von einer tief verankerten Angst vor Aufgabe, Selbstverlust und Neubeginn. Das Vertraute können wir nämlich nicht so ohne Weiteres abstreifen, ohne unseren Halt zu verlieren. Wir spüren: Wenn wir unseren Gewissheiten zu misstrauen beginnen, geht dies nicht ohne das Risiko der Selbstaufgabe, gegen die sich alles in uns sträubt (vgl. Hofmann 2000). Doch wer diesen Schritt scheut, für den bleibt seine Welt, wie sie ist: berechenbar und gewiss, aber auch immer ähnlich und ohne wirkliche Entwicklung. Er beraubt sich der Chance,

– die Welt zu verändern, indem er lernt, in anderer Weise auf sie zu blicken und auf sie zu reagieren,

– mit dem Gegenüber in einen tieferen Kontakt zu kommen, weil man es durch *dessen* Möglichkeiten und nicht durch die eigenen Befürchtungen zu betrachten lernt, und

– so allmählich aus den immer wieder gleichen Schleifen der sich selbst erfüllenden Beurteilungen und Befürchtungen auszusteigen.

Während einer didaktischen Fortbildung von Lehrerinnen und Lehrern entstand eine hitzige Debatte zu der Frage, ob Jugendliche bloß unter Druck zu lernen in der Lage sind. Eine ältere Lehrerin bemerkte: »Ich habe in meiner langjährigen Praxis vieles aufgeben müssen, was eigentlich meinem pädagogischen Ethos entsprach: u. a. auch die Illusion, dass Kinder und Jugendliche neugierig sind und begeistert selbst lernen können, wenn man ihnen den Raum dafür gibt.« Auf den Hinweis, dass die neuere Hirnforschung immer deutlicher die Möglichkeit von Vermitteln, Lehren und Intervenieren grundlegend infrage stelle[2], reagierte sie gereizt: »Wollen Sie damit sagen, dass meine Erfahrungen nicht stimmen und ich mir alles bloß so zurechtlege?« Ein Teilnehmer versuchte die Wogen mit den Worten zu glätten: »Ich verstehe dies so, dass wir als Lehrende nicht auf der Grundlage dessen handeln, was tatsächlich der Fall zu sein scheint, sondern auf der Grundlage unserer eigenen Erfahrungen, Deutungen und Interpretationen. Diese sind jedoch nicht allein deshalb richtig, weil wir sie haben. Unsere Erfahrungen haben aber auch die Tendenz, sich zu verfestigen und zu verselbstständigen. Wie ich aus eigenem Erleben weiß, beurteilen und bewerten wir dann die Absichten und Möglichkeiten des Gegenübers mithilfe der Erfahrungen, die wir bereits in die Situation mitbringen. Mich zermürben deshalb ganz andere Fragen: Was kann der Schüler oder die Schülerin dafür, dass ich nur diese Erfahrungen habe und keine

---

2 So betonen u. a. die Hirnforscher Gerhard Roth und Manfred Spitzer unisono, „dass Bedeutungen gar nicht übertragen werden können, sondern in jedem Gehirn erzeugt (konstruiert) werden müssen" (Roth, S. 269). Oder: „Vermitteln kann man eine Mietwohnung oder vielleicht sogar eine Heirat. ›Stoff‹ jedenfalls kann man nicht vermitteln! Ebenso wenig wie Hunger. Hunger produziert sich jeder selbst, und Lernen produziert sich auch jeder selbst. Jeder auf seine Weise; und jeder lernt auch auf seine Weise und eben genau dasjenige, was in das Gefüge seiner Synapsengewichte am besten passt" (Spitzer 2007, S. 417).

anderen? Wie vielen von ihnen habe ich bereits Unrecht getan, weil ich ihre Möglichkeiten nicht zu erkennen vermochte und deshalb nicht in der Lage gewesen bin, tatsächlich unterstützend zu handeln? Ich muss sagen: Die Ergebnisse der neueren Hirn- und Lernforschung verunsichern mich auf eine produktive Weise und veranlassen mich dazu, nach neuen Wegen des Lehrens und der Lernbegleitung zu suchen – Wege, die für meine Schülerinnen und Schüler passender und hilfreicher sind.«

Dieses Beispiel zeigt:

> Erfahrungen können verunsichert werden, und aus dieser Verunsicherung können Lernprozesse erwachsen: Wir verlassen dann die Trance unserer lieb gewonnenen Interpretationen und suchen nach neuen Formen des Denkens, Fühlens und Handelns.

Bisweilen werden wir aber auch ungewollt mit Erlebnissen konfrontiert, deren distanzierende Wirkung wir auch mit größter Interpretationskraft nicht von der Hand weisen können. Es fällt uns schwer oder erweist sich gar als unmöglich, so zu bleiben, wie wir sind. Solche Lagen sind:

- Wir erreichen trotz aller Bemühungen das Ziel nicht, das wir mit allen Mitteln erreichen wollten.
- Oder wir erleiden den Verlust eines Partners durch Tod oder Trennung.
- Auch über unsere Gesundheit verfügen wir nicht sicher, wir können plötzlich und unerwartet mit einem Leiden konfrontiert sein, das unsere bisherige Lebensweise umstülpt und auf den Kopf stellt.

Solche Erlebnisse stürzen uns ohne unser Zutun in Krisen. Wir müssen uns nicht zu einer Infragestellung und Neuinterpretation des Bisherigen durchringen – es wird uns abverlangt. Sie dementieren unsere bisherigen Gewohnheiten und fordern von uns eine Neuorientierung. Nichts ist mehr, wie es einmal gewesen ist, und selbst wenn wir das Vertraute festzuhalten versuchen, wird es uns mehr und mehr fremd.

»Meine erste Frau« – so berichtet Robert in einem Seminar zur Persönlichkeitsbildung – »habe ich verlassen, weil ich den Eindruck hatte, ich würde an ihrer Seite mein Leben verpassen. Damals zog ich zu meiner Freundin, und alles fühlte sich großartig an: Es war ein prickelnder Neubeginn. Heute – nach zwanzig Jahren – beschleichen mich bisweilen ähnliche Befürchtungen und nahezu dieselben Gefühle. Vielleicht muss ich mir selbst die Frage stellen, warum ich mich hier wiederhole?«

Solche Rückbesinnungen auf das Eigene sind selten, aber weiterführend. Sie sind selten, weil Menschen dazu neigen, die äußeren Bedingungen für ihre Befindlichkeiten verantwortlich zu machen – eine Schlussfolgerung, die es immer und immer wieder nahelegt, seine Lebensumstände, nicht die eigenen Lebensgewissheiten zu verändern. Es sind dann die Kollegen, die Partner, die Obrigkeit oder gar eine bestimmte Gruppe von Mitmenschen, die wir für die von uns als defizitär empfundene Lage verantwortlich machen. Wir unterliegen dann – meist, ohne dass uns dies bewusst wird – der »Illusion der falschen Urheberschaft« (Roth 2007, S. 280), einer Art zerebralem Kurzschluss. Wir halten das Verhalten des Gegenübers für die Ursache unseres Befindens, indem wir unsere Gefühle »an bestimmte Geschehnisse (heften), die im Zweifelsfall primär gar nichts mit ihnen zu tun haben« (ebd., S. 9).

Diesen Mechanismus der falschen Verursachungszuschreibung zu durchschauen ist ein erster wesentlicher Schritt jeglicher Persönlichkeitsbildung. Mit diesem brechen wir nicht bloß aus der unterkomplexen Welt der linear-mechanistischen Zuschreibungen aus, wir entkommen auch der Opferrolle.

In der Opferrolle verharren wir nämlich bevorzugt, weil sie uns – scheinbar – entlastet: Andere sind schuld und tragen die Verantwortung für unsere Lage! Eine solche Sicht der Dinge ist aber nur auf den ersten Blick eine Entlastung, in Wahrheit *beschweren* wir uns – wir machen es uns schwer! –, und wir verpassen den Aufbruch in die Selbstverantwortung. Die Selbstverantwortung, um die es hierbei geht, ist umfassend. Sie zeigt uns, dass wir eine Wahl haben: Wir können den Mechanismus einer »Illusion der falschen Urheberschaft« (ebd.) durchschauen und hinter uns lassen oder an ihm festhalten. Wem es gelingt, tatsächlich zu begreifen,

> »(...) dass er der Konstrukteur seiner eigenen Wirklichkeit ist, dem steht das bequeme Ausweichen in Sachzwänge und in die Schuld der anderen nicht offen« (Watzlawick 2011b, S. 80 f.).

Hat man diesen Schritt in die Ernüchterung erst einmal absolviert, dann bewegt sich das eigene Denken, Beurteilen und Schlussfolgern behutsamer. Wir können dann beginnen, den emotionalen Kräften und den inneren Bildern in uns nachzuspüren, die uns immer und immer wieder dazu drängen wollen, Recht zu haben und Recht behalten zu wollen. Dabei decken wir mehr und mehr unsere eigenen Unsicherheiten gegenüber einer unerklärten, unsicheren und deshalb unbegreifbaren Wirklichkeit auf, und wir entdecken, dass wir nicht nur zur falschen Zuschreibung der Urheberschaft tendieren, sondern auch zur Entschiedenheit. Diese Haltung ist ungeduldig und drängt uns dazu, spontan zu urteilen und zu bewerten: »Lieber ein Ende mit Schrecken, als ein Schrecken ohne Ende!« – lautet die Parole dieses Ausbruchs aus der Unsicherheit: »Lieber erkenne ich in dem Ungewohnten und mich Ängstigendem das, was mir vertraut ist, als dass ich noch länger in der beängstigenden Erklärungssuche verharre!«

Persönlichkeitsbildung ist der Weg zur Bewusstheit durch Selbstreflexion. Dieser führt uns zu einem immer tieferen Verständnis der Mechanismen in uns und zwischen uns, die unser Bild von der Wirklichkeit erzeugen. Dieser Weg ist kein Spaziergang durch den Lustgarten anregender und unterhaltsamer Eindrücke. Er ist vielmehr ein mühsamer Aufstieg zu der Aussichtsplattform, die uns nicht nur den Blick auf das, was uns treibt, eröffnet, sondern auch auf unsere verpassten Gelegenheiten, diejenigen zu werden, die wir sein könnten.

Wer sich auf diesen Aufstieg einlässt, wird fündig. Zunächst findet er zahlreiche Gründe dafür, sein bisheriges Erleben neu zu bewerten. Dabei stößt er auch auf viele Anlässe, sich bei den signifikanten Konfliktpartnern seines Lebens für die Verwechslung zu entschuldigen: »Verzeihe mir, dass ich dich so gesehen habe, wie ich dies vermochte. Dadurch bist du mir in dem, was du eigentlich bist und auch für mich hättest sein können, entgangen! Welche Begegnung wäre zwischen uns möglich gewesen, wenn ich die Mechanismen meiner Wirklichkeitskonstruktion nur früher hätte durchschauen können!«

Robert war mit diesen Gedanken keineswegs einverstanden; zu unausweichbar meldete sich seine Entschiedenheit zu Wort: »Das klingt ja so, als würde ich mir alles, was ich in meinen Beziehungen empfinde, selbst machen. Das kann doch wohl nicht sein! Es gibt doch neben allen ›Illusionen der falschen Urheberschaft‹ auf meiner Seite auch so etwas wie die Offenheit, Selbstreflexion und Beziehungsfähigkeit des Gegenübers! Was machen Sie denn, wenn Sie mit Ihrer Selbstreflexion gut vorangekommen sind, es aber mit einem Gegenüber zu tun haben, für das Sie der Urheber allen Übels sind und bleiben?«

Auf diese und andere Fragen wird in dem vorliegenden Buch eingegangen. Dabei wird auch zur Sprache kommen, dass die Persönlichkeitsbildung uns nicht nur selbst verändert, sondern schließlich auch dazu führt, dass wir die Rollen in unseren sozialen Beziehungen und diese Beziehungen selbst neu bewerten. Wir erkennen dann nicht nur, welche Verwechselung wir selbst an den anderen vornehmen, sondern auch, welchen Verwechselungen wir selbst beständig ausgesetzt sind. Und wir erfahren, wie wir solchen Indienstnahmen elegant ausweichen oder uns auch von ihnen abgrenzen können.

Die gereifte Persönlichkeit benötigt reife Kontexte, um sein zu können, was sie mittlerweile geworden ist, und sie weiß, wofür sie zur Verfügung steht und wofür nicht (mehr).

Der Hintergrund für die hier vorgetragenen Überlegungen, Vorschläge und auch Empfehlungen ist der einer systemisch-konstruktivistischen Bildungstheorie. Diese geht davon aus, dass

Bildung bzw. Gebildetheit letztlich eine *Kompetenzreifung* beschreiben, die mehr umfasst als ein Sichauskennen in Themen, Fachgebieten und Kulturbestandteilen. Bildung wird in ihrem Kern als Persönlichkeitsbildung gedacht, zumal man viel wissen kann, ohne dadurch in seiner Persönlichkeit zu wahrer Selbsterkenntnis, sozialer Resonanzfähigkeit und konstruktiver Gestaltungskraft vorangeschritten zu sein (vgl. Arnold 2015a).

> Persönlichkeitsbildung beschreibt den Zustand gestärkter, gezügelter und bezogener Ichkräfte: Wer diese Kräfte aus sich heraus entwickeln konnte, weiß, was in ihm steckt (= Stärkung), ist gleichwohl den Selbsterwartungen und den Erwartungen der anderen nicht einfach nur ausgesetzt (= Zügelung), sondern ist insbesondere in der Lage, seine Bezogenheit auf andere sowohl »mit« als auch »gegen« diese so zu balancieren, dass Ichbildung und Identitätsbewusstsein gelingen können (= Bezogenheit) (vgl. Stierlin 2014, S. 57).

In diesem Prozess der Persönlichkeitsbildung bewegt sich das Individuum zwischen Anpassung und Widerstand, zwischen Aneignung und Gestaltung – mit jeweils spezifischen Ausdrucksformen, die sich kaum prognostizieren und nur schwer verändern lassen. Diese Ausdrucksformen bilden eine Art *Basispersönlichkeit*, mit der wir für andere, aber auch für uns selbst berechenbar bleiben. Der Mensch ist somit kein unvoreingenommen auf seine Umwelt blickendes Wesen; er beobachtet, schlussfolgert und reagiert vielmehr auf der Basis seiner biografisch erworbenen »Annahmen«. Der Physiker David Bohm (1917–1992) schreibt:

> »Der Beobachter ist das Beobachtete. Wenn wir die beiden nicht zusammensehen, den Beobachter und das Beobachtete bzw. die Annahmen und die Emotionen, erhalten wir ein völlig falsches Bild. Wenn ich sage, ich will sehen, was in meinem Geist vorgeht, aber meine Annahme nicht mitbedenke, bekomme ich ein falsches Bild, weil die Annahmen es sind, die beobachten« (Bohm 2011, S. 136).

Dies bedeutet: In dem, was in ihm ein Erkennen, eine Resonanz, eine Interpretation oder gar einen Handlungsimpuls auszulösen vermag, ist der Mensch vornehmlich von dem bestimmt, was er an Erfahrungsmustern bereits in sich trägt. Er ist ein »Erfahrungstier«, wie dies Michele Foucault auszudrücken wusste

(Foucault 1996). Als solches handelt er »strukturdeterminiert«; sein Denken, Fühlen und Handeln folgen der Struktur der eigenen Deutungs- und Emotionsmuster – mit der Folge: Er ist »lernfähig, aber unbelehrbar« (Siebert 2015).

Der Mensch ist zwar prinzipiell in der Lage, seine bisherigen Formen des Denkens, Fühlens und Handelns aufzugeben, wenn diese ihm kein weiterführendes Handeln mehr ermöglichen – auch, wenn er meist darum bemüht bleibt, seine bewährten Annahmen, Sichtweisen und Gewohnheiten lediglich zu modifizieren und an ihnen so lange wie nur möglich festzuhalten. Doch ist er nicht nur ein Gewohnheits- und Erfahrungs-, sondern auch ein Reflexionstier! Dabei ist es jedoch keineswegs so, dass die überzeugende Kraft des besseren Arguments bereits aufklärend zu wirken vermag – eine ärgerliche Tatsache, mit der sich alle Formen einer professionellen Erwachsenenbildung nur sehr mühsam zu arrangieren vermochten. Nur allmählich öffneten sich deren Theorien und Konzepte

> »(...) gegenüber den nüchternen Einsichten der Emotions- und Hirnforschung, dass das Fühlen, Denken und Handeln der Menschen komplexeren – inneren – Logiken folge. Deutungsmuster lassen sich somit nicht allein durch Wissensvermittlung und damit Inhaltsaneignung ›aufklären‹. Erwachsene sind stets im Kokon ihrer gespürten Identität und Plausibilität gefangen, weshalb ein wirklich nachhaltiges Lernen nur gelingen kann, wenn die Lernenden ebenso umfassend in ihrer emotionalen Identitätsentwicklung angesprochen und auch zu dichten emotionalen Prozessen des Umspürens, des Selbsterlebens und der Selbstveränderung veranlasst werden können« (Arnold u. Schüßler 2015, S. 70).

Das vorliegende Buch ist ein solcher Anlass. Es greift die wesentlichen Einsichten zur Persönlichkeitsbildung auf – Einsichten aus der Bildungsforschung, aber auch aus der Denk- und Wahrnehmungsforschung sowie aus dem Bereich des Emotionalen Konstruktivismus (vgl. Arnold 2012). Dabei verbleibt die Darstellung nicht bei der nüchternen Erörterung der inneren Mechanismen, mit denen die Menschen sich ihre inneren Bilder, ihre Beurteilungs- und Handlungsmuster aneignen und diese zu einer authentischen Gewissheit verdichten. Es wird vielmehr versucht, die dabei zutage tretenden Einsichten pragmatisch zu wenden. Ziel ist es, zu konkreten Formen der Übung und Selbstveränderung vorzustoßen, damit *Persönlichkeitsbildung* als das wirksam werden kann, was sie in ihrem Kern ist: *eine persönliche Weiterentwicklung zu vielfältigeren und Perspektiven eröffnenden Formen des Denkens, Fühlens und Handelns – allein und in der Beziehung zu anderen.*

29 Regeln zur Persönlichkeitsbildung

Regel 1: Nimm deine Biografie als das, was sie ist: eine Erzählung dessen, was gewesen ist. Lies sie und integriere sie, ohne beständig aus ihr zu zitieren!

Menschen leben im Repeat-Modus: Sie sind in ihrem Denken, Fühlen und Handeln stets auch dem treu, was sie waren und was sie geworden sind. Kaum einer vermag aus einer ständigen Distanzierung von seinem früheren Leben heraus eine wirklich tragfähige Vorstellung von der eigenen Zukunft zu entwickeln. Selbst, wenn wir uns aus vergangenen Bindungen gelöst haben, um neue Wege zu gehen, nehmen wir uns selbst und unsere Sicht der Welt mit. Dadurch sorgen wir dafür, dass wir uns nicht völlig verlieren, sondern auch in den neuen Lebenslagen auf vertraute Weise denken, fühlen und handeln können. Nicht selten entfalten die dabei wirkenden inneren Mechanismen allerdings auch eine Art Eigenleben, und ehe wir's uns versehen, finden wir uns in den vertrauten Gefühlen der Vergeblichkeit, der Ausgrenzung oder der Enttäuschung wieder. Doch die Anlässe für diese Gefühle liegen nicht im Außen – selbst, wenn wir sie dort immer wieder zu finden meinen.

»Was heißt das denn? Soll ich mich etwa völlig auflösen, um dann mit meinen 52 Jahren Lebenserfahrung völlig ohne Substanz dazustehen?« – so die Frage eines Workshopteilnehmers. »Schließlich bin ich doch bislang ganz gut gefahren mit dem, was ich für angemessen, richtig oder zumutbar hielt, und meinen entsprechenden Reaktionen!« Auf die Nachfrage, ob er denn der Meinung sei, dass er den Menschen, von denen er sich in seinem bisherigen Leben abgewandt hat, mit seiner Beurteilung wirklich gerecht geworden ist, wurde er still und sagte: »Um ehrlich zu sein. Mir passiert es immer wieder, dass ich mich schnell über jemanden aufrege und ihm dann auch kaum mehr eine weitere Chance biete, sich mir anders zu zeigen!«

Dieses Beispiel zeigt: Die eigene Kontinuität ist eine wichtige, aber nicht unproblematische Substanz. Sie gibt unserer Persönlichkeit Beständigkeit, legt ihr aber auch Fesseln an. Lektionen der Vergangenheit, die dereinst das Überleben sicherten, können uns in unserem heutigen Leben einengen und von den einmaligen Potenzialen der jeweiligen Situation trennen.

Wir sehen dann den neuen Arbeitsplatz durch unsere bisherigen Erfahrungen. Dem neuen Vorgesetzten begegnen wir mit dem bei früheren Führungspersonen oder bereits bei den eigenen Eltern entstandenen Unbehagen. Oder wir nähern uns dem neuen Partner voller Ängste und Vorbehalte, die mit ihm nichts, mit unserer Biografie aber viel zu tun haben. Indem wir uns in dieser Weise dem Neuen nähern, betrachten wir es aus unserer Vergangenheit – nicht selten mit dem Ergebnis, dass auch dieses Neue mehr und mehr der Erfahrung gleicht, die wir bereits in uns tragen. »Wir sehen die Dinge nicht, wie sie sind, sondern wie wir sind!« heißt es im Talmud, einer jüdischen Schrift aus dem 5. Jahrhundert vor Christus. Dies bedeutet: Wir zitieren beständig aus unserer bisherigen Biografie – meist leise, oft aber auch laut, indem wir in unseren aktuellen Beziehungen Redewendungen verwenden und Vorwürfe adressieren, deren Originalton dem eigenen Kinderzimmer entstammt.

Diesen Wahrnehmungsmechanismus bezeichnet die Sozial- und Wahrnehmungspsychologie seit Langem als *Projektion*. Gemeint ist damit der Sachverhalt, dass

> »(...) ein Mensch immer nur wahrnehmen kann, was er zumindest als Hypothese in sich trägt, bzw. die äußere Realität immer seinen Mechanismen angleicht« (Maurer 2000, S. 36).

Unsere Biografie stiftet uns somit die Hypothesen, mit deren Hilfe wir uns in der Zukunft orientieren – nicht eins zu eins, wohl aber in der Form unserer tragenden Gewissheiten, lauernden Befürchtungen, ausschnitthaften Fokussierungen und in dem steten Bemühen, uns selbst mit unseren vertrauten Formen des Denkens, Fühlens und Handelns wiederentdecken zu dürfen.

> Eine tragfähige Konzeption der Persönlichkeitsbildung weiß nicht nur um die Mechanismen der selbst erfüllenden Prophezeiung, sie kennt vielmehr auch deren zähe Verankerung in unserem Leben mit seinen Lektionen (vgl. Watzlawick 1988).

Bereits der Schweizer Entwicklungspsychologe Jean Piaget (1896–1980) hat diesen Mechanismus des Erkennens, Deutens und Schlussfolgerns genauer analysiert. Er sprach von zwei gleichzeitig stattfindenden Wechselbewegungen des Erkennens und Lernens, welche er mit etwas sperrig daherkommenden Begriffen bezeichnete – nämlich der *Assimilation* (auf eine neue Situation wird mithilfe bereits vorhandener Muster des Denkens, Fühlen und Handelns reagiert) und der *Akkomodation* (bisherige Muster werden erweitert und an die Wirklichkeit angepasst). Er schreibt:

> »Erkenntnis erwächst ursprünglich weder aus den Objekten noch aus dem Subjekt, sondern – aus zunächst unentwirrbaren – Interaktionen zwischen dem Subjekt und diesen Objekten. Diese (anfänglich) sehr einfachen Interaktionen formen ein engmaschiges und unauflösliches Netz. (…)
>
> Kein Verhalten nämlich, selbst wenn es für Individuen neu ist, bedeutet einen absoluten Neuanfang. Es wird stets auf schon vorhandene Pläne übertragen und bedeutet deshalb im Grunde nur die Assimilierung neuer Elemente an bereits aufgebaute Strukturen« (Piaget 1981, S. 32 u. 42).

Wir sind somit ebenso mit unseren Annahmen identisch, wie wir auch zur nüchternen Prüfung, Auswertung und verändernden Schlussfolgerung fähig zu sein vermögen. Dann können sich unsere vertrauten Deutungsmuster wandeln, und wir können auch aus beengenden oder beängstigenden Emotionsmustern aussteigen und Neues wagen. Solche Veränderungen bewirken letztlich eine »Modifikation« unserer »Assimilierungsstruktur« – ein Effekt, den Jean Piaget, wie gesagt, als »Akkomodation« bezeichnet (ebd., S. 44). Diese ist zunächst unwahrscheinlich, funktionieren unsere Wahrnehmungsmechanismen doch so, dass sie nach Bestätigung suchen und die uns verfügbaren und vertrauten Erklärungen zunächst dazu verwenden, das Neue zu interpretieren. Die Hirnforscher sprechen in diesem

Zusammenhang davon, dass angesichts solcher neuen Lagen ein »Neuronennetzwerk«

> »(…) neu angelegt bzw. ein vorhandenes ›umverdrahtet‹ werden (muss). Die entsprechenden Areale erhalten nun die Aufgabe, sich mit dem Problem zu befassen. Dabei kann es sich um das Erkennen eines unbekannten Objekts, das Verstehen einer neuartigen Aussage, das Erlernen einer ungewohnten Bewegung, das Lösen eines Problems oder das Vorstellen eines neuartigen Sachverhalts handeln. Letztlich müssen immer neue Neuronenverknüpfungen angelegt werden, die in der Lage sind, ein Verhalten zu steuern oder einen internen Zustand zu erzeugen, welcher vom Gehirn als Lösung des Problems angesehen wird. Das geschieht mit allen Mitteln, die dem Gehirn zur Verfügung stehen, und dies sind neben den aktuellen Sinnesdaten auch die Gedächtnisinhalte, die auf ihre mögliche Relevanz hin geprüft werden müssen« (Roth 1997, S. 232).

Persönlichkeitsbildung muss deshalb – so die diesem Buch zugrundeliegende These – um die eigenen – gewissermaßen: bevorzugten – Erfahrungs-, Interpretations- und Bewertungsmuster wissen, will sie nicht die für jegliche Persönlichkeitsbildung grundlegende Dimension der Bewusstwerdung verfehlen.

Wer in diesem Sinne wirklich um seine eigene *Strukturdeterminiertheit* weiß, der beobachtet, beurteilt und bewertet zurückhaltender. Ihm bleibt stets bewusst, dass er »nicht weiß«, um den bekannten Spruch von Sokrates (469–399 vor Chr.) korrekt zu zitieren. Dieser hatte nämlich keineswegs behauptet, dass er »nichts« wisse, sondern lediglich darauf hingewiesen, dass alles menschliche Wissen letztlich ein »Scheinwissen« sei (Böhme 2002, S. 195 ff.) – gespeist und häufig zur Entschiedenheit versteift durch unser Bedürfnis nach Sicherheit, Bescheidwissen und Rechthaben, weil wir nach Berechtigung streben. Letztlich können wir heute einen Schritt weiter gehen als Sokrates und ernüchtert feststellen: »Ich weiß, dass ich nicht weiß, sondern nur beständig aus meiner Biografie, der Summe meiner Geschichten, Erfahrungen und Ichzustände, zitiere!«

Wer in diesem Sinne das eigene Wissen als Scheinwissen entlarven konnte und diesen Zustand tatsächlich auszuhalten vermag, der mutet sich seinem Gegenüber dann nicht mehr so zu, wie er selbst die Situation kognitiv und emotional zu konstruieren gelernt hat, sondern weiß um die beständig störende Einmischung seiner eigenen Gewissheit. Für ihn ist der Satz Ludwig Wittgensteins leitend, der feststellte: »Dass es mir – oder Allen – so *scheint*, daraus folgt nicht, dass es so *ist*« (Wittgenstein 1984, S. 119). Er muss dann nicht mehr derjenige bleiben, der sich berechtigt fühlt, weil er Recht hat, sondern er kann sich berechtigt fühlen, weil ihm die Vordergründigkeit dieses Gefühls bewusst geworden ist und er nach anderen Substanzen seiner Identität zu suchen in der Lage ist. Welche Substanzen könnten dies sein? Ludwig Wittgenstein schreibt:

> »Dass es den Menschen so scheint, ist ihr Kriterium dafür, dass es so ist. (…) Wir haben Vorurteile die Verwendung der Wörter betreffend« (ebd., S. 60).

Die Substanz der Persönlichkeitsbildung kann sich deshalb auch nicht aus einer anderen Gewissheit – frei von Vorurteilen und Überlieferung – ergeben. Sie kann nur aus der spürbar gelebten Ernüchterung über das, was uns zäh umklammert und zur Entschiedenheit drängt, entstehen. Zunächst ist es deshalb weiterführend, in Konflikten und dissonanten Lagen nicht nur nach den als beengend oder beängstigend empfundenen Bedingungen im Außen zu fragen, sondern nach den sich immer wieder in unsere Sicht der Welt einmischenden Erfahrungen und Gewissheiten. Aus diesen auszusteigen und das Lamentieren vermeiden zu können öffnet uns gegenüber anderen neue Möglichkeiten des Denkens, Fühlens und Handelns. Wir lernen mit der Zeit, unseren Spontanbewertungen selbst elegant auszuweichen, eine »Stop-and-think-Schleife« einzulegen und in den Unterschied des »Es könnte alles auch ganz anders sein!« (Stock 2015) zu gehen.

Der Unterschied kennt nicht nur den Gegensatz, sondern auch das »Und«. Wer *in den Unterschied* zu gehen versteht, der lässt das Entweder-oder-Denken hinter sich, von welcher der Maler Kandinsky aus kunsttheoretischer Sicht zu sagen wusste: »Neue Erscheinungen werden von der alten Basis aus betrachtet und auf eine tote Art behandelt« (Kandinsky 1973, S. 99). Demgegenüber plädiert Kandinsky für ein Denken und Handeln im Modus des »Und« – so der lapidare Titel seines ursprünglich im Jahre 1927 veröffentlichten Aufsatzes. »Das Erkennen des Äußeren« – so Kandinsky –

»kann nur in dem Fall eine Tür in die Zukunft werden, wenn diese Erkenntnis eine Brücke zum Inneren schlägt« (ebd., S. 100).

Der Modus des »Und« markiert somit eine systemische Form der Beobachtung, welche die Ganzheit der Wirkungsgefüge zwischen dem Innen und dem Außen der Akteure stets mit beobachtet. Diese Ganzheit ruft uns auch stets die Relativität der eigenen Gewissheiten ins Bewusstsein, nicht deren Beliebigkeit. Erst, wenn uns bewusst geworden ist, dass alles auch ganz anders sein könnte und der andere, z. B. der uns fremde Mensch auch Recht hat, nämlich sein Recht, dann können wir uns auch der Frage zuwenden, an welchen universalen Kriterien wir unser Zusammenleben und unseren Selbstausdruck in Zukunft messen wollen.

Offenheit braucht Akkomodationskompetenz. Diese beschreibt nach Piaget die Fähigkeit des Menschen, die eigenen Deutungs- und Emotionsmuster zu transformieren und zu neuen – offeneren – Formen vorstoßen zu können. Wer die beiden komplementären Mechanismen des Erkennens kennt und deren Wirken in seinem eigenen Denken, Fühlen und Handeln zu reflektieren vermag, der ist auch leichter in der Lage, aus den vertrauten Assimilationstechniken auszusteigen. Er ist den Wirkungsmechanismen seines Erkennens, Interpretierens und Schlussfolgerns nicht mehr besinnungslos ausgesetzt, indem er zunächst assimiliert und erst im Versagensfall zur Akkomodation schreitet, er kann sich vielmehr darin üben, *das Akkomodieren zu einer bewussten Erkenntnistechnik zu verfeinern*, indem er stets die Frage in sich trägt, was ihm das aktuelle Geschehen über sich selbst in Erinnerung ruft. Dabei verliert die Vergangenheit mehr und mehr ihre bestimmende Kraft und wird als wesentlicher, aber abgeschlossener Anteil in die eigene Persönlichkeit integriert.

Abbildung 1 stellt Fragen auf dem Weg zur Akkomodationskompetenz zusammen.

Dieser Selbst-Check beinhaltet eine Bewegung, die der Konstruktivist Francisco Varela (1946–2001) als »selbsteinschließende Reflexion« beschrieb (Varela u. a. 1995). Diese Reflexion beschreibt eine Beobachtungsform, welche man mit einiger Übung zur Routine werden lassen kann. Dadurch kann erreicht werden, dass »gewohnheitsbedingte Urteile aufgegeben (werden)« und

Selbst-Check: Assimilierst du noch oder akkomodierst du schon? Anregungen zur Selbstlösung aus vertrauten Sichtweisen und Reaktionsformen	
Anhalten	• Was geschieht gerade? • Welche bekannten Reaktionsweisen bauen sich in mir auf? • Möchte ich deren Folgen dem Gegenüber wirklich zumuten?
Konfliktvermeidung	• Welche verstehbare Anfrage an mich wird hier artikuliert? • Wie kann ich deren Berechtigung wertschätzend aufgreifen? • Welche – überraschende – andere Reaktion wäre meinerseits möglich?
Konstruktion	• Welcher neuen Interpretation werde ich folgen? • Welche Sichtweisen muss ich dabei verändern oder aufgeben? • Welche Auswirkungen wird dies für mein Leben haben?
Offenheit	• Wie vermeide ich, dass ich mich an meine Beurteilungen klammere? • Wie übe ich mein Anfreunden mit dem Unterschied? • Wie werde ich selbst vielfältiger?
Meditation	• Wie werde ich meiner inneren Bilder und Empfindlichkeiten gewahr? • Wo haben diese ihren Ursprung? • Wie kann ich sie dort lassen, wo sie hingehören?
Opferlosigkeit	• Wo bewege ich mich selbst gerne in einer Opferrolle? • Wie kann ich diese vermeiden? • Wie vermeide ich, andere in der Opferrolle zu lassen?
Defizitvermeidung	• Wie vermeide ich den Defizitblick auf andere? • Wo fühle ich mich selbst defizitär? • Wie vermeide ich die sich daraus ergebenden Interpretationen und Handlungen?

Abb. 1: AKKOMOD – Die Kunst des Akkomodierens

»bei der Beobachtung von Phänomenen plötzlich unsere eigene Regie wahrnehmbar (wird)« (Scharmer 2009, S. 60). Dadurch wandelt sich unsere Fokussierung, und es kann neu bzw. Neues wahrgenommen werden und entstehen.

Regel 2: Prüfe nicht (nur) das, was dir zu sein scheint, sondern richte deinen Blick auf das, was sein könnte, aber noch nicht in Erscheinung treten durfte!

Die Einsicht, dass »alles auch ganz anders sein (könnte)« (Stock 2015), verweist den Beobachter nachdrücklich auf die Beobachtung seiner bevorzugten Formen der Beobachtung und deren mehr oder weniger wertschätzenden Vergleich mit den Beobachtungen anderer Beobachter. Diese reflexive Bewegung ist für eine rauschfreiere Deutung und Interpretation dessen, was er sicher zu sehen glaubt, von grundlegender Bedeutung, wobei das Rauschen sich durch die beständigen Zwischenrufe der eigenen Gewissheiten ergibt.

Und doch stellt diese Selbstreflexion bloß den ersten Schritt auf dem Weg zu einem Potenzial erschließenden Umgang mit Gegenübersystemen dar. Der Beobachter muss auch (er)klären, wie anders das sein könnte, was er beobachtet. Er muss wissen, wie er herauszufinden vermag, was das Gegenüber tatsächlich beabsichtigt. Und schließlich muss er mit der Frage umgehen können: »Wie anders kann das, was mir der Fall zu sein scheint, *wirklich* sein, wenn es Evidenzen oder gar Standards gibt, die nicht nur ich als solche (an)erkenne?« – Fragen über Fragen, auf die eine beobachtertheoretisch durchgearbeitete Wahrnehmungstheorie Antworten geben muss.

Nicht alles, was auch gemeint sein könnte, ist gültig, d. h., die verschiedenen Interpretationen sind zwar für den einzelnen gültig, aber nicht für alle Beobachter gleich gültig. Sie beinhalten nach deren Einschätzung keinen gangbaren – viablen – Weg zur Lösung. Wäre alles gleich gültig, dann hätten wir es mit einer *gleichgültigen Wahrnehmungstheorie* zu tun, die uns nicht zu erklären vermag, wie wir in der gesellschaftlichen Kommunikation Klärungen herbeiführen, Absprachen treffen und Handlungen – auf der Basis einer sozialen Konstruktion der Wirklichkeit –

wirksam koordinieren können. Kenneth J. Gergen plädiert deshalb in seiner »Hinführung zum sozialen Konstruktionismus« für dessen Position mit den Worten:

> »Hier liegt der Schwerpunkt auf Diskursen als Vehikel für die Artikulation des Selbst und der Welt sowie auf der Art und Weise, in der diese Diskurse innerhalb sozialer Beziehungen wirken« (Gergen 1999, S. 81).

Konkret geht es um die Frage, wie der reflektierte Beobachter selbst nicht nur an seiner eigenen, sondern auch an der *sozialen* Konstruktion der Wirklichkeit beteiligt ist. Diese entsteht nämlich aus den Diskursen über die Vielfalt der Deutungen und Interpretationen mit dem Ziel, – *gemeinsame* – *Lesarten* zu (er)finden, die von mehreren Beteiligten als tragfähige Sicht der Wirklichkeit angesehen und akzeptiert werden können. Zwar fließen in diese Lesart auch weiterhin unterschiedliche Interpretationen und Interessen ein, doch geht von dem im Diskurs vereinheitlichten Sprachgebrauch eine verbindende Kraft aus, die einem sozial geteilten Verständnis schon sehr nahe kommt. Diese sozialkonstruktivistische Dimension der Wirklichkeitserzeugung wird meist übersehen. Deshalb tragen die Argumentationen systemisch-konstruktivistischer Provenienz bisweilen eigenartig individualistisch-solipsistische Züge. Sie lassen den Eindruck entstehen, jeder Beobachter könne sich seine ganz eigene Welt konstruieren. Solche Einschätzungen werden oft als unterkomplex – wenn nicht sogar als trivial – empfunden. Demgegenüber folgt eine beobachtende Gestaltung der Einsicht, dass

> »(…) eine theoretisch orientierte Praxis kein Problem falscher Sicherheit (ist), sondern vielmehr eine bzw. die einzige Chance, das Soziale aktiv zu gestalten. (…) Gesellschaft ist nicht objektiv gegeben, sondern diskursiv, sozial konstruiert. Nur wer – trotz aller Einschränkungen (ggf. theoretisch geleitet) – interveniert, hat die Chance auf Veränderung« (Hagemann 2012).

Konkret bedeutet dies, dass die Beobachter zwar gewohnheitsmäßig beobachten, sich dieser Form aber bewusst werden und ihre verzerrende Wirkung minimieren können. Dann können sie sich mit dem Gegenüber gezielter in Verbindung bringen, nämlich

a) indem sie lernen nachzufragen, Erklärungen erbitten und sich des korrekten Verständnisses versichern und

b) indem sie diskursiven Austausch und Verständigung üben – mit dem Ziel, gemeinsam geteilte Lesarten zu erarbeiten.

Die Feststellung »Es könnte auch alles ganz anders sein« (Stock 2015) ist zwar erkenntnis- und beobachtertheoretisch nicht von der Hand zu weisen, doch bleibt sie z. B. ohne Konsequenz für das gestaltende Handeln, wenn die verantwortlichen Akteure nicht darüber hinaus weitere Stufen der Verständigung professionell zu gehen lernen.

Diese Stufen sind die Fähigkeit zum »gleichberechtigenden Vergleich« sowie die Fähigkeit zur »sozialen Konstruktion im

Dritte Stufe: → → → → → → → → → → → → soziale Konstruktion im Diskurs	Auf dieser Stufe haben die verantwortlichen Akteure ihre Fähigkeit zur gelingenden Gesprächsführung perfektioniert. Sie sind in der Lage, gemeinsame Lesarten zu kontroversen Standpunkten zu erarbeiten und zu teilen.
Zweite Stufe: → → → → → → → → gleichberechtigender Vergleich	Auf dieser Stufe wird der wertschätzende Umgang mit den Deutungen und Interpretationen anderer perfektioniert. Dabei tritt die eigene Gewissheit als dominanter Referenzpunkt mehr und mehr zurück und wird abgelöst durch eine auf Evidenz und gleichberechtigenden Vergleich bezogene Form des Schlussfolgerns.
Erste Stufe: → → → → selbsteinschließende Reflexion	Auf dieser Stufe lernt und übt der Beobachter die »selbsteinschließende Beobachtung« (sensu Varela). Diese ist darauf gerichtet, beim Blick auf das Geschehen den Fokus nicht nur auf dieses selbst zu richten, sondern zugleich auf die Frage, in welcher Weise eigene Annahmen bzw. »gewohnheitsbedingte Urteile« (sensu Scharmer) die jeweilige Interpretation leiten.

Abb. 2: Stufen der Verständigung

Diskurs«. Auf beiden Stufen lernen und üben die Beobachter nicht mehr nur den Umgang mit ihrem Echo im Gegenüber, sondern perfektionieren ihre Formen des verständigungswirksamen Handelns. Nicht das Anderssein des Gegenübers gerät dabei in den Fokus, sondern seine gleichberechtigte Fähigkeit, sich auf Nachfragen begründend zu beziehen und in Bemühungen um die Erarbeitung gemeinsamer Lesarten einzusteigen.

Der Differenzblick (»Es könnte auch alles ganz anders sein!«) wird dadurch überwölbt durch einen Integrationsblick mit dem Motto: »Auch über das Anderssein ist Verständigung und Einigung möglich!« Doch diese will geübt sein, da Verständigung unseren unmittelbar sich einmischenden inneren Stimmen des Bescheidwissens und der Gewissheit zuwiderläuft.

Gleichberechtigender Vergleich

Die Fähigkeit zum gleichberechtigenden Vergleich lebt nicht allein von dem nüchternen Verständnis der Mechanismen, die in uns das Gefühl der Gewissheit erzeugen, sie leitet sich auch aus den systemischen Einsichten ab, dass kein Mensch auskunftsbereit und kooperationswillig ist, wenn er nicht das Gefühl haben darf, wertschätzend angesprochen zu werden. Der gleichberechtigende Vergleich ist somit ein wertschätzender Vergleich (vgl. Uhlmann, Krewer u. Arnold 2014).

Wer sich von seinem Gegenüber selbst dann als ernst zu nehmender Gesprächspartner behandelt fühlt, wenn die eigenen Vorstellungen unterschiedlich oder gar konträr zu dessen Position sind, der ist eher bereit, sich erklärend zu öffnen und eine Verständigung zu erzielen. Deshalb ist die Fähigkeit, gewissermaßen vom anderen her zu kommunizieren, von grundlegender Bedeutung für das Erreichen von Einvernehmen in persönlichen und beruflichen, aber auch in gesellschaftlichen oder gar internationalen Auseinandersetzungen. Auch in diesen gilt: Die Bereitschaft zur Einigung nimmt eklatant ab, je größer das Unverständnis für die eigenen Motive und Handlungen beim Gegenüber zu sein scheint. Verlautbart dieses darüber hinaus noch Negativeinschätzungen zu meinem Verhalten (gegenüber Freunden und Kollegen oder Presse und Öffentlichkeit), dann beschränkt sich die eigene Reaktion nahezu zwangsläufig auf Abwehr und Gegenangriff.

Solche und ähnliche Überlegungen stehen auch im Zentrum der Bemühungen von Marshall B. Rosenberg (1934–2015) zur Förderung der gewaltfreien Kommunikation (vgl. Rosenberg 2013). Auch Peter Senge u. a. sprechen von der Kunst, das »Gleichgewicht von Erkunden und Plädieren« (Senge u. a. 1997, S. 294 ff.) stets neu in der eigenen Kommunikation auszutarieren – eine schwierige und anspruchsvolle Aufgabe, haben wir doch stets selbst ein sicheres Gefühl davon, wie die Sache sei.

Üben kann man die Fähigkeit zum gleichberechtigenden Vergleich mithilfe der Schritte eines »Plädoyers vom anderen her«.

Die zu übenden Schritte sind:

Schritte eines Plädoyers vom anderen her	
Ansprache	Ich beginne das Gespräch, indem ich klar markiere, welche Frage bzw. welches Problem heute geklärt werden muss und welche Entscheidung zu treffen ist.
	Ich halte mich bezüglich der eigenen Sichtweise vollständig zurück und gebe auch nicht ansatzweise zu erkennen, welche Lösung ich mir vorstelle bzw. wünsche.
	Gemeinsam mit den Beteiligten verständige ich mich auf die eindeutige Formulierung der zu klärenden Frage und der Erwartung an das Klärungsgespräch.
Lauschen	Jeder Beteiligte hat zunächst die Gelegenheit, seine Gesichtspunkte und seine Position klar darzustellen, ohne von anderen unterbrochen zu werden.
	Die einzelnen Statements werden auf Karten dokumentiert und an einer Metaplanwand aufgehängt.
	Aus diesen Statements werden gemeinsam Gruppierungen zu den Rubriken »Lösungsstrategie«, »Annahmen«, »unterstützende Faktoren«, »hindernde Faktoren« etc. gebildet (Cluster).
Interview	In einem weiteren Schritt wird jeder Einzelne nochmals interviewt, um ein vollständiges Bild seines Vorschlags zu den o. g. Clustern zu erhalten.
	Auch in dieser Phase wird darauf geachtet, dass die unterschiedlichen Vorschläge noch nicht beurteilt werden (auch nicht nonverbal), vielmehr wird jede einzelne Position gleichermaßen wertschätzend behandelt.

	In einem weiteren Schritt bewerten die Beteiligten die unterschiedlichen Strategien, indem sie diesen aus einem Punktekonto Punkte zuordnen. Dabei gilt: Der eigene Vorschlag darf nicht von dem Vorschlagenden bepunktet werden und die Punkte müssen auf mehrere Vorschläge »verteilt« werden (auf mindestens zwei).
Unterstützen	Im nächsten Schritt wird »von unten nach oben« verfahren, d. h., man beginnt mit dem am niedrigsten bepunkteten Vorschlag, indem gemeinsam die Fragen erörtert werden: Was spricht für dieses Verfahren? Welche weiteren Voraussetzungen müssten geschaffen werden, damit aus diesem Vorschlag eine tragfähige Strategie wird?
	Jeder Beteiligte wird aufgefordert, ein Plädoyer für diesen niedrig bewerteten Vorschlag zu halten, wobei die dabei verwendeten Argumente (jeder liefert ein Argument) ebenfalls dokumentiert werden.
	In ähnlicher Weise wird mit den anderen Vorschlägen verfahren, wobei es im Kern darum geht, die in jedem Vorschlag enthaltenen konstruktiven Elemente möglichst deutlich herauszuarbeiten.
Debatte	Vor diesem Hintergrund kann die Pro-und-kontra-Debatte dadurch eingeleitet werden, dass man nochmals eine Bepunktung vornimmt und sich darauf verständigt, nur die obersten drei Strategien weiter zu untersuchen.
	Dabei können weitere Gesichtspunkte bzw. Fragen zur Konkretisierung hinzugezogen werden, wie z. B. vorhandene Kompetenzen, bisherige Erfahrungen oder Kosten.
	Abschließend wird der am höchsten bewertete Vorschlag nochmals einer gründlichen Risiko- und Kontra-Betrachtung unterzogen (und ggf. doch verworfen), bevor eine Entscheidung getroffen wird.

Abb. 3: ALIUD *– Schritte eines Plädoyers vom anderen her (Arnold 2015a, S. 245)*

Wenn es uns gelingt, vom anderen her zu plädieren, dann kann eine gemeinsame Realität durch Diskurs entstehen. Dies bedeutet: Wir haben zwar unterschiedliche Bedürfnisse, Lesarten und Interpretationen, doch können wir uns einander annähern und miteinander verständigen, wenn wir lernen, nicht nur vom eigenen Standpunkt, sondern auch vom Standpunkt des Gegenübers her zu plädieren. *Auch* der andere hat Recht, nämlich sein Recht. Und er könnte damit auch für uns eine Perspektive eröffnen, die

Dinge anders zu beurteilen, in anderer Weise mit ihnen umzugehen oder gar völlig andere Wege einzuschlagen. Wir könnten uns dabei nicht nur für seine Wirklichkeit öffnen, sondern uns auch von ihr überraschen lassen.

Regel 3: Trauere nicht dem Versäumten nach, sondern beteilige dich an dem Möglichen!

Wir verbringen unser Leben auf einer Identitätswippe zwischen damals und morgen. Auf dieser Wippe schaukeln wir beständig zwischen vergangenen und möglichen Ichzuständen hin und her, und nur selten befinden wir uns in einer dauerhaften Balance. Dabei bleiben wir uns treu, doch gleichzeitig entwickeln wir uns weiter – getragen von den Energien, die uns mitgegeben wurden, und eingeschränkt durch all das, was uns vorenthalten wurde. Stets sind wir darum bemüht, uns selbst – und auch anderen – zu vergewissern, wer wir sind oder zu sein meinen durch das, was wir einst gewesen sind – nicht nur, aber doch zu wesentlichen Teilen.

> Denn ohne Geschichte geht es nicht. Indem wir eine Geschichte erzählen können, werden wir sozial sichtbar und für die anderen berechenbarer.

Zahlreiche Schriftsteller haben dieses beständige Bemühen der Menschen um die Darstellung einer plausiblen Icherzählung behandelt, wie z. B. Rainer Maria Rilke, Hugo von Hofmannsthal, Robert Musil, Max Frisch oder Botho Strauß (vgl. Gottschlich-Kempf 2014). Zu erwähnen ist beispielhaft »Der Mann ohne Eigenschaften« von Robert Musil (1880–1942). In diesem Roman lässt der Autor seinen Protagonisten Ulrich immer wieder mit möglichen Identitäten experimentieren. Er desillusioniert die Illusion eines stabilen Ichs, indem er schreibt:

> »Er ahnt: diese Ordnung ist nicht so fest, wie sie sich gibt; kein Ding, kein Ich, keine Form, kein Grundsatz sind sicher, alles ist in einer unsichtbaren, aber niemals ruhenden Wandlung begriffen, (…) und die Gegenwart ist nichts als eine Hypothese, über die man noch nicht hinausgekommen ist. (…) Darum zögert er, aus sich etwas zu machen; ein Charakter, Beruf, eine feste Wesensart, das sind für ihn Vorstellungen, in denen sich schon das Gerippe durchzeichnet, das zuletzt von ihm

übrig bleiben soll. Er sucht sich anders zu verstehen; mit einer Neigung zu allem, was ihn innerlich mehrt (…), fühlt er sich wie ein Schritt, der nach allen Seiten frei ist, aber (…) immer vorwärts führt« (Musil 1957, S. 250).

Nichts scheint stabil, alles ist auf Vorläufigkeit und Unsicherheit ausgerichtet. Der Mensch scheint über viele Optionen zu verfügen (»nach allen Seiten frei«), sieht sich aber immer wieder rückgebunden an das Vertraute und Erwartungsgemäße. Wir sind nämlich nicht alleine in unserer Identität; vielmehr ist diese stets eine Mischung aus unseren Erzählungen und ihren sozialen Echos – den aktuellen, aber auch denen, die in uns nachhallen.

Unser Leben ist eine Erzählung. Je älter wir werden, desto kapitelreicher ist das Buch, aus dem wir zitieren. Die anderen lauschen unserer Erzählung und machen sich ihr Bild von uns. Wir können uns nicht vollständig abwenden, und doch haben wir auch Vorstellungen von dem, was wir sein könnten. Deshalb retouchieren wir auch beständig unsere Erzählung, betonen die Erfolge, bagatellisieren die Niederlagen und lassen unsere derzeitigen Verhaltensweisen und Planungen konsistent erscheinen. Nicht selten ertappen wir uns auch dabei, dass wir einer versäumten Perspektive nachtrauern und uns fragen, was aus uns hätte werden können, wenn wir uns damals »anders entschieden« oder »anders verhalten« hätten.

Es spricht einiges dafür, dass dieses rückwärtsgewandte Biografiemuster eine industriegesellschaftliche Errungenschaft ist. Mit dem linearen Fortschrittsmodell verstärkten sich auch die Vorstellungen von einem sich entpuppenden – irgendwie aufsteigenden – Lebenslauf. Doch bricht die anfangs verdrängte Frage des »Wohin?« und »Wozu?« mit zunehmendem Alter wieder auf, die Illusion einer »vorgetäuschten Unsterblichkeit« (Yalom 2008, S. 82) zerplatzt, und unsere Identitätswippe senkt sich immer stärker auf den tiefen Boden der in Wahrheit für uns selbst zukunftslosen Zukunft. Welche Formen möchten wir in den uns verbleibenden Jahren noch zum Ausdruck bringen – und warum, wenn doch »(…) jeder von uns endlich ist und dazu bestimmt, die Passagen von Kindheit und Jugendzeit durch das Erwachsenenalter hindurch zum letzten Abstieg zu durchqueren« (ebd.,

S. 97)? Warum und für wen soll angesichts dieser begrenzten Zukunftsperspektive das Mögliche noch in Erscheinung treten?

Diese Frage berührt den spirituellen Kern jeder Persönlichkeitsbildung. Wir können die Fülle unserer Potenziale nur im Rahmen der verrinnenden Zeit aus uns herausbilden – in der Auseinandersetzung mit uns selbst, mit überlieferten oder aktuellen Identitätsmasken, aber auch mit dem, was Menschsein bedeuten kann. Letzteres tritt uns in den Texten von Philosophie, Religion, Literatur und Kunst, aber auch in den Ausdrucksformen gelebter Tiefe gegenüber und fordert uns heraus. Wir können mit unserer wippenden Suchbewegung mögliche Zukunftsformen für uns und unser Handeln berühren, tauchen aber immer auch wieder ein in die Rückbewegung unserer ganz persönlichen Geschichte. In diesem Hin und Her können wir das Eine mit dem anderen verbinden, wie folgendes Beispiel von Thomas, einem 42-jährigen Lehrer, zeigt:

> »Früher lebte ich irgendwie einfach drauflos. Ich stellte mir selten die Frage, ob meine Art, die Welt zu spüren und mich in ihr zu verhalten, irgendwie angemessen wäre oder nicht. Für mich war Zufriedenheit und Fortkommen das, was zählte. Dabei war ich keineswegs rücksichtslos, aber schon wenig gewappnet für eine Auseinandersetzung mit Schicksalsschlägen. Das änderte sich schlagartig, als meine Eltern beide bei einem Autounfall ums Leben kamen. Plötzlich war es vorbei mit Zufriedenheit und Fortkommen. Zwar hatte ich meinen sicheren Job und meine eigene Familie, aber eine tiefe Traurigkeit und Mutlosigkeit hielt mich lange Zeit gefangen. Es war so, als liefe ich nur mit 50 % meiner Energie. Mit erschien plötzlich alles sinnlos, und ich begann zum ersten Mal damit, meine eigene Endlichkeit und Vergeblichkeit deutlich zu sehen. ›Warum‹ – so fragte ich mich – ›soll ich denn weiter voranstürmen und Event auf Event stapeln, wenn am Ende alles so vergeblich ist und ich genauso tot sein werde wie meine armen Eltern?‹«

Für Thomas eröffnete die Wippenübung grundlegend neue Perspektiven. Diese Übung ist relativ einfach, sie funktioniert folgendermaßen:

Die Wippenübung

Malen Sie eine Wippe, die in der Balance ist. Diese Wippe weist drei zentrale Positionen auf, nämlich »meine Vergangenheit« (= die eine Seite der Wippe), »mein Jetzt« (= die Stelle, an der die Wippe aufliegt) und »meine Zukunft« (= die andere Seite der Wippe). Denken Sie gründlich nach und notieren Sie Ihre Gedanken wie folgt:

1. Notieren Sie oberhalb der drei Wippenpositionen in jeweils drei Stichpunkten alles, was ihnen Auftrieb gegeben hat, gibt oder geben wird!

   Mögliche Detaillierungsfragen sind:
   - Was hat dich am stärksten geprägt und gestärkt?
   - Auf welcher inneren Säule ruht dein heutiges Leben?
   - Welche Potenziale willst du in Zukunft noch zur Geltung bringen?
   - Welche Ressourcen stehen dir dabei zur Verfügung?

2. Notieren Sie jeweils dreimal unterhalb der drei Wippenpositionen alles, was sie beschwert hat, derzeit beschwert oder ihre Zukunft beschweren kann!

   Mögliche Detaillierungsfragen sind:
   - An welcher Hypothek aus der Vergangenheit trägst du am schwersten?
   - Was zieht dich herunter?
   - Mit welchen (inneren) Bedrohungen/Schwächen hast du es derzeit zu tun?
   - Was bedroht deine zukünftige Potenzialentfaltung?

Eine solche Übung kann dazu beitragen, sich in einer nüchternen Form der eigenen Identität bewusst zu werden. Wer sich einmal selbst erklären konnte, aus welchen inneren Substanzen er das eigene Bild von seiner Vergangenheit, Gegenwart und Zukunft formt, dem eröffnet sich zumindest theoretisch die Möglichkeit, sich mit anderen – möglichen – Substanzen auseinanderzusetzen.

Sich an dem Möglichen beteiligen

Das Mögliche ist das, was wir bislang für unser Leben ausschließen, obwohl es eine prinzipiell denkbare Alternative wäre. Oft erreicht es uns in den Ratschlägen guter Freunde, durch Ratgeberliteratur oder in eigenen Tagträumen, um sogleich wieder im Nebel der vertrauten Gewissheit »Dies ist nichts für mich« zu versinken. Das Mögliche markiert einen Unterschied zum Bisherigen, der uns provoziert, aber auch unsere Abwehr auszulösen vermag. Es muss mit eigener – gezielter – *Imaginationsarbeit* zutage gefördert werden.

Imagination setzt auf die gestaltende Kraft der inneren Bilder. In diesem Sinne spricht der bekannte Therapeut Uwe Böschemeyer (vgl. Böschemeyer 2014) davon, dass

> »in jedem Menschen ein ursprüngliches Bild seiner selbst (existiert), das darauf wartet, gelebt zu werden. Wer dieses Bild erkennt, begreift, dass viel ungelebtes Leben darauf wartet, endlich leben zu dürfen« (zit. nach Kreitmeir 2014, Pkt. 16).

Die folgende Übung kann helfen, diesen eigenen inneren Möglichkeiten auf die Spur zu kommen und sie aus dem Schleier von Verängstigung, Verdrängung und Ausweichen zu befreien. Indem wir in uns neue Bilder entstehen lassen – zunächst kreativ assoziierend, sodann aber Schritt für Schritt auf unsere eigene Lebenspraxis bezogen –, erweitern wir unsere inneren Möglichkeiten.

Dies ist ein langsamer, aber tiefenwirksamer Prozess des Identitätslernens. Im Kern geht es dabei zunächst um die Klärung der eigenen Wertbasis sowie um die behutsame Erarbeitung von Lesarten und Perspektiven, die man gewissermaßen *gegen* seine eigene – bisherige – Plausibilität ins Spiel zu bringen beginnt: Man bleibt dann z. B. nicht länger das Opfer widriger Umstände, sondern beginnt, die Verantwortung für sein Leben zu übernehmen – auch für die Phasen, Situationen und Lagen, die man sich anders gewünscht hätte, und für deren Misslingen man bislang stets die Umstände oder sogar konkrete »Schuldige« verantwortlich zu machen gewohnt war. Dadurch können allmählich neue Orientierungen ins Bewusstsein treten und auch Werte aufgedeckt werden, die tatsächlich sichtbar gelebt werden können.

Wahre Werte zeigen sich nämlich stets in ihrer Lebensverbundenheit, denn sie sind nicht philosophisch-abstrakt, sondern lebenspraktisch konkret. Sie entspringen nicht allein dem kulturellen Reifegrad der Milieus, aus denen wir stammen, sondern sind die tragenden Säulen des persönlichen Selbstausdrucks. Eine wertbezogene Selbstreflexion darf sich deshalb auch nicht in allgemeinen Kundgaben erschöpfen, sondern muss nach den Belegstellen im eigenen Leben suchen, in denen die uns prägenden und leitenden Werte zum Ausdruck kommen. Das »eigentliche Selbst« ist dabei

»(…) das, welches wir spüren und beobachten können, wenn wir uns von den Wirkmächten im Innen und Außen in achtsamer Selbstreflexion lösen und ihnen nicht mehr zur Verfügung stehen. Diese innere Bewegung ist gleichzeitig der vornehmste Ausdruck der Möglichkeiten unseres eigentlichen Selbst« (Arnold 2013, S. 134).

Die folgenden »Reisen zum eigentlichen Selbst« können eine solche innere Bewegung anstoßen.

Reise zum Selbst

Suchen Sie sich einen Raum der Ruhe und nehmen Sie sich zwei Stunden Zeit. Begeben Sie sich in einen mittleren Entspannungszustand und beobachten Sie bei jeder der Stationen, welche spontanen Eindrücke, Bilder und Überlegungen in Ihnen entstehen! Absolvieren Sie zunächst die erste und dann die zweite Reise (je eine Stunde)! Fertigen Sie zu jeder Reise einen Reisebericht (Flipchart-Dokumentation) an!

	Erste Reise zum Selbst	Zweite Reise zum Selbst
Wesentliches	Welche Auffassungen und Selbstbilder tragen mein Leben?	Welchem persönlichen Idealbild möchte ich in meinem weiteren Leben entsprechen?
Eigentliches	Worin kommt mein eigentliches Selbst zum Ausdruck?	Wodurch (Entscheidungen, Handlungen etc.) möchte ich der werden, der ich eigentlich sein kann?
Reminiszenzen	Welche Erfahrungen und Menschen haben mich geprägt und bewegt?	Wer könnte bei dieser zweiten Reise mein innerer Mentor sein?
Träume	Welche Lebensträume konnte ich realisieren, welche nicht?	Was erträume ich mir für mein weiteres Leben?
Entgrenzen	Wo und wie bin ich in meinem Leben über Grenzen gegangen?	Welche Begrenzungen (innere und äußere) werde ich wie überwinden?

Abb. 4: WERTE – Reisen zum eigentlichen Selbst

Holger, mittlere Führungskraft eines Großkonzerns, fasste seine »Reiseeindrücke« mit folgenden Worten zusammen:

»Also, zunächst war ich ja skeptisch, da ich solche Psychospielchen eigentlich nicht mag. Doch dann geschah etwas Seltsames. Plötzlich tauchte mein Vater vor meinem inneren Auge auf, und ich konnte klar erkennen, in welch starkem Maße er alles, wofür ich zu stehen meine, selbst ausdrückte. Es sind klare Werte wie Aufrichtigkeit, Ehrlichkeit und Bescheidenheit, die er uns Kindern wie kein anderer mitgab, aber auch selbst glaubwürdig vorlebte. Mich durchströmte zunächst eine tiefe, aber auch traurige Dankbarkeit. Erst im Verlauf der zweiten Reise kamen mir all die Situationen in Erinnerung, in denen ich versucht hatte, eigene Wege zu gehen – so wollte ich zum Beispiel Germanistik und Philosophie studieren, was ich mich dann aber doch nicht getraut habe und stattdessen das Studium der BWL aufnahm. Nur heimlich widme ich mich seitdem meiner literarischen Ader, indem ich ein ausführliches Tagebuch führe, das eigentlich eine Art Novellensammlung ist. Mir wurde klar, dass ich diese verborgene Leidenschaft stärker in mein – offizielles – Leben hineinlassen sollte.«

Es sind solche und ähnliche Bewegungen eines zunächst zurückhaltenden und tastenden Bemühens um die verschütteten Anteile des Eigenen, die uns den Weg zum Möglichen zu zeigen vermögen. Welche Eigenanteile sind bei Ihnen bislang zu kurz gekommen?

Regel 4: Prüfe deine Werte und vergleiche sie wertschätzend mit denen der anderen!

Werte sind gleichzeitig persönlich und kulturell. Wir wachsen nicht im luftleeren Raum auf, sondern im Bad der kulturellen Interpretationen, und doch sind *wir* es, die da aufwachsen und sich zu Individuen entwickeln – durch Überlieferungen geprägt und sich doch als einmalig empfindend. Wie einmalig hätten wir in einer anderen kulturellen Umgebung werden können? Die kulturtypischen Formen sind in subtiler Weise allgegenwärtig – und sie wirken auf unsere Deutungs- und Emotionsmuster nicht nur durch das, was gesagt und erläutert wird, sondern auch durch das, was nicht gesagt wird, aber wirksam ist. In diesem Bad der Interpretationen reift unsere Haltung, d. h. die spezifische Art, wie wir in unserem Leben Plausibilität und Gewissheit mehr oder weniger individuell, aber eben auch berechenbar deuten. Dabei ist feststellbar:

> Wir fühlen die Welt erst, bevor wir zu ihr Stellung nehmen. Das, was uns dabei in den grundlegenden Fragen der Lebensführung leitet, sind unsere zu Werten verdichteten – ursprünglichen – emotionalen Stellungnahmen zu uns selbst und der Welt.

Aus dieser Wertbasis beziehen wir die grundlegenden Energien unseres Denken, Fühlens und Handelns. Wir spüren, was sich »richtig« oder »falsch« anfühlt, scheinen intuitiv zu wissen, was zu tun ist, und handeln meist entsprechend. Die menschliche »Suchbewegung« (Mitscherlich 1996, S. 25) folgt der Richtung ihrer emotionalen Einspurungen. Der Leipziger Philosoph Johannes Volkelt (1848–1930) sprach in diesem Zusammenhang von der »Gefühlsgewissheit« (vgl. Volkelt 1922) und schrieb:

> »Auf dem Gebiet der Werte begegnen wir also den ursprünglichen Tatsachen im Gefühl« (ebd., S. 156).

Werte sind somit in der Persönlichkeitsbildung allgegenwärtig – und mit ihnen auch die Interkulturalität. Diese verweist uns nicht nur auf das andere, sondern auch auf das Fremde und Befremdliche, das die eigene Gewissheit herausfordern kann und uns der eigenen emotionalen Zufälligkeit versichert. Wer sich dem anderen gegenüber verschließt oder sich gar widersetzt, drückt Ängste aus – Ängste, selbst anders werden zu können: vielfältiger, statt einfältiger. Diese Xenophobie ist eine Projektion der Einfalt – oft auch im Gewand des Rigorismus. Dieser ist nicht nur gegen die Vielfalt gerichtet, sondern auch durch »die Weigerung (definiert), irgendein letztes unauflösbares Dilemma menschlichen Handelns anzuerkennen«, wie der Münsteraner Philosoph Hans Blumenberg (1920–1996) dies ausdrückte (Blumenberg 2015, S. 18).

In diesem Sinne sind wir auch alle mehr oder weniger fundamentalistisch. Zumindest die tiefe Einwurzelung dessen, was wir für richtig, erstrebenswert und zulässig halten, ist Ausdruck unserer besonderen Geschichte, Biografie und Kultur: Der Professionalismus (Beruf als Rückgrat unserer Identität) hat z. B. ebenso religiöse Wurzeln, wie sie der Vernunftglaube der europäischen Aufklärung den spezifisch abendländischen Ausdrucksformen des wissenschaftlich-technischen Fortschritts verdankt.

> Indem wir lernen, die kulturelle Relativität unserer eigenen Gewissheiten zu erkennen und auszuhalten, können wir einer Haltung näherkommen, die es vermag, uns gegenüber dem uns zunächst fragwürdig und fremd Erscheinenden zu öffnen.

Ein wesentlicher Schritt in diese Richtung der Persönlichkeitsbildung ist die Verfremdung. Mit ihrer Hilfe kann es dem bisherigen Selbst gelingen, sich aus seinen Festlegungen zu lösen, die es so und nicht anders sein und handeln lässt (Abb. 5).

Die Fähigkeit zur Offenheit ist nicht nur eine wesentliche Ausdrucksform der Persönlichkeitsbildung, sie markiert auch die grundlegende Voraussetzung für den Umgang mit Interkulturalität. Dabei ist nicht nur die *Wertschätzung* des Gegenübers, sondern auch die *Ressourcenorientierung* von zentraler Bedeutung.

Selbst-Check: Kann ich aus Verfremdung lernen? *Ich bin in der Lage, ...*		- -	-	+	++
Vertrauen	... mich anderen anzuvertrauen und ihren Vorschlägen, die Dinge anders zu beurteilen oder zu tun, zu folgen.				
Ertasten	... gezielt andere Lesarten zu dem, was mir so und nicht anders der Fall zu sein scheint, zu erwägen.				
Rigiditätsbremse	... mich selbst dabei zu erwischen, wenn ich entschieden und vielleicht sogar laut meinen Standpunkt vertrete.				
Fordern	... mich selbst immer wieder herauszufordern, um andere – z. B. entlastende – Gesichtspunkte zu berücksichtigen.				
Ressourcen	... die Ressourcen der anderen bzw. der Andersdenkenden zu respektieren und – kooperativ – zu nutzen.				
Entkommen	... eigenen Festlegungen und vertrauten Gewohnheiten zu entkommen.				
Mut gewinnen	... mich selbst und andere für neue und ungewohnte Wege zu begeistern.				
Differenzieren	... meine gewohnten Denk- und Urteilsformen immer wieder neu zu überdenken und ggf. zu differenzieren.				
Erleben	... die perspektivische Kraft veränderter Formen des Denkens und Urteilens zu schätzen und gezielt zu nutzen.				
Neuverankern	... neue Lesarten sowie Denk- und Verhaltensformen peu à peu nachhaltig in mein Alltagsrepertoire aufzunehmen.				

Abb. 5: VERFREMDEN – Verfremdungslernen (Arnold 2014a)

Das fremde Gegenüber rückt dabei als eine andere Variante dessen, was Menschsein eigentlich bedeutet, in den Blick, mit der man sich auseinandersetzen und von der man Anregungen erhalten und Lebensmodelle übernehmen kann. Im Blick auf den eigenen – europäischen Background – ergibt sich dabei diese Problematik:

> »Das Paradox der Aufklärung (lässt) sich nicht auflösen, sondern beschert allen, die sich darauf verpflichten oder darauf verpflichtet wurden, regelmäßig weitreichende Dilemmata. Diese Spannungen lassen sich identifizieren als diejenigen Probleme, die in Erscheinung treten, sobald die Aufklärung auf sich selbst angewandt wird. Dann treten sie nämlich auf die schwierigen Diskussionen, wie viel Vielfalt man tatsächlich akzeptieren kann, wie viel Intoleranz man zu tolerieren hat und wie aufklärerisch es ist, die Aufklärung anderen auch gegen deren Willen aufzuzwingen. Steckt also nicht in den famosen europäischen Werten die Gefahr, sich potenziell auch gegen sich selbst zu richten? Wird denn ausreichend bedacht, ob diese europäischen Werte auch negative Komponenten erhalten könnten?« (Landwehr 2015).

Unsere abendländischen Werte sind somit auch nicht mehr das, was sie einmal waren: Als Basis oder Orientierungsrahmen für die Persönlichkeitsentwicklung haben sie viel von ihrer Bedeutung eingebüßt. Sie haben schon für vieles herhalten müssen: für Kreuzzüge, Kolonialisierung oder Verklemmung und Massenvernichtung. Doch können wir sie nicht hergeben, denn wir haben sie meist früh gelernt und tief verankert. Diese Werte wurden jedoch nicht nur missbraucht, sondern auch in ihrer universalen Gültigkeit überzeugend gelebt. Diese glaubwürdig gelebte Wertorientierung sollte uns Vorbild und Verpflichtung sein.

Den kulturellen Fortschritt an den westlichen Kulturstandards zu (be)messen, ist auch Ausdruck der erwähnten Xenophobie – eine nicht bloß ängstliche, sondern auch anmaßende Geste: Indem wir uns – mehr oder weniger kämpferisch – der Gültigkeit unseres kulturellen So-und-nicht-anders-Gültigen versichern, betäuben wir unsere Angst vor dem Fremden, das auch in uns lauert, statt dieses zu integrieren. Dadurch weichen wir der eigenen Reifung zur wirklichen Autonomie aus.

Das Aushalten und die Akzeptanz von existenzieller Vielfalt sind nämlich weitere grundlegende Voraussetzungen einer fortgeschrittenen Reifung der Persönlichkeit. Indem wir lernen, uns wertschätzend und ressourcenorientiert im Umgang mit dem Fremden zu verhalten, werden auch die Wurzeln für die Akzeptanz des eigenen Fremden gelegt. Wem es gelungen ist, dieses als

Bestandteil seines Ichs zu integrieren, der ist nicht mehr auf der Suche nach geeigneten Projektionsflächen im Außen – seien dies Flüchtlinge fremder Herkunft oder anderskulturelle Nachbarn. Er ist auch gegen Mitläufertum bei Bewegungen gefeit, die ihre Anliegen mit einer Abwertung gegenüber Fremden verbinden. Es war Theodor W. Adorno, der in seinem berühmten Beitrag »Erziehung nach Auschwitz« leidenschaftlich für eine »Wendung aufs Subjekt« plädierte und diese mit den Worten begründete:

> »Ich glaube nicht, dass es viel hülfe, an ewige Werte zu appellieren, über die gerade jene, die für solche Untaten anfällig sind, nur die Achseln zucken würden; glaube auch nicht, Aufklärung darüber, welche positiven Qualitäten die verfolgten Minderheiten besitzen, könnten viel nutzen. Die Wurzeln sind in den Verfolgern zu suchen, nicht in den Opfern, die man unter den armseligsten Vorwänden hat ermorden lassen. (…) Man muss die Mechanismen erkennen, die die Menschen so machen, dass sie solcher Taten fähig werden, muss ihnen selbst diese Mechanismen aufzeigen und zu verhindern trachten, dass sie abermals so werden, indem man ein allgemeines Bewusstsein jener Mechanismen erweckt. (…)
>
> Solcher Besinnungslosigkeit ist entgegenzuarbeiten, die Menschen sind davon abzubringen, ohne Reflexion auf sich selbst nach außen zu schlagen. Erziehung wäre sinnvoll nur als eine zu kritischer Selbstreflexion« (Adorno 1970b, S. 90).

Nicht alle Werte auf der Welt sind gleich gültig, weshalb wir gegenüber der ethischen Verantwortung auch nicht gleichgültig werden dürfen. Es gibt nämlich einseitig vorschreibende und vielseitig einbeziehende Werte. Erstere konfrontieren den Einzelnen mit Regelsetzungen, letztere öffnen den Raum, eigenen Regeln zu folgen. Der Grundsatz von Immanuel Kant, man solle so handeln, dass der eigene Wille jederzeit zur allgemeinen Gesetzgebung dienen könne, ist ein solch einbeziehender – reflexiver – Wert. Ähnliches gilt für den Grundsatz: »Keine Freiheit für die Feinde der Freiheit!« Solche reflexiven Werte konstituieren einen universalen Humanismus – die normative Basis einer wirklichen Persönlichkeitsentwicklung. Eine solche Offenheit bedeutet nicht,

> »(…) die Aufklärung und die Werte, die sich Europa so gerne auf seine Fahnen schreibt, über Bord zu werfen. Aber notwendig wird es sein, das Paradox auszuhalten, das uns diese Werte mitgeben, indem man sie auf sich selbst anwendet und beständig hinterfragt. Dann ließe sich mögli-

cherweise auch eine Universalie finden, auf die man sich verpflichten könnte und die nicht gar so exklusiv europäisch daherkäme und nicht nur eine Idee der Aufklärung wäre: nämlich das gute Leben, das jedem ermöglicht werden soll und niemanden verweigert werden darf. Dieses gute Leben frönt nicht dem Luxus westlicher Industriegesellschaften beim Blättern in Hochglanz-Lifestyle-Magazinen, sondern lässt sich bestimmen als das Bemühen, weltweit eine Grundsicherung zu gewährleisten, die Nahrung, Schutz vor Gewalt, Grundsicherung, Zugang zu Bildungseinrichtungen und Rechtssicherheit ebenso umfasst, wie die Achtsamkeit auf das Zusammenleben mit der nicht-menschlichen Welt (die weit mehr ist als nur ›unsere Umwelt‹)« (Landwehr 2015).

Solche reflexiven Werte verteidigen die Autonomie des Einzelnen und ermöglichen erst, dass kulturelle Verschiedenheit entstehen kann. Sie müssen von der Menschheit nicht nur glaubwürdig gelebt, sondern notfalls mit allen Mitteln verteidigt werden. Persönlichkeit braucht ein Bewusstsein solcher Werte, aber auch ein Know-how darüber, warum kulturelle Werte nicht gleichgültig sind. Gebildete Menschen sollten verstanden haben, dass der Inklusion ein alles umfassender Werthorizont zugrunde liegt. Dieser markiert eine Metaethik, die selbst das Recht auf Fundamentalismus schützt, die aber der Gewalt und Intoleranz vehement entgegentritt. Wichtig ist in diesem Zusammenhang die Fähigkeit, die eigene Beurteilungssprache zu zähmen und die eigene Entschiedenheit zur Gewissheit zu relativieren. In diesem Sinne persönlich gebildete Menschen verfügen über Formen des Umgangs mit Situationen, in denen ein entschlossenes Entgegentreten notwendig ist – ein Auftreten, dass nicht nur Grenzen zieht, sondern gleichzeitig auch der Inklusion dient.

Was tun?

Persönlichkeitsbildung setzt die Befähigung zur »selbsteinschließenden Reflexion« (vgl. Varela u. a. 1992) voraus. Diese kann angeregt, ausgelöst und – besonders in der Zusammenarbeit mit kulturell anders geprägten Menschen – geübt werden. Prüfen Sie sich selbst, und überlegen Sie dann, wie Sie in den weniger starken Bereichen des Selbst-Checks (Abb. 6) stärker werden könnten.

Selbsteinschließende Reflexion: Kompetenzen zum wertschätzenden Vergleichen In der Zusammenarbeit mit kulturell anders geprägten Menschen bin ich in der Lage, ...		- -	-	+	+ +
Coaching	... das Gegenüber bei der Profilierung und Erreichung seiner eigenen Ziele zu begleiten, ohne ungefragt eigene fachliche Ratschläge zu geben.				
Offenheit	... mit neuartigen und überraschenden sich wandelnden Lagen konstruktiv umzugehen, ohne ungeduldig oder verärgert zu reagieren.				
Methodenkritik	... meine eigenen Vorgehensweisen zu hinterfragen und mich auf Vorschläge des Gegenübers einzulassen.				
Partizipativ	... grundsätzlich darauf zu achten, dass das Gegenüber bei der Planung und Durchführung von Problemlösungen mitwirken kann.				
Akzeptanz	... das Gegenüber mit seinen auch für mich unverständlichen oder überraschenden Eigenarten anzunehmen und ernst zu nehmen.				
Ressourcenorientierung	... die Vorstellungen, Erwartungen und Möglichkeiten des Gegenübers systematisch zu erkunden und bei der Lösung aufzugreifen.				
Empathie	... die kognitiven und emotionalen Beweggründe des Gegenübers zu verstehen und diesem Verständnis gemäß zu handeln.				

Abb. 6: COMPARE – *selbsteinschließende Reflexion zum wertschätzenden Vergleich(en) (Arnold 2014c, S. 115)*

Regel 5: Teile die tiefen, nicht die exklusiven Gedanken der Überlieferung!

In den bildungstheoretischen Debatten hat sich bis heute die Einschätzung gehalten, dass es insbesondere die klassischen Texte seien, von denen eine positive Wirkung für die Persönlichkeitsbildung ausgeht. Wer griechische Philosophen oder Historiker liest und ihre Gedanken auf sich wirken lässt, der könne sich auch nicht der orientierenden Kraft der Gedanken dieser Philosophen entziehen und würde eine charakterliche Prägung erleben, die ohne diese Anregungen nicht zu haben sei – so die These der klassischen Bildungstheorie von Wilhelm von Humboldt (1767–1935). Persönlichkeitsbildung wird dabei als eine Selbstvervollkommnung verstanden, welche in mehrfacher Hinsicht als exklusiv einzustufen ist: Zum einen unterscheidet diese den Gebildeten von den Ungebildeten, sie unterscheidet aber auch Inhalte, Themen und Überlieferungen, denen eine Werthaftigkeit zugesprochen wird, von solchen, bei denen dies nicht der Fall ist, Und schließlich unterscheidet sie auch noch die gesellschaftliche Bedeutung der Person durch die Zertifizierung »höherer« oder »niederer« Bildungsgrade. J. Kost schreibt dazu:

> »Humboldts Bildungsideal erweist sich als radikales Ideal des durch Exklusion bestimmten Individuums, das im Bewusstsein lebt, in seiner innersten Existenz, in seinem Wesen unabhängig von gesellschaftlichen Gruppierungen, ja unabhängig von der Außenwelt zu sein. Die Entwicklung seiner selbst wird diesem Individuum zum höchsten Zweck – Zwecke außerhalb seiner selbst kennt es nicht –, die Entdeckung seiner selbst wird ihm zum höchsten Genuss. Anforderungen von Außen werden mit dem Hinweis zurückgewiesen, sie seien nicht der Natur der a priori existenten Individualität gemäß« (Kost 2004, S. 149).

Was bedeutet dieser bildungstheoretische Kommentar?

Zunächst einmal scheint es um Exklusivität zu gehen: Das gebildete Individuum erlebt sich als abgesondert von den anderen und der Gesellschaft – es ist sich selbst Zweck. Im Vordergrund steht die Vervollkommnung der eigenen Fähigkeiten, sich selbst und die Welt zu verstehen und entsprechend zu handeln. Doch wie handelt jemand, der sich selbst »zum höchsten Genuss« geworden ist – eine Formulierung, die das Anliegen Humboldts überspitzt, geht es ihm doch bekanntlich um die »proportionierliche Bildung der Kräfte zu einem Ganzen« (Humboldt 1793/1964).

Damit löst Humboldt das, was aus einem Menschen werden kann, von den Notwendigkeiten und Möglichkeiten im Außen und konzipiert die Bildung radikal als ein inneres Geschehen, d. h. als eine Art Reifung bzw. Entpuppung, bei der *das* Ausdruck gewinnen kann, was als Möglichkeit im Einzelnen angelegt ist. Diese Reifung findet zwar in sozialen und thematischen Kontexten statt, doch können diese die Möglichkeiten des Individuums nicht determinieren – ein schöner und auch emanzipatorischer Gedanke! Gleichwohl sind die Wirkungshoffnungen von Humboldt eindeutig inhaltlich bestimmt. Er erhofft sich von der Auseinandersetzung des Subjekts mit den Hochformen des kulturellen Ausdrucks wahre Wunderdinge. Diese sind die eigentlichen Impulsgeber und Reifungsflächen für die Persönlichkeitsentwicklung.

In einem Seminar, an dem auch Lehrer und Lehrerinnen teilnahmen, entspann sich folgendes Streitgespräch:

»Also ich werde richtig ärgerlich, wenn ich diesen Blödsinn von der notwendigen Zweckfreiheit der Bildung höre. Ich kenne viele Menschen, die eine berufliche Ausbildung genossen haben und sich seit dem 17. Lebensjahr mit beruflichen Zwecken auseinandersetzen, die mehr Persönlichkeitsbildung haben als so mancher Student. Vielleicht sollten wir den Bildungsbegriff mal entrümpeln und von seinen verstaubten Annahmen befreien. Sonst laufen wir Gefahr, gerade diejenigen als gebildet anzusehen, die vom Leben selbst möglichst wenig verstehen.«

Der Widerspruch kam prompt. Sichtlich erregt meldete sich eine Gymnasiallehrerin zu Wort: »Soll das heißen, dass in der Schule nur noch das gelernt werden soll, was unmittelbaren Nutzen stiftet? Das ist doch genau das, worauf seit Jahren alles hinausläuft: Es geht bloß noch um Kompetenzen, aber nicht um Kunst und Kultur. Wo bleibt da das Menschsein, wo bleiben Ethik und Moral?«

Was stimmt? Ist Bildung als Persönlichkeitsbildung notwendig zweckfrei und an die klassischen Inhalte und somit an die kulturellen Hochformen der Vergangenheit gebunden? Oder lassen sich – gewissermaßen quer dazu – persönliche Fähigkeiten identifizieren, in welchen die Individualität des Einzelnen ebenso Ausdruck findet wie seine Fähigkeit, brauchbare Lösungen zu entwickeln und sich in liberaler Haltung gegenüber den Weltsichten anderer unaufgeregt, aber gradlinig um neue und differenzierte Erklärungen für das eigene Erleben und Tun zu bemühen? Was Bildung für Sie persönlich bedeutet, finden Sie mit Hilfe von Abbildung 7 heraus.

Der ganz persönliche Bildungs-Check: Was bedeutet Bildung für mich? Bildung bezeichnet ...		- -	-	+	+ +
Brauchbarkeit	... die Fähigkeit, Probleme zu bewältigen und Nutzen zu stiften – für sich selbst und andere.				
Individualität	... die Fähigkeit, den eigenen Kräften einen besonderen sinnstiftenden Ausdruck zu geben.				
Liberalität	... die Fähigkeit, die Welt durch die Augen der anderen verstehen und wertschätzen zu können.				
Differenziertheit	... die Fähigkeit, eigene Gewissheiten hinterfragen und sich um evidenzbasierte Klärung bemühen zu können.				
Unaufgeregtheit	... die Fähigkeit, die eigenen Emotionen zu (er)kennen und ihre verzerrenden Festlegungen zu vermeiden.				

Neugier	... die Fähigkeit, interessiert auf Neues zuzugehen und auch Unbekanntes und Unbequemes zu verstehen.				
Gradlinigkeit	... die Fähigkeit, auf der Grundlage von begründeten Werten berechenbar und zielführend zu agieren.				

Abb. 7: BILDUNG – *Bildungskompetenzen*

Basis eines solchen Bildungsverständnisses ist nicht seine Kulturverbundenheit, sondern die nüchterne Fokussierung auf *die* Verhaltensformen und Kompetenzen, in denen man einen gebildeten Menschen erkennen und erleben kann. »Gebildet« im Sinne eines zeitgemäßen Bildungsbegriffs ist dann nicht mehr länger derjenige, der in der Lage ist, sich selbst zum höchsten Genuss zu werden, während andere mit ihrem Tun ihm die gesellschaftliche Nische für seine Besonderung sichern. »Gebildet« sind vielmehr der- und diejenige, die in der Lage sind, auch mit ihrer gesellschaftlichen Umwelt in einen lebendigen, synergetischen und das Überleben sichernden Austausch zu treten.

Dabei geht es um Brauchbarkeit *und* Individualität. Beide Aspekte werden nicht länger als unüberbrückbarer Gegensatz angesehen, da die eigene Problemlösungsfähigkeit und Sinnstiftungsfähigkeit es sind, mit denen wir in eine tragfähige Austauschbeziehung mit dem Gegenüber sowie der Gesellschaft treten.

Ein zeitgemäßes Bildungsverständnis verweist jedoch nicht bloß auf grundlegende Kompetenzen, sondern auch auf die persönliche Performance des Einzelnen. Dessen Formen des Beobachtens, Urteilens und Handelns umfassen nicht nur die Fähigkeit, die Welt durch die Augen der anderen verstehen und wertschätzen zu können. Grundlegend sind vielmehr auch die Fähigkeiten,

– eigene Gewissheiten hinterfragen und sich um evidenzbasierte Klärung bemühen zu können,
– die eigenen Emotionen zu (er)kennen und ihre verzerrenden Festlegungen zu vermeiden,

- interessiert auf Neues zuzugehen und auch Unbekanntes und Unbequemes zu verstehen sowie
- auf der Grundlage von begründeten Werten berechenbar und zielführend zu agieren.

Wer in diesem Sinne »gebildet« ist, muss sich nicht erst an den klassischen Inhalten der abendländischen Kultur abgearbeitet haben – eine Einengung, welche gerade in einer durch Migration und Multikulturalität geprägten Gesellschaft als unerträglich eurozentristisch und damit exklusiv empfunden werden muss. Auch andere Kulturen stellen Anregungen und Kontexte zur Reifung der genannten Fähigkeiten bereit. Entscheidend ist allerdings, ob und inwieweit sie Offenheit, Selbstreflexivität und Bezogenheit anzubahnen und zu stärken vermögen.

Hier lassen sich unübersehbar Unterschiede und Begrenzungen feststellen, und nicht jeder gesellschaftliche Kontext oder jedes Milieu unterstützt in gleicher Weise die Herausbildung und Reifung der erwähnten Bildungskompetenzen. Gleichwohl lassen sich im Zuge der internationalen Globalisierung mehr und mehr Hinweise auf die Entstehung eines geteilten Verständnisses von Bildung als Performance feststellen. So schrieb z. B. die Delors-Kommission in ihrem Bericht »Lernfähigkeit: Unser verborgener Reichtum« im Jahre 1997:

> »Bildung ist der Kern der Persönlichkeitsentwicklung und der Gemeinschaft. Ihre Aufgabe ist es, jeden von uns, ohne Ausnahme, in die Lage zu versetzen, all unsere Talente voll zu entwickeln und unser kreatives Potenzial, einschließlich der Verantwortung für unser eigenes Leben und der Erreichung unserer persönlichen Ziele auszuschöpfen. (…) Dieser Prozess muss damit beginnen, dass man sich selbst verstehen lernt: durch eine Reise in das Innere, mit den Meilensteinen Wissen, Nachdenken und praktizierte Selbstreflexion« (Delors 1997, S. 15).

Weiter heißt es:

> »In diesem Kontext fügt sich alles zusammen: die Anforderungen von Wissenschaft und Technologie, die Selbsterkenntnis und die Kenntnis über die Umwelt, die Entwicklung von Fertigkeiten, die dazu befähigen, in einer Familie, als Bürger oder als produktives Mitglied der Gesellschaft wirksam tätig zu sein« (ebd.).

Diese Überlegungen bestätigen eindrucksvoll, dass eine zeitgemäße und demokratische Idee von Bildung heute nicht mehr von exklusiven Kulturinhalten her überzeugend definiert werden kann, sondern von den durch sie zum Ausdruck kommenden persönlichen und sozialen sowie methodischen Fähigkeiten – eine Ernüchterung, die keineswegs unwidersprochen bleibt, wie u. a. die nicht enden wollenden Warnungen vor der drohenden »Unbildung« (Liessmann 2014) oder die Erinnerung an die »Nützlichkeit des Unnützen« (Ordine 2013) deutlich zeigen. In beidem meldet sich ein traditionalistisches Bildungsverständnis zu Wort, das um seine eigene Exklusivität auch deshalb nicht wissen will, weil seine Vertreter selbst in ihm gebildet worden sind – eine besonders deutliche Version der Gebundenheit an die eigenen Annahmen (»Ich möchte so bleiben, wie ich bin!«).

Diese Position ist nicht deshalb bisweilen ärgerlich, weil sie veraltet ist, sondern deshalb, weil darin auch die unverhohlene Absicht, die Welt nach den eigenen Annahmen zu deuten und zu gestalten, zum Ausdruck kommt und dadurch selbst einige der o. g. Bildungskompetenzen (z. B. Liberalität, Differenziertheit) konterkariert. Zudem können materiale Bildungstheorien, die ihre Essenz durch eine Bildungsmaterie (Inhalte, Kulturgüter u. Ä.) definieren, kaum angemessen mit den exponentialen Veralterungstendenzen umgehen, durch die sich zwar nicht alles, aber doch Wesentliches vollständig wandelt. So stellt der Nobelpreisträger Robert Shiller fest:

> »Früher haben Menschen sich durch ihr Wissen definiert. Wer viel wusste, der war interessant. Heute braucht man nicht mehr so viele interessante Menschen, weil es ja das Internet gibt, wo man jede Frage beantwortet bekommt – und zwar oft sehr viel besser. (...) Wenn erlerntes Wissen massenhaft entwertet wird, gefährdet das die Identität des Menschen. Denn sein ganzes Selbstwertgefühl beruht ja darauf, dass er etwas kann. Dieses Selbstwertgefühl ist nun entwertet« (Shiller 2015, S. 25).

Jaques Delors, der ehemalige Präsident der Europäischen Kommission, resümierte 15 Jahre nach dem Erscheinen des UNESCO-Berichts »Lernfähigkeit: Unser verborgener Reichtum« die Grundintention des damals skizzierten Verständnisses u. a. mit einer deutlichen Betonung der Notwendigkeit eines »Learning to be«. Er schreibt:

> »A treasure lies within each one of us, and continuing education must enable everyone to improve their self-knowledge during their vital quest for self-esteem« (Delors 2013, S. 323).

Die Perspektive auf die inneren Möglichkeiten jedes einzelnen Menschen setzt sich nur ganz allmählich durch. Es ist noch ein langer Weg, bis auch die modernen Gesellschaften Verfahren entwickelt haben, die unterschiedlichen Formen der Selbstbildung zu identifizieren und den jeweiligen Stand der vom einzelnen erreichten Entwicklung zu bewerten. Als gebildet rückt dabei nicht länger derjenige in den Blick, der es

– in einer fachlichen Disziplin zur Meisterschaft gebracht und auch
– eine hohe Allgemeinbildung erworben hat.

Bildung setzt vielmehr

– eine lernfähige,
– offene und
– wandlungsfähige Persönlichkeit voraus, die um ihre eigenen Wirkungen weiß, aber zugleich darum bemüht ist,
– ihre Selbstkompetenzen beständig weiterzuentwickeln.

Selbstkompetenzen bezeichnen dabei die Fähigkeiten des Einzelnen, sich selbst zu verstehen und das eigene Echo in seinen sozialen und professionellen Handlungen zu erkennen. Wer in diesem Sinne selbstkompetent agiert, dem ist die Tatsache bewusst, dass auch er nur ein Beobachter unter anderen ist und über keinen privilegierten Zugang zur Wirklichkeit verfügt. Er kennt seine emotionalen und kognitiven Grundeinspurungen und weiß, wozu ihn diese immer und immer wieder verleiten können. Wenn Dirk Baecker schreibt »an unseren Beobachtungen werden wir kenntlich« (Baecker 2013, S. 13), dann verweist er zugleich auf diese Verantwortungsdimension einer substanziellen Persönlichkeitsbildung. Diese ist nicht der Idee der Selbstvervollkommnung verpflichtet, sondern dem Anspruch einer »Multireferentialität« (ebd., S. 12), wie Baecker dies nennt. Er schreibt:

> »Kennzeichen des kultivierten Menschen ist nicht dessen Einklang mit sich selbst, sondern dessen reflexive, um nicht zu sagen rebellische Unruhe« (ebd.),

die durchaus auch zu Formen einer »zivilisierten Verachtung« (Strenger 2015) zu greifen versteht. Kann man die Tiefe einer Person, die um die Relativität und Beobachtergebundenheit ihrer Wahrnehmung weiß und entsprechend zu handeln versteht, treffender beschreiben? Gibt es eine tragfähigere Basis für die Entwicklung unserer Persönlichkeit als den suchenden Blick hinter unsere eigenen Beobachtungen? »Findest du noch oder suchst du schon?« – diese Frage markiert das eigentliche Prüfkriterium einer tiefen Persönlichkeitsbildung, die sich an der Fähigkeit zum Umgang mit Vielfalt – eigener und fremder – orientiert.

Regel 6: Denke und gestalte dein Leben von seinem Ende her!

Der heutige Mensch klammert die Gedanken an seinen eigenen Tod gerne aus: Tod und Sterben werden in der modernen Gesellschaft vertagt. Das mittelalterliche Memento mori (»Denke daran, dass Du stirbst!«) ist dem heutigen Mensch fremd. In alten Zeiten war das – frühe – eigene Ende durch Kriege, Seuchen und Hunger als ständiges Risiko allgegenwärtig und wahrscheinlich. Deshalb konnten die Menschen überhaupt nicht anders, als ihr Leben im Angesicht von Tod und Sterben zu führen und zu verantworten.

Der Mensch in den modernen Wohlstandsgesellschaften lebt »nach vorne«, ohne der Frage nach dem Wozu oder Wohin einen wirklich substanziellen Platz einzuräumen. Man lebt den »Fortschritt«, schickt sich in das »lebenslange Lernen« und inszeniert beständig den »Aufbruch« oder gar »Neuanfang«. Die eigene Zukunft wird dabei bevorzugt als Steigerung des Bisherigen konzipiert: beruflicher Aufstieg, Erfüllung von Träumen usw. Die sich abrundende und abschließende oder gar jäh abbrechende Lebensbewegung wird dabei durch Narrative eines nahezu ewigen Lebens überformt. Die Stichwortgeber aus dem Silicon Valley glauben gar, dass wir unmittelbar davor stünden,

> »(…) unsere Gene und Stoffwechselprozesse zu reprogrammieren, um Krankheiten und Alterung zu unterbinden« (Kurzweil 2014, S. 328).

Der Tod soll so als Begrenzung überwunden werden – eine aberwitzige und anmaßende Steigerung der Todesvergessenheit und Todesverdrängung in der Moderne.

Die Gesellschaft, in der wir leben, ist mehr und mehr durch Todesvergessenheit und Todesverdrängung gekennzeichnet.

Selbst diejenigen, die nicht an die biotechnischen Wunder glauben, haben den Tod zumindest aus der »Sphäre des Lebens«

weitgehend verbannt. Sie bewegen sich ignorant im Hinblick auf das eigene Ende durch ihr Leben und arbeiten an einer Zukunft, die sie sich in rosigen, keinesfalls in dunklen Farben ausmalen. Da der Tod auch für sie unausweichlich ist,

> »(...) soll wenigstens das Leben, solange es dauert, von ihm gereinigt und die schmähliche Erinnerung an ihn getilgt werden« (Gronemeyer 1996, S. 25).

Dadurch entlässt der moderne Mensch den Tod aber auch als den wahrscheinlich wichtigsten Lehrmeister des Lebens – ein ungewöhnlicher, aber tiefer Gedanke!

In einem Seminar brachte die Teilnehmerin Barbara diese Skepsis auf den Punkt:

> »Was soll mich der Tod schon lehren, was ich nicht ohnehin bereits weiß? Es wird danach vorbei sein! Zumindest in der Form, in der ich mit meiner Familie, meinen Kindern und Freunden lebe, wird es nicht weitergehen – zumindest wissen wir darüber nichts. Mich haben die religiösen Fantasien über ein Leben nach dem Tod nie überzeugt, und ich beneide jeden, bei dem dies anders ist. Also muss ich mich mit dem Leben hier und jetzt begnügen und jeden Tag so leben, als wäre es mein letzter!« – »Da hast du doch schon eine wichtige Lektion selbst genannt, die uns der Tod zu geben vermag«, entgegnete ein Teilnehmer. »Es gibt aber noch weitere Lektionen! Dies ist mir aber auch erst wirklich tiefer bewusst, muss ich gestehen, seit ich meine Eltern beerdigt habe. Die Vorstellung, dass sie mir bloß vorangegangen sind, hat mich nicht mehr losgelassen und meinen Alltag verändert: Ich frage mich heute bei jeder Aufregung und jedem Konflikt nach der Relevanz in Anbetracht der eigenen Endlichkeit und der meines Gegenübers. Wenn wir wirklich tief durchspürt haben, worauf alles hinausläuft, dann prüfen wir genauer, wofür wir uns engagieren und in welcher Form und Verbissenheit wir dies tun!«

Dieser Gedanke, der den Tod zum eigentlichen Lehrmeister stilisiert, findet sich bereits bei dem stoischen Philosophen Seneca (1–65 n. Chr.). Für ihn ist die Philosophie eine »Meditatio mortis«, ein Nachdenken über den Tod: »Philosophieren heißt sterben lernen« – so schreibt der französische Philosoph Michel de Montaigne (1533–1592) im Jahre 1580 (Montaigne 1998, S. 52 ff.). Für Tobias Hürter ist der Tod selbst ein Philosoph. Der Absturz und Beinahetod beim Klettern haben ihn dem Leben selbst näher gebracht:

> »Der Tod ist nun einmal beides: selbstverständlich und unfassbar. Ungefähr 93 Prozent aller Menschen, die bisher geboren wurden, sind gestorben, und wenn kein Wunder geschieht, werden auch wir, die übrigen 7 Prozent, sterben müssen. Wer wollte das bestreiten? Und doch ist es eine Ungeheuerlichkeit. Sich eine Welt vorzustellen, in der man selbst nicht mehr ist, das halten auch sehr vorstellungsbegabte Leute für unmöglich. Ich, ausgelöscht? Nicht mehr fühlen, nicht mehr denken, nichts mehr erleben – gar nichts mehr? Unvorstellbar! Andere mögen sterben, aber mich wird es weiter geben« (Hürter 2013, S. 44).

Der Theologe, Philosoph und Pädagoge Johann Amos Comenius (1592–1670) war seiner Zeit weit voraus. Er begründete seine Konzepte vom lebenslangen Lernen und Reifen des Menschen von dem Letzen her, auf das alles hin tendiert. Dadurch wird der Tod nicht länger ausgeklammert, sondern als das genommen, was er ist: das eigentliche Ziel des Lebens, das, worauf alles zuläuft. Diese historische Schatzsuche bei Seneca, Montaigne, Comenius und – aktuell – Hürter, die keineswegs vollständig und erschöpfend ist, führt uns bereits zu der wichtigen Anregung:

> Eine wirkliche Persönlichkeitsbildung kann die offensichtliche Begrenztheit unseres Lebens nicht ignorieren, will sie nicht hohl und vordergründig bleiben. Wahre Persönlichkeitsbildung ist stets auch eine Positionierung im eigenen biografischen Horizont.

Der Tod selbst ist somit der Ausgangspunkt und die eigentliche Begründungsbasis dessen, was wir in diesem Leben – noch – zum Ausdruck bringen wollen. Die *Schola Mortis* von Comenius dient deshalb auch der Vorbereitung auf den Tod durch die Einübung der »Kunst, gut und selig zu sterben (›ars bene beatque moriendi‹)« (Hinz 2002, S. 138). Indem der Mensch sich denkerisch auf das Letzte vorbereitet, wird er frei zu einem wirklichen Leben. Dies ist ein Leben ohne Ängste, Überforderung und Illusion. Erst durch die nüchterne Betrachtung des Unabwendbaren kann er sich – so die Grundidee dieser Persönlichkeitsbildung

– zu sich selbst und gleichzeitig zum Leben entwickeln, indem er sich darin übt, seine Lebensbewegung im ständigen Bewusstsein seiner eigenen Endlichkeit zu realisieren. Es waren ganz ähnliche Überlegungen, die auch Steve Jobs in das Zentrum seiner berühmten Rede vor Absolventen der Stanford University im Jahre 2005 rückte:

> »Der Gedanke, dass ich bald tot sein werde, ist die wichtigste Entscheidungshilfe für die großen Fragen des Lebens. Weil fast alles – alle äußeren Erwartungen, aller Stolz, alle Versagensangst – im Angesicht des Todes bedeutungslos wird, bleibt nur das wirklich Bedeutsame übrig. Sich vor Augen zu halten, dass man sterben wird, ist die beste Methode, die ich kenne, um nicht in die Falle zu tappen, sich selbst vorzumachen, man habe etwas zu verlieren. Wir alle sind bereits nackt. Es gibt keinen Grund, nicht seinem Herzen zu folgen« (zit. n. Isaacson 2011, S. 538).

Das schwindende Leben vermag den Menschen auch ganz zu sich zu führen – auch und gerade deshalb, weil er sich selbst in seinen vertrautesten Formen mehr und mehr entgleitet. Die zentrale Frage, mit der uns das Alter und Sterben konfrontiert, lautet nämlich nicht »Wer bin ich?«, sondern »Wer werde ich noch sein (können)?«. Jean Améry (1912–1978) fasst diesen Gedanken in die Worte:

> »Schmerzen, die wir nicht anstreben, gewähren uns Ichgewinn. (…) Wir werden uns im Alter fremd, doppelt und unergründlich, denn wenn A vor dem Spiegel kopfschüttelnd sagt ›das bin nicht mehr ich‹, ist ihr das Subjekt so wenig bekannt wie das Prädikat« (Améry 2004, S. 54 f. u. 60).

Alter und Tod können somit das erreichen, worum sich Lernen und Bildung möglicherweise vergeblich bemüht haben: einen reflektierten Zugang zu dem, was das eigene Leben wirklich – für uns – bedeutet bzw. bedeuten kann. Werden wir erst im Alter, je stärker wir uns dem Tod nähern, wirklich zu denen, die wir sind,

> »(…) während das Ich, das wir in der Jugend unser eigen nannten, nie bestanden hat bzw. eine Fiktion, ein Fremdbild, eine Mutmaßung über uns selbst darstellte«? (Bennet-Vahle 2007, S. 28). -

Dies ist eine Frage, die nur jeder Einzelne für sich selbst beantworten kann. Sie stellt sich dem Menschen spätestens dann, wenn er immer weiter in die Jahre kommt oder bereits seine letzten Jahre, Monate oder gar Wochen vor sich weiß.

Es ist eine schwierige Übung, sich selbst darüber klar zu werden, ob und wie wir die Mutmaßungen, von denen wir in unserer Lebensplanung ausgehen, aufgeben können und welche Auffangpositionen (»tastende Neukonstruktionen«) wir dann zur Verfügung haben werden.

- Wie werden wir leben, wenn wir unsere vertraute Lebenswelt ganz oder teilweise verlieren?
- Wie werden wir mit geringerem Einkommen, schwindender Tatkraft oder verlorener Integration umzugehen in der Lage sein?
- Was bleibt von uns, wenn wir und unsere Umwelt lernen müssen, unsere Vergesslichkeit und Mobilitätseinschränkungen zu tolerieren?
- Wer können wir – eigentlich – sein, wenn unsere Eigenständigkeit eingeschränkt wird?

Dies sind Fragen, die nur vereinzelt unsere immer noch aufbrechende Lebensbewegung stören.

Fritz J. Raddatz, der große deutsche Feuilletonist, Biograph und Romancier, wählte am 26. 2. 2015 den Freitod auch deshalb, weil ihm keine tragenden Neukonstruktionen angesichts des Zerbröselns seines bisherigen Lebensentwurfs mehr verfügbar waren. In seiner »Chronik eines angekündigten Todes« schreibt er:

> »Nun aber die Seltsamkeit: Auf dem verfallenden Körper sitzt offenbar ein noch klar denkender Kopf, darin ein Gehirn, das auch anständiger Formulierungen fähig ist. (…) Weil das Gehirn so offensichtlich intakt ist, die vielen Unruhe-Überlegungen, was den Entschluss betrifft. Ich artikuliere den eigenen Tod, sehe ihn, wenn das Kaminfeuer brennt (›da brennen bald deine Füße‹), höre meinen letzten Satz, der Gerd gelten wird. Manchmal auch Schminke; hier neulich einen kurzen Moment alleine, 1 Glas Bordeaux, Cigarillo, auf der herrlichen großen Terrasse, Palmen und Zinnien angestrahlt, davor ein Pool – Ruhe und Schönheit. Und auf leisen Sohlen kam Behagen geschlichen. Also weilte ich. Kann/darf man über den eigenen Tod weinen? (…)
>
> Ich frage mich bei jedem Handgriff: Wozu noch? Noch eine neue Zahnpasta-Tube? Noch Schuhe besohlen? Noch Kaminholz nachkaufen? Doch alles sinnlos – ich habe noch genau 6 Wochen, dann ist's vorbei: Jaja, besser so als Siechtum, Schlaganfall, Demenz« (Raddatz 2015).

Nun befinden sich die wenigsten Menschen tatsächlich selbst irgendwann in der Situation, eine nüchterne Bilanz der noch übrig bleibenden Lebensmöglichkeiten auch mit der Absicht anzustellen, den eigenen Freitod vor sich und der Welt zu begründen. Das Nachdenken über den Selbstmord kann jedoch auch anderen Zwecken dienen, wie u. a. die Arbeiten des französischen Soziologen Emile Durkheim (1858–1917) zeigen. Ihm war es darum zu tun, am Beispiel der sozialen Tatsache der Selbsttötung *die* Stoffe zu ermitteln, mittels derer Menschen sich mit ihrer sozialen Lebenswelt und ihren Lebensperspektiven identifizieren können und so Gesellschaft als ein auf Dauer angelegtes Gemeinschaftsprojekt gestalten können. Selbsttötung ist nach Durkheim häufig auch Ausdruck einer mangelnden Integration in die Gesellschaft und fehlender biografischer Orientierungsperspektiven (vgl. Durkheim 1897). Diese Orientierungslosigkeit ist auch und gerade in Gesellschaften anzutreffen, die den Tod vergessen und das Fortschreiten zelebrieren.

Die Übung in Abbildung 8 (ver)führt Sie dazu, sich mit dem Schwinden der Optionen im Lebenslauf in einer Selbstreflexion oder einem Dialog auseinanderzusetzen. Dabei können auch erste Elemente einer tastenden Neukonstruktion entstehen und sich zu einer proaktiven Haltung verdichten. Eine solche proaktive Haltung ermöglicht es, die sich abzeichnenden Veränderungen selbst zu gestalten, wenn sie denn eintreten. Wer seine Biografie bis zum Letzten zu gestalten vermag, kann Duldungslagen vermeiden. Persönlichkeitsbildung befähigt auch hier zur Gestaltung im Sinne einer autonomen Lebenspraxis!

Welche Optionen werden schwinden? Risikoabschätzung		A = eher wahrscheinlich D = unwahrscheinlich				Tastende Neukonstruktionen
		A	B	C	D	
Lebenswelt	Die vertraute Umgebung, in der Sie leben, und die Menschen, mit denen Sie es tagtäglich zu tun haben, werden nicht an Ihrer Seite sein.					

Einkommen	Sie werden mit deutlich weniger Geld im Monat auskommen müssen, als Ihnen jetzt zur Verfügung steht – auch, weil neue Kosten auf Sie zukommen.					
Tatkraft	Sie werden über weniger Kraft und Energie verfügen und auch bei alltäglichen Aufgaben rasch erschöpft sein.					
Integration	Ohne Ihren Arbeitsplatz und Ihre berufliche Position werden Sie spürbar weniger integriert sein, und die Zahl Ihrer Gesprächspartner wird sich reduzieren.					
Toleranz	Sie vergessen immer häufiger wichtige Dinge, und es fällt Ihnen zunehmend schwer, sich genau zu erinnern – dies fällt Ihnen und Ihrer Umgebung auf.					
Bewegung	Ihre körperlichen Kräfte schwinden, das Laufen fällt Ihnen schwer und Ihre Mobilität ist dadurch zunehmend eingeschränkt.					
Eigenständigkeit	Sie können nicht mehr eigenständig leben und sind auf fremde Hilfe (Haushaltshilfen, Pflegekräfte etc.) angewiesen.					

Hinweis:

Schätzen Sie die genannten Risiken für sich ein. Überlegen Sie für alle eher wahrscheinlichen Risiken (A und B), welche neuen »Gewissheiten« oder »Lektionen« (Mutmaßungen) diese Risikolage für Sie bereithalten könnte. Welche Vorkehrungen und Konsequenzen ergeben sich für die Gestaltung des eigenen Lebens? Notieren Sie diese!

Abb. 8: Let-it-be *– Risikoabschätzung und Neukonstruktion*

Regel 7: Trainiere den frischen Blick auf die Gegebenheiten und vermeide dein erwartungsgemäßes Urteil!

Menschen leben umhüllt vom Mantel ihrer Gewissheiten. Diesen können sie kaum ablegen. Sie können aber verstehen, aus welchem Material dieser Mantel gewebt ist und für welche Witterungsbedingungen er taugt. Hat man verstanden, warum einem stets zu kalt oder zu warm in diesem Mantel ist, kann man ihn auswechseln und durch ein – besser an die Jahreszeiten angepasstes – anderes Kleidungsstück ersetzen. Und: Man kann sich auch verkleiden, um zu erproben, wie sich die Welt anfühlt, wenn man anders gewandet – gewandter! – daherkommt. Der Mantel steht hierbei für die Fülle der vertrauten Deutungen und Emotionen, mit denen wir unseren Alltag wie selbstverständlich interpretieren und gestalten:

- Wir wissen, wie man über bestimmte Fragen denkt und was man von uns erwartet.
- Wir kennen die emotionalen Stile, Besonderheiten und Empfindlichkeiten der nahen Personen und identifizieren schnell und sicher, wem man trauen kann und wem nicht.
- Wir reagieren in bestimmten Situationen gelassen, in anderen gereizt.
- Wir folgen bereitwillig bestimmten Argumentationen, schließen andere aber entschieden aus. Und:
- Wir verändern uns zwar, bleiben uns aber auch treu.

Das Sichverkleiden ist eine alte kulturelle Praxis, mit deren Hilfe sich Menschen schon seit jeher auch neue Perspektiven auf sich selbst und andere ermöglichten. Von Zeit zu Zeit schlüpfen sie in Kostüme, um im Karneval jemand anderes zu sein. Das eigentliche Selbst bleibt dabei nicht selten, wie z. B. im venezianischen Karneval, inkognito, unerkannt. Auch Fußball- und andere Fans verkleiden sich.

»Cosplay« – ein Begriff, der sich aus den englischen Wörtern »costume« und »play« zusammensetzt – bezeichnet dabei eine ursprünglich in Japan entstandene Bewegung, sich zu bestimmten Events in andere – meist aus Computerspielen oder Film bekannte – Vorbilder zu verwandeln. Folgt man der soziologischen Interpretation diese Spiels mit den Identitäten, so fällt auf, dass das zwar bloß »vorgegaukelte Verhalten«, zu dem die Akteure dabei greifen, doch »wahrhaft möglich ist«:

> »Nicht bloß im Theater der Mimen, sondern auch im Varieté der Zauberer, im Zirkus der Artisten, in der Dunkelheit der Kinowelt, in den Verkleidungen bei Karneval usw. lassen wir uns verführen, betören. Schon bei der Urlust der Kinder, die nicht müde werden, sich zu verkleiden, zu spielen, sich gegenseitig zu bezaubern, bei den Erwachsenen anlässlich großer Feste, berauschender Bälle oder im Zustand der Verliebtheit spüren wir die Faszination der Scheinwelt. Immer ist der Motor unsere Fantasie, unser Bestreben, uns zu inszenieren, uns in irgendeinem Sinn spielerisch und ästhetisch zu betätigen, als aktive Teilnehmer oder im Beschauen von anderen lebendigen oder geronnenen Fantasiegebilden. Immer ist es der ästhetische Schein, der uns verzaubert, der diesen ›Betrug‹ nicht als Betrug erscheinen lässt, sondern, da wir diesen durchschauen, wissen, dass es ein Spiel ist, uns ihm hingeben und ihn genießen können. Es ist ein im Wortsinn fantastisches Spiel, an dem wir teilhaben, das wir in uns aufsaugen möchten, das wir als bloße Betrachter schon mitinszenieren« (Belgrad 1992, S. 205).

Das außergewöhnliche Spiel könnte jedoch zur Routine werden, wenn wir uns darüber bewusst werden, wie wir unsere Auftritte inszenieren. Dabei geht es nicht einmal in erster Linie um die *äußere Gestalt*, die wir uns zu sein bemühen, indem wir uns in einer bestimmten Weise kleiden, durch den sozialen Raum bewegen oder gar Selfies von uns posten. Viel entscheidender ist es doch, wie wir zu denken und zu handeln vermögen.

- Sind wir dabei in der skizzierten Weise für uns selbst und andere berechenbar?
- Sind wir in der Lage, an uns selbst vorherzusagen, wie wir bestimmte Lagen sehr wahrscheinlich interpretieren und in ihnen reagieren werden?
- Führen wir diese Reaktionen auf uns selbst oder auf das Verhalten des Gegenübers zurück?

- Tragen wir auch in uns die Fähigkeit, unsere Kostüme zu wechseln und neu auf die Gegebenheiten zu blicken und diese anders, als wir dies von uns selbst erwarten, zu interpretieren?
- Ist uns bewusst, dass jede neue Sicht der Dinge auch eine andere Form des Handelns zu eröffnen vermag?

Sonja, Lehrerin an einer Gesamtschule, berichtete: »Mir ist mit den Jahren aufgefallen, dass ich meine Schülerinnen und Schüler viel zu rasch sortiere. Dabei lasse ich mich auch von Informationen meiner Kollegen beeinflussen, und oft habe ich mir bereits ein Bild von einem Schüler gemacht, bevor ich tatsächlich auf ihn treffe. Das ist mir rückblickend sehr peinlich, und ich muss gestehen, dass ich mich dadurch der Chance beraube, die Jugendlichen überhaupt erst selbst kennenzulernen. Deutlich bewusst wurde mir dieser Mechanismus, als ich es mit einem jungen Kollegen zu tun bekam, der ausdrücklich darum bat, keine Vorinformationen zu den Schülern zu erhalten, wenn er eine neue Gruppe übernahm. Vornoten, Herkunft, familiäre Situation oder den Beruf der Eltern wollte er nicht wissen. Als ich ihn erstaunt darauf hinwies, dass er doch seine Klasse kennenlernen müsse, antwortete er: ›Genau deshalb vermeide ich es, mir bereits die Bilder meiner Kolleginnen und Kollegen zu eigen zu machen. Ich will die Schüler selbst kennenlernen, und dabei habe ich selbst alle Hände voll zu tun, dass mir da meine langjährigen Erfahrungen als Lehrer nicht dazwischenkommen!‹ Heute verstehe ich, was er meinte, und ich bewundere ihn für sein Bemühen um Nüchternheit und Unvoreingenommenheit! Dies ist für mich eine wirkliche Schülerorientierung, von der doch alle Welt redet. Es hat mich viel Anstrengung gekostet, die inneren Schülerbilder, die ich gewissermaßen immer bereits in die Klassen mitgebracht habe, zu erkennen und hinter mir zu lassen. Letzteres geht gar nicht wirklich, doch man kann die Bilder gewissermaßen ›vor die Tür schicken‹.«

Für ein Training des *frischen Blickes* auf die Gegebenheiten und die Vermeidung unseres erwartungsgemäßen Urteilens ist es notwendig, zunächst einmal zu erkennen, wie wir uns selbst gerne sehen und welches – angemessene – Verhalten wir von uns erwarten. Die folgende Übung kann Anregungen für diese Klärung liefern:

Im Kostümraum des Theaters der neuen Möglichkeiten

»Wir alle spielen Theater« – unter diesem Titel veröffentlichte der amerikanische Soziologe Erving Goffman (1922–1986) in Deutschland sein wohl bekanntestes Buch (Goffmann 1959; 2003).

1. **Welche Verkleidung legen Sie ab?** Notieren Sie wichtige Alltagsrequisiten, mit denen Sie Ihre üblichen Rollen im Alltag gestalten! Entscheiden Sie sich für drei typische Kleidungsstücke oder Gegenstände und kommentieren Sie diese (in einem Bild)!

   Mögliche Fragen für Ihre Auswahl und Kommentierung sind:
   - Was sehen Sie selbst bei sich als typisch an?
   - Was erleben andere (z. B. Kollegen und Kolleginnen, Ehepartner) bei Ihnen als typisch?
   - Für welche Verhaltensmerkmale stehen diese ausgewählten Gegenstände oder Kleidungsstücke?
   - Was wollten Sie immer schon mal ablegen?

2. **Zu welcher Kostümierung greifen Sie im Kostümraum des Theaters der Möglichkeiten?** Entscheiden Sie sich für bestimmte Accessoires, welche Ihnen für Ihre neue Rolle besonders wichtig zu sein scheinen, und kommentieren Sie diese (in einem Bild)!

   Mögliche Fragen für die Auswahl und Kommentierung sind:
   - Was schätzen Sie besonders an der gewählten Rolle?
   - Wo/mit wem könnten Sie die neue Rolle einüben und – z. B. inkognito – erproben?
   - Mit welchen Reaktionen rechnen Sie, welche befürchten Sie?
   - Welche Accessoires könnten Sie auch in den Alltag mitnehmen?

Die Einübung eines frischen Blicks auf die Gegebenheiten bekommt in den neueren Konzepten des systemischen Denkens eine grundlegende Bedeutung. Diese Konzepte wenden sich entschiedener dem Ort zu, an dem unsere Wahrnehmungen ihren Ursprung haben – nämlich der eigenen Beobachtung. Sie ist der Quellcode unserer Gewissheiten. Ihm können wir uns nähern, wenn wir unsere eingespurten Formen der Wahrnehmung, Interpretation und Beurteilung entzerren und uns darum bemühen, unsere Beobachtungsroutinen zu verstehen.

Peter Senge und Kollegen sprechen in diesem Zusammenhang von der Fähigkeit zum »Sehen unseres Sehens« (Senge u. a. 2008, S. 27). Sie ist gewissermaßen die Voraussetzung dafür, die ach so vertrauten Gewissheiten »frisch« zu sehen. Indem wir gewissermaßen innehalten und uns darin üben, die Dinge – zumindest probeweise – einmal anders zu sehen, verlassen wir die Containertechnik der Wahrnehmung. Diese besteht darin, alles, was uns begegnet, in unseren vorgefertigten Mustern der Interpretation (»Container«) zu verstauen. Damit sehen wir die Welt jedoch nicht, wie sie ist, sondern wie wir sind, wie es bereits im Talmud, einem alten jüdischen Schrifttum, hieß.

In diesem Sinne plädierte auch der englische Physiker David Bohm (1917–1992) für eine größere Sorgfalt im Umgang mit unseren eigenen Denkprozessen. Er schreibt:

> »Das Denken bewirkt etwas, sagt aber, ich war's nicht. Und das ist ein Problem. Das Schlimmste ist: einige der vom Denken hervorgebrachten Resultate gelten als äußerst wichtig und wertvoll. (…)
>
> Es ist, als würden wir selbst angegriffen, wenn unsere Meinungen infrage gestellt werden. Meinungen werden daher oft als ›Wahrheiten‹ erlebt, obwohl sie vielleicht lediglich unseren eigenen Annahmen und unserer Vorgeschichte entspringen. Wir haben sie von unseren Lehrern, unserer Familie, aus Büchern oder sonst woher. Dann identifizieren wir uns aus irgendeinem Grund mit ihnen, und wir verteidigen sie« (Bohm 2011, S. 39 u. 37).

Um die vertrauten Situationen frisch zu sehen, ist Entschlossenheit und Mut erforderlich. Oft setzt sich ein Mainstream durch, während alternative Ideen, ungewöhnliche oder gar abwegig erscheinende Denkweisen belächelt, kritisiert oder gar ausgegrenzt werden. Solche Vorgehensweisen lassen sich selbst in wissenschaftlichen Kontexten beobachten, in denen nur veröffentlicht wird, was ausgewählte Gutachter befürworten, während andere Ansätze abgelehnt oder deren Vertreter gar in ihren Publikations- und Karrieremöglichkeiten behindert werden. Denken und Begreifen sind demgegenüber häufig gerade erst dann »frisch«, d. h. weiterführend, wenn sie eine Wirklichkeit, die in Erscheinung tritt, auf den Punkt bringen, statt deren Perspektiven durch verzerrende Begriffe der Vergangenheit zu verstellen und in immer gleicher Weise zu deuten.

Es spricht deshalb einiges dafür, dass die eigentlich frischen Denker nicht diejenigen sind, die – koste es, was es wolle – an den überlieferten Maßstäben, Denkstilen und Kohärenzzwängen festhalten, sondern diejenigen, die sich in einem Begreifen versuchen, welches dazu geeignet ist, einer anderen Wirklichkeit zum Ausdruck oder gar Durchbruch zu verhelfen.

Wie kann sich ein »frisches Denken« von den vielfach festlegenden oder zumindest orientierenden Kohärenzzwängen befreien, ohne zugleich in eine vollständige Relativität der Referenzsysteme abzugleiten und fürderhin einem grenzenlosen Zynismus zu folgen? Ist dies überhaupt möglich? Und: Woher nimmt ein solches Denken dann seine Referenzen, wenn nicht wiederum aus inneren Lagen der Desorientierung, Beliebigkeit und Substanzlosigkeit?

Die Checkliste in Abbildung 9 kann diese Fragen nicht beantworten, sie kann aber dazu anregen, dem eigenen Kohärenzbemühen auf die Spur zu kommen, zu erkennen, wie dieses uns in erwartbaren Bahnen des Denkens, Fühlens und Handelns festhält, statt uns den Potenzialen einer in Erscheinung tretenden Wirklichkeit gegenüber zu öffnen. Dabei verabschiedet sich auch die bisweilen bemühte Kohärenztheorie der Wahrheit, denn: Es gibt keine Kohärenzwahrheit, sondern nur Kohärenzzwänge – innere und äußere.

Der persönliche Kohärenz-Check		selten	bisweilen	meistens
Umgang mit inneren Kohärenzzwängen	Ich kenne meine Grundüberzeugungen (z. B. Menschenbild, Ethik) und Wahrnehmungsmuster und bin mir der in diesen lauernden »Magnetisierung« meiner Suchbewegungen im Umgang mit Neuem bewusst.			
	Ich weiß, wem ich welche Einsichten verdanke und aus welchen inneren Motiven heraus (z. B. Treue, Angstabwehr, Zugehörigkeit) ich mich bestimmten Argumentationen gegenüber öffne, anderen gegenüber aber verschließe.			

	Ich verfüge über die Kompetenz, mich bewusst dem Gegenteil meiner bevorzugten Denk- und Wahrnehmungsmuster anzuschließen und mich im Denken vom Unterschied her zu üben.			
Umgang mit äußeren Kohärenzzwängen	Ich weiß, dass ich dazu neige, bevorzugt einer Schule zu folgen und mich nur mit solchen Texte und Argumentationen zu umgeben, die mich mehr bestätigen als infrage stellen.			
	Obgleich ich es anders erscheinen lasse, folgt mein Denken oft deduktiven Bahnen, d. h., ich selektiere – mehr unbewusst als bewusst – die Quellen, Belege und Referenzen so, dass sie meine Weltsichten und Gewohnheiten bestätigen.			
	Mir ist bewusst, dass der Mainstream nicht im Besitz der Wahrheit ist, sondern nur die sozialen Mechanismen der Glaubwürdigkeit kontrolliert, weshalb ich bewusst nach Anschlüssen außerhalb dieser selbstbestätigenden Praxis suche.			

Abb. 9: Lösung von inneren und äußeren Kohärenzzwängen (Arnold 2014a, S. 261)

Persönlichkeitsbildung bedarf postmoderner Stil- und Ausdruckselemente, um nicht in den überlieferten Kohärenzzwängen zu ersticken und die Menschheit nur noch mit Plattenbauten, statt mit kreativer und lebenswerter Architektur zu beglücken.

Ihre »Wahrheit« bemisst sich nach der Bewohnbarkeit ihrer Gebäude und der Gangbarkeit ihrer Wege. Wer eklektizistisch Anschlüsse und Verbindungen auch im abseitigen Gelände sucht, möchte Brücken bauen und die blinden Flecken des gewohnten Blicks überwinden. Er lotet letztlich die Grenzen und damit die Schwächen des Kohärenten aus, indem er neue Zugänge zu alten Fragen im Inkohärenten – im Fremden, Diversen und auch Ausgegrenzten – zu entdecken sucht. Konkrete Ansätze eines solchen *Denkens vom Unterschied her* sind in den letzten Jahrzehnten immer wieder anzutreffen – u. a. durch erste behutsame Versuche, die (Persönlichkeits-)Bildung stärker vom »Und« als vom »Oder« her zu denken.

Regel 8: Suche im Gegenüber die Potenziale, nicht Bestätigungen für deine eigenen Erfahrungen und Befürchtungen!

Es wurde bereits deutlich: Wesentliche Merkmale für den Entwicklungsstand einer Persönlichkeit sind ihre innere Offenheit und Flexibilität einerseits sowie ihre Gelassenheit im Umgang mit anderen andererseits. Entwickelte Persönlichkeiten verfügen über einen – unaufgeregten – reflexiven Zugang zu sich selbst und zu dem, was ihnen gewiss zu sein scheint. Infragestellungen und Kritik nehmen sie nicht persönlich, da sie wissen, dass Denken, Wissen und Urteilen immer nur Annäherungsversuche an die Wirklichkeit darstellen.

Grundlegend ist für eine solche Nüchternheit die Fähigkeit, sich von außen zu beobachten. Wer dies nicht kann, ist auch kaum in der Lage zu erspüren, wie andere ihn sehen oder was auch sonst noch der Fall sein könnte. Er reagiert meist betroffen oder gar gekränkt, wenn das Gegenüber die Lage anders beurteilt oder sich gar von ihm und seiner Beurteilung abzuwenden beginnt. In solchen Augenblicken zerfällt die Welt für viele in »gut« und »böse«. Es ist diese Unfähigkeit, die uns auch dazu bringen kann, uns zu verschließen – innerlich den Satz murmelnd: »Wer nicht für mich ist, ist gegen mich!«

Konrad, selbst als Unternehmensberater tätig und Teilnehmer in einem Supervisionsworkshop, überraschte mit seiner Offenheit: »Also, um ehrlich zu sein: Mir passiert dies ständig immer wieder. Ohne es zu bemerken finde ich mich mit meinen eigenen Betrachtungen und – was noch viel schlimmer ist – Verlautbarungen in Schwarz-Weiß-Welten wieder. In diesen Situationen verstoße ich meist gegen alle Grundsätze, die mir in meiner eigenen Beratungstätigkeit immer so wichtig zu sein scheinen: Allparteilichkeit, Wertschätzung, wertschätzender Umgang mit Unterschieden usw. Fast scheint es mir so zu sein, dass es eine

Art Naturgewalt gibt, welche einen in die vertrauten Sichtweisen zurückzieht, in denen es Ursachen und Wirkungen sowie Täter und Opfer gibt. Ich weiß nicht, wie ich mich dieser Gewalt entziehen kann; durchschauen tue ich sie – meist zu spät – nur im Rückblick.«

Ähnliches gilt für das *Beurteilen*: Wem es nicht gelingt, seine Urteile – mögen ihm diese auch noch so zutreffend erscheinen – auch als ganz eigene Schlussfolgerungen zu erkennen, kann abweichenden oder gar gegensätzlichen Beurteilungen anderer nicht wirklich wertschätzend begegnen. Er scheint zur Abgrenzung und nicht selten zur Ausgrenzung dessen, was ihm fremd ist, verdammt. Dadurch bleibt er sich bzw. seiner Sicht der Welt treu – eine Haltung, mit der man nicht nur in der multikulturellen und komplexen Welt kaum zurechtkommt, sie trennt uns auch von den möglichen Wirklichkeiten im Gegenüber, die wir nicht zu erkennen, wohl aber zu erschließen vermögen. In diesem Sinne schreiben Andreas Kannicht und Bernd Schmid im Blick auf das Beratungshandeln:

> »Genau genommen, können wir Wirklichkeiten von Klienten gar nicht getrennt, sondern nur in Vermengung mit unserer eigenen Wirklichkeit wahrnehmen; eine Mischung aus Wahrnehmung und ›Wahrgebung‹, wie dies Gunther Schmidt ausdrückt. Die Wirklichkeitsbilder des Beraters wecken oft unbemerkt bestimmte Perspektiven, mit denen er dann auf die Beratung schaut. Aber auch vorgegebene, vielleicht gewohnheitsmäßige Perspektiven rufen unbemerkt die zu ihnen passenden Bilder aller Beteiligten auf den Plan. Daher ist wichtig, sich innerer Bilder und gerade aktiver Perspektiven bewusst zu werden« (Kannicht 2015, S. 18).

Wer diesen *Wahrgebungsmechanismus* durchschaut, hat prinzipiell zwei Möglichkeiten:

a) Er kann sich durch Nachfragen vergewissern, was – in den Augen des Gegenübers – tatsächlich Sache sein könnte. Dieses Nachfragen setzt eine Fähigkeit zum *erschließenden Fragen* voraus. Oder

b) er kann sich gezielt um positive Perspektiven auf die Person und ihre Konstruktion der Wirklichkeit bemühen. Dieses

Bemühen lebt von der *Fähigkeit zum Reframing*, was so viel bedeutet, wie »die Gegebenheiten gezielt in einem anderen Rahmen zu betrachten«.

Beide Strategien lassen die möglichen Potenziale im Gegenüber stärker zutage treten, welche durch unsere gewohnheitsmäßige Wahrgebung zumeist verdunkelt werden: Wir sehen dann, was wir zu erkennen meinen, und das Gegenüber reagiert auf diese verzerrende Wahrnehmung seinerseits mit Widerstand, Kommunikationsabbruch und einer innerlichen Gegenoffensive, welche mehr mit seiner selbst erduldeten Ablehnungsgeschichte zu tun hat als mit der Bewertung, der es sich im Hier und Jetzt ausgesetzt sieht. Ohne dass es einem der Beteiligten selbst bewusst wird, befinden sich beide in einer eskalierenden Schleife des Missverstehens – jeder in dem sicheren Gefühl: »Das hab' ich nicht gesagt!« (Tannen 1994).

»Ja, genau so ist es!« – sagte Konrad als wir die zirkuläre Eskalationsschleife zur Sprache brachten. »Noch während ich meinen Vorwurf artikuliere, spüre ich, was ich dadurch in meinem Gegenüber auslöse, und ich könnte mich ihm eigentlich entschuldigend zuwenden und sagen: ›Sorry, ich merke gerade, wie ich dich mit meinem Statement aufbringe. Das ist wirklich nicht meine Absicht. Ich bin einfach nicht in der Lage, weit genug zurückzurudern, um mich wirklich unvoreingenommen mit dem Sachverhalt und deiner Bewertung auseinanderzusetzen. Gib mir eine Stunde Zeit, dann reden wir nochmals, und ich habe mich bis dahin beruhigt‹ (will sagen: Ich habe meine eigene – eruptive – Interpretation zurückgefahren und bin besser in der Lage, zu hören, worum es dir wirklich geht!)«

Wir sind selten in der Lage, uns in dieser besonnenen und selbstreflexiven Weise zu verhalten. Zu attraktiv ist die Befriedigung durch den kurzfristigen Gewinn, dem anderen mal wirklich die Meinung zu sagen. Und meist erkennen wir zu spät, welches Porzellan wir dabei zerschlagen – Porzellan, welches danach manchmal nicht mehr gekittet werden kann. Wie hilfreich wäre es deshalb, wenn wir über wirksame Strategien des Downcooling, der schweigenden Beobachtung und des beziehungserhaltenden Reagierens verfügen würden.

Die Kunst der erschließenden Nachfrage

Wer in der Lage ist, erschließend nachzufragen, der ist nicht unsicher, sondern in Kommunikationsfragen sicherer als der naive Frager. Während für den naiven Frager der Inhalt seiner Frage stets klar zu sein scheint und er sich kopfschüttelnd über die Begriffsstutzigkeit des Angesprochenen wundert, wundert sich der erschließende Nachfrager nicht über das Unvermeidbare. Er weiß um die Unmöglichkeit einer linearen Kommunikation. Diese Vorstellung hatte bereits der französische Philosoph Michel de Montaigne (1533–1592) im Blick, als er schrieb: »Das Wort gehört halb dem, der spricht, und halb dem, der angesprochen ist« (zit. nach Balmer 2008, S. 9). Die Kunst der erschließenden Nachfrage ist deshalb um Verstehen bemüht, d. h. um den Nachvollzug *der* 50 % der Frage, die dem Fragenden nicht gehören.

Die Checkliste in Abbildung 10 bietet einen ersten Zugang zur Selbsteinschätzung der eigenen Fähigkeiten zur erschließenden Nachfrage.

Fragen können den Blick auf Potenziale öffnen Ich bin in der Lage		+	-
Neugier	... mich von meinem jeweiligen Gegenüber immer wieder neu überraschen zu lassen (auch, wenn ich es schon gut zu kennen glaube).		
Achtsamkeit	... stärker auf das Gegenüber zu achten als auf meine inneren Bilder und Kommentare, die sich einstellen, wenn ich mit ihm zu tun habe.		
Coaching	... dem Gegenüber in der Absicht zu begegnen, es bei seinen eigenen Suchbewegungen zu begleiten, ohne mich – vorschnell – einzumischen.		
Haltung	... offen und interessiert zu kommunizieren, ohne alles nur durch meine Brille zu betrachten oder mit meinen Ohren zu hören.		

Freundlichkeit	... besonders klärende oder erklärende Gespräche emotional offen und energievoll zu führen und nichts persönlich zu nehmen.			
Ressourcen	... auf die Ressourcen des Gegenübers zu vertrauen und ihm prinzipiell zuzutrauen, dass es verantwortlich handeln kann.			
Ausdruck	... dem Gegenüber zuzutrauen, dass es über gute Gründe für sein Denken, Fühlen und Handeln verfügt und diese erklären kann.			
Gemeinsamkeit	... das Gemeinsame zu erkennen und Unterschiede nüchtern und ohne Vorwurf festzustellen.			
Entdecken	... die Interpretationen des Gegenübers zu erfragen und als prinzipiell gleichberechtigten Ausdruck zu würdigen, auch wenn ich sie nicht teile.			
Neuigkeit	... zu vermeiden, dass ich das Gegenüber – aufgrund vergangener oder ähnlicher Erfahrungen – festlege, und zu einem neuen Bild zu gelangen.			

Abb. 10: NACHFRAGEN *– Die Kunst der Nachfrage*

Die Kunst des Reframings

Wer sich seiner bevorzugten Deutungs- und Emotionsmuster bewusst wird, dem fällt in der Regel auf, wenn er sich mal wieder auf dem vertrauten Terrain seiner Muster bewegt. Er hat dann die Möglichkeit, innezuhalten und sich z. B. zu fragen, ob die Gefahr, die er gerade wittert, tatsächlich besteht, oder seine entschiedene – um nicht zu sagen: »überwertige« – Reaktion darauf zurückzuführen ist, dass er in strukturähnlichen Lagen schlechte Erfahrungen gemacht hat, die er unbedingt vermeiden will, ohne dabei zu erkennen, dass die aktuelle Lage vielleicht gar nichts mit diesen Erfahrungsmustern zu tun hat.

Die Kunst des *Reframings* unterstützt die Durchbrechung wohlvertrauter Muster. Es ist eine Do-it-yourself-Technik, mit deren Hilfe die Akteure aus verhakten Eskalationsschleifen aussteigen und durch Umdeutung der gemeinsamen Lage eine für sie neue Situation schaffen können, die ihnen auch neue Verhaltensmöglichkeiten bietet. Paul Watzlawick u. a. schildern folgende Situation, welche die Lösungskraft gezielter Umdeutungen veranschaulicht:

> »Während einer der im 19. Jahrhundert häufigen Unruhen in Paris erhielt der Kommandant einer Gardeabteilung den Befehl, einen Platz durch den Gebrauch der Schusswaffe von der dort demonstrierenden Kanaille zu räumen. Er befahl seinen Leuten, durchzuladen und die Gewehre auf die Demonstranten anzuschlagen. Während die Menge vor Entsetzen erstarrte, zog er seinen Säbel und rief mit schallender Stimme: ›Mesdames, m'sieurs, ich habe den Befehl, auf die Kanaille zu schießen. Da ich vor mir aber eine große Anzahl ehrenwerter Bürger sehe, bitte ich Sie, wegzugehen, damit ich ungehindert auf die Kanaille feuern kann.‹ Der Platz war in wenigen Minuten leer« (Watzlawick u. a. 1992, S. 103).

Dieses Beispiel zeugt von einer Fähigkeit, im entscheidenden Fall zu einer Lösung zu greifen, die sich »gegen die versuchte Lösung und nicht gegen die Schwierigkeit selbst« (ebd.) richtet. Watzlawick u. a. sprechen in diesem Zusammenhang von einer »Lösung zweiter Ordnung« (ebd.): Der Offizier geht nicht direkt auf das von seinen Vorgesetzten konstruierte Problem zu, sondern

> »(…) hebt die Situation aus dem Rahmen heraus, der bis zu diesem Augenblick sowohl ihn wie auch die Demonstranten enthielt, und erzielt damit eine für alle Beteiligten annehmbare Umdeutung der Situation« (ebd., S. 104).

Wie kann diese Fähigkeit zur Umdeutung eingeübt und erprobt werden? Die Reframingtreppe (Abbildung 11) markiert ein solches Übungsprogramm in neun Schritten, über die man aus den Höhen der Eskalation in die Weiten der Verständigung und Kooperation hinabsteigen kann.

Der Abstieg aus den Höhen der Eskalation ist steil und beschwerlich. Immer wieder schweben wir in der Gefahr, wieder den ausgetretenen Pfaden zu folgen, die uns um den Eskalationsgipfel herum, aber nicht von diesem herab führen. Gleichzeitig eröffnet der Abstieg auf der Reframing-Treppe verblüffende Aussichten und erheiternde Perspektiven, wie Arist von Schlippe und Jochen Schweitzer meinen:

»Dem Rahmen, in dem der Klient bzw. die Familie ein Ereignis wahr-nimmt, wird ein anderer Rahmen gegenüber gesetzt. Das bedeutet, dass die/der BeraterIn sich bei jeder Klage oder Beschwerde fragen kann, welche Form der Beschreibung sich finden lässt, innerhalb derer mehr Bewegungsspielraum besteht als vorher« (von Schlippe u. Schweitzer 2009, S. 77).

Reframing-Treppe: der Weg, um zur Umdeutung, Verständigung und Kooperation hinabzusteigen		
Reflektieren	Ersetze konfrontative Lösungsimpulse durch mögliche in-tegrative Lösungsansätze, die frei von Ursachenerklärung, Schuldzuweisung und bekannten Mustern sind!	
Entemotio-nalisieren	Vermeide Reaktionen, die von Enttäuschung, Wut oder anderen emotionalen Beweggründen geleitet sind!	
Fronten justieren	Suche eine gemeinsame Position außerhalb der vertrauten Entweder-oder-Linien und wirb für eine Hinterfragung der bisherigen Annahmen und Inter-pretationen!	
Rückrudern		Gehe voran, indem du auch Verantwortung für den bei dir zunächst entstandenen Eindruck über-nimmst!
Annehmen		Akzeptiere die Gründe des Gegenübers als seine »guten Gründe«, auch wenn du sie nicht verste-hen oder gar teilen kannst!
Mitnehmen		Nimm das Gegenüber mit auf den Weg zu ei-ner Neuinterpretation der konfrontativen Lage!
Intervenieren		Schlage sichtbar und spürbar einen neuen Weg ein, der die Konfrontation überwindet und keine Gewinner und Verlierer erzeugt!
Neu interpretieren		Erarbeite eine Neuinterpretation (inkl. neuer Sprachregelung), mit deren Hilfe die bisherigen Lösungsmuster überwun-den und aufgegeben werden können!
Gestalten		Widme dich der Implementierung der neuen Lösung, indem du gemeinsam agierst und den Rückfall in die alten Schuldzuweisungen meidest!

Abb. 11: REFRAMING – *Reframing-Treppe*

Menschen sind in einem umfassenden Sinne lernfähig. Sie eig-nen sich nicht nur beständig neues Wissen und wirksamere Techniken an, sie können auch einsehen, mit welchen verstehbaren Mechanismen sie bei ihrer Wahrgebung zu Werke gehen. Diese Mechanismen können sie durchschauen und durch eigene Übung überwinden. Dabei können nicht nur erfolgreichere, sondern auch friedlichere Formen der gesellschaftlichen Kooperation entstehen.

Regel 9: Arbeite an der Verfeinerung deiner Beobachtung und der Eleganz deines Auftretens!

Das Gelingen der Persönlichkeitsbildung ist seit jeher als Performance beschrieben worden – auch wenn der Begriff selbst dabei keine Verwendung fand. So kannten bereits die Ritterakademien des ausgehenden Mittelalters das Ideal einer Vervollkommnung der inneren Form einer Person, die auf dem Weg zur bürgerlichen Gesellschaft ihren Niederschlag in dem »liberal character« eines echten Gentleman fanden (vgl. Bothe-Scharf 2010, S. 68). Die Bildungshistorikerin Monika Bothe-Scharf schreibt in diesem Zusammenhang:

> »In einer Zeit, in der das Bürgertum aufgrund wirtschaftlicher Erfolge immer selbstbewusster wurde, und gleichzeitig der Adel aufgrund politischer Veränderungen immer mehr von seiner Vorrangstellung verlor, vereinigte der ideale Gentleman in sich sowohl bürgerliche als auch aristokratische Verhaltensnormen. Er bewegte sich in gehobenen Gesellschaftsschichten, musste belesen sein und neben ästhetischer Urteilsfähigkeit auch soziale und moralische Sensibilität besitzen. Wesentliche Elemente des Gentleman-Ideals waren benevolence – Wohlwollen, politeness – Höflichkeit, good breeding – eine ›gute Kinderstube‹ und simplicity – Schlichtheit und Natürlichkeit« (ebd., S. 69).

Diese Elemente zeichnen das humanistische Ideal einer Person, die als Individuum stark und reflektiert, aber nicht ichbezogen, unsozial und gewissenlos zu agieren vermag. Eine solche Person ist in ihrem Denken, Fühlen und Handeln von einem »Willen zum Ideal« getragen (Kahl 2007, S. 194). Sie wirkt zudem durch eine »Einheit von Ethik und Ästhetik des Lebens« (ebd., S. 195). Ein Gentleman – bzw. eine Gentlewoman – ist in der Lage,

- nüchtern zu beobachten,
- zurückhaltend, aber überlegt und wirksam zu handeln,
- dadurch universalen Werten des Guten, Gerechten und Schönen zum Ausdruck zu verhelfen,

- zugleich als Vorbild der »Selbstüberschreitung« und »Selbst-verwirklichung« (Lenzen 1997, S. 951 ff.) zu wirken und schließlich
- selbst immer wieder in Suchbewegungen, Vergewisserung und Neuorientierung einzutauchen.

Eine solche Performance der Eleganz kann man nicht in einem Crashkurs entwickeln. Sie kann vielmehr nur in einer Umwelt reifen, die auch selbst hält, was sie verspricht. Konkret bedeutet dies, dass Menschen in ihrem eigenen Umfeld Modell, Raum und Gelegenheit haben nutzen können, um diese Performance zu beobachten, nachzuahmen und zu erproben. Sicherlich stehen bei diesem Prozess auch literarische Charaktere Pate, deren Verhalten man wahrnehmen, besprechen und reflektieren kann, doch kann eine wirklich tragende Transformation der eigenen Performance nur gelingen, wenn eigene Erfahrungen gesammelt und in reflexiven Lernprozessen vertieft werden konnten.

Am Anfang steht die Beobachtung

Indem Nachwachsende die Gelegenheit erhalten, eigene Erlebnisse im Zusammenhang mit Scheitern, Gelingen, Konfliktlösung und Führungsverhalten zu reflektieren und zu verstehen, schärfen sie auch allmählich ihre Beobachtungsfähigkeit. Sie lernen, in Distanz zu treten, sich die Einschätzungen und Anregungen anderer Beteiligter anzuhören und in zahllosen Beispielen zu erfahren, wie perspektivenabhängig die Wahrnehmung und Beurteilung einer gegebenen Situation tatsächlich sind. Durch das Zu-Rate-Ziehen von einschlägigen Theorien und Forschungsergebnissen verstärken sie diese Beobachtung aus der Distanz und lösen sich so Schritt für Schritt aus der Umklammerung durch die eigenen Anfangsimpulse. Eine solche Fähigkeit zielt auf »intuitive Bewusstheit«. Diese ist

»(…) durch die Fähigkeit gekennzeichnet, zu beobachten und zu erkennen, und sich doch gleichzeitig nicht in der anspringenden Strukturierungsbereitschaft des Wiedererkennens zu verfangen. Bildung lebt von dieser Relativierungsfähigkeit und dem darin zum Ausdruck kommenden achtsamen Stillewerden« (Arnold 2013, S. 141).

81

Diese Einübung in die nüchterne Beobachtung stellt die erste grundlegende Bewegung einer gelingenden Persönlichkeitsbildung dar.

Nach einem Vortrag über das Thema »Führung braucht Persönlichkeit«, in dem auch für das Konzept einer gezielten Persönlichkeitsbildung geworben wurde, meldete sich der Geschäftsführer eines ortsansässigen Unternehmens zu Wort: »Wenn man hört, welche Elemente für eine gebildete Persönlichkeit ausschlaggebend sein sollen, dann wird man selbst ganz kleinlaut. Zumindest mir geht es so. Ich verfüge über alle diese Voraussetzungen nicht, sondern strebe sie bloß an – immer und immer wieder neu. Meine Frage ist deshalb: Wird hier nicht das Ideal einer Persönlichkeit beschworen, das in der Praxis in dieser Form kaum anzutreffen ist? Und wenn das so ist, frage ich mich, wofür das gut sein soll?««

Mit diesem Hinweis wird auch der normative Gehalt der Elemente einer gelingenden Persönlichkeitsbildung angesprochen. Diese ist wertfrei nicht zu haben. Gelingende Persönlichkeitsbildung ergibt sich nämlich nicht so oder anders. Sie profiliert sich vor dem Hintergrund der Werte und Normen, die die Richtung einer gelingenden Persönlichkeitsbildung gesellschaftlich konstruieren. Konkret bedeutet dies, dass in unsere Vorstellungen von dem, was Persönlichkeitsbildung ist und welchen Maßgaben sie zu entsprechen habe, stets historisch-gesellschaftliche Vorbedingungen einfließen, die das, was gesellschaftlich ist oder sein soll, verbindlich einspuren. Das Gelingen ist relativ zu den jeweiligen Kontexten, in welche die Persönlichkeit eingebunden ist – ein gerade für multikulturelle Gesellschaften wesentlicher Hinweis.

Das Ideal der gebildeten Persönlichkeit nimmt in unterschiedlichen historischen, kulturellen und lokalen Kontexten ganz verschiedene Formen an, und dieselbe Vorstellung löst in einigen Kontexten Zustimmung und Unterstützung aus, in anderen Ablehnung oder gar Gegenbewegungen. Unübersehbar durchwirken dabei unterschiedliche gesellschaftliche Erwartungen und Konventionen das, was hier als Ideal einer gebildeten Persönlichkeit markiert wird. Da ist es nicht leicht, sich an verbindliche Orientierungen zu halten und diese sichtbar und spürbar für andere vorzuleben. Dies erfordert nämlich eine innere Festigkeit, der man zugleich mit Skepsis begegnet, verschließt diese uns doch vor der Lebenspraxis derer, die nach anderen Grundsätzen leben. Und doch brauchen wir diese.

Eine gebildete Persönlichkeit braucht gewissermaßen beides: die Offenheit gegenüber dem ganz anderen einerseits und die Festigkeit im Ausschluss und der Verachtung von unvernünftigen, undemokratischen oder gar unmenschlichen Anschauungen andererseits. In diesem Sinne schreibt Carlo Strenger von der Universität Tel Aviv:

> »Kein Mensch kann authentisch respektieren, was er in Wahrheit für unmoralisch, irrational oder ganz einfach dumm hält. (…) Ich definiere zivilisierte Verachtung als eine Haltung, aus der heraus Menschen Glaubenssätze, Verhaltensweisen und Wertsetzungen verachten dürfen oder gar sollen, wenn sie diese aus substanziellen Gründen für irrational, unmoralisch, inkohärent oder unmenschlich halten. Zivilisiert ist diese Verachtung unter zwei Bedingungen: Sie muss erstens auf Argumenten beruhen, die zeigen, dass derjenige, der sie vorbringt, sich ernsthaft darum bemüht hat, den jeweiligen Wissensstand in relevanten Disziplinen zu reflektieren; dies ist das Prinzip der verantwortlichen Meinungsbildung. Zweitens muss sie sich gegen Meinungen, Glaubensinhalte oder Werte richten und nicht gegen die Menschen, die sie vertreten. Deren Würde und grundlegenden Rechte müssen stets gewahrt bleiben und dürfen ihnen unter keinen Umständen abgesprochen werden. Dies ist das Prinzip der Menschlichkeit« (Strenger 2015, S. 19 u. 21).

Eine gebildete Persönlichkeit beobachtet sich selbst und die Welt somit nicht bloß ruhig-unaufgeregt, offen oder die Potenziale im Gegenüber erkennend, sondern stets auch durch eine zivilisierte Brille, indem sie auf das Gute und Richtige achtet. Ihr Blick ist dabei zunächst auf Beobachtung gerichtet. Die moralische Interpretation und Beurteilung im Sinne eines »bescheidenere(n) Verständnis(ses) der Aufklärung und ein(es) Bewusstsein(s) für die Grenzen des Menschen« (ebd., S. 86) folgt diesem Verstehen. Moralische Interpretation und Beurteilung sind dabei nicht alles, aber ohne sie erscheint vieles beliebig und ohne eine wirkliche Verbindlichkeit.

Eine gebildete Persönlichkeit verfügt über eine in diesem Sinne verfeinerte Beobachtung. Sie ist allerdings auch in der Lage, sich im Umgang mit sich selbst und anderen elegant zu verhalten. Dies bedeutet, dass sie über eine Performance verfügt, mit der sie beides balancieren kann: die eigene Authentizität (= sich selbst treu bleiben) und die soziale Wirksamkeit (= gelingend kooperieren).

	Beobachtung lernen	Eleganz üben
produktiv	... die Potenziale im Gegenüber erkennen können	... im Einklang mit dem Gegenüber handeln können
energiereich	... auf Veränderungstendenzen achten können	... die Energien einer Situation nutzen können
ruhig-unaufgeregt	... die eigenen Lösungsvorstellungen heraushalten können	... mit dem Gegenüber passende Lösungen entwickeln können
federnd	... vorschnelle Eindeutigkeit hinterfragen können	... zurückrudern können
originell	... Unerwartetes für möglich halten können	... neue Wege tatsächlich erproben können
richtungsweisend	... mit der Offenheit der eigenen Beobachtung überzeugen können	... gangbare Wege identifizieren und überzeugend darlegen können
moralisch	... auf das Gute und Richtige achten können	... sich für gute und richtige Lösungen einsetzen und dafür werben können

Abb. 12: PERFORM *– Beobachtung lernen und Eleganz üben*

Gelingend kooperieren

Nach Henri Bergson (1859–1941), dem bedeutenden Repräsentanten der Lebensphilosophie, erfahren wir die Welt stets doppelt: einerseits als einen nicht enden wollenden Strom leiblicher Wahrnehmungen, andererseits als Erinnerungen, in welche sich Erzähltes und Schriftliches unbemerkt und beständig verschränken. Den Strom der leiblichen Wahrnehmung nennt Bergson »Durée«, was so viel bedeutet wie Dauer. Menschen leben in Zeitabläufen – in historischen Epochen und biografischen Phasen. Auch die gebildete Persönlichkeit ist Ausdruck einer Verdauerung: Bergson schreibt:

»In Wahrheit verändern wir uns ohne Unterlass, und schon der Zustand selbst ist Veränderung« (Bergson 1921, S. 9).

Auch die gebildete Persönlichkeit ist deshalb zugleich Ergebnis und Ausdruck einer Reifung, die voranschreitet, »an der Zukunft nagt und im Vorrücken anschwillt« (ebd.). Für Bergson ist dies der eigentliche Kern der schöpferischen Entwicklung – eine wichtige und schöne Charakterisierung des Lebendigen.

Das biografische Vorrücken entfaltet die Potenziale des Menschen jedoch nicht bloß in der Verschränkung mit den jeweiligen Überlieferungen. Er kann vielmehr auch die Fähigkeit erwerben, sich in Distanz zu dem ihm unmittelbar Einleuchtenden zu begeben und sich gegenüber anderen Formen des Denkens, Fühlens und Handelns zu öffnen. Diese Fähigkeit zum Perspektivenwechsel kennzeichnet die Reflexionsfähigkeit des wahrhaft vernunftbegabten Menschen. Er erkennt dann, dass er die Welt nicht so zu sehen vermag, wie sie »objektiv« ist, sondern bloß so, wie er selbst ist, um die bereits zitierte Formulierung des Talmud – einer der bedeutendsten Schriften des Judentums aus dem 5. Jahrhundert vor Christus – aufzugreifen. Diese Fähigkeit zur »selbsteinschließenden Reflexion« (Varela u. a. 1992) zeigt sich insbesondere in folgender Performance:

> »Die theoretischen Grundlagen wurden erweitert, der Blick für andere Autoren, Schulen und Denkrichtungen geöffnet. Das Interesse, sich in andere Denkweisen hinein zu versetzen, wächst, wobei die Erkenntnis der Relativität des eigenen Wissens irritiert. Wissen wird ausgetauscht, wie ein Produkt, von dem man kleine Pakete bekommen oder wenigstens weitergeben kann« (Uhlmann u. a. 2014, S. 16).

Menschen, die diese Perfomance aus sich heraus entwickeln konnten,

> »(…) haben ihre Ursprungsgewissheiten weitgehend hinter sich gelassen und sind sich der Fabriziertheit des menschlichen Wissens und der Konstruktivität eines Lebens im Modus der Auslegung bewusst. Gleichzeitig wissen sie, dass diese Irritation keinem Anything-Goes Tür und Tor öffnet, sondern die Individuen, Organisationen und Gesellschaften lernen müssen, die Verantwortung für ihre Konstruktion der Wirklichkeit zu tragen« (ebd.).

Insbesondere die moderne Personalentwicklung fokussiert in den letzten Jahren verstärkt die persönliche Entwicklung solcher

Fähigkeiten. Dabei werden sie von der Erwartung geleitet, dass insbesondere Führungskräfte (aber nicht nur diese!) ihre Selbstreflexivität soweit entwickeln sollten, dass sie in der Lage sind, sich angemessen mit den vielfältigen Herausforderungen der Zukunft zu befassen.

Dies gelingt ihnen dann nicht, wenn sie sich bloß auf ihre Intuitionen und Erfahrungen verlassen und immer wieder auf dieselben oder ähnliche Interpretationsmuster und Routinen zurückgreifen. Ungewollt tragen sie nämlich dadurch dazu bei, dass sie nur *das* erkennen, was sie schon kennen, und dass die Zukunft, die sie gestalten, ähnlich wird, wie Vergangenheit und Gegenwart es schon gewesen sind – dies ist der Wirkungsmechanismus der (sich) selbst erfüllenden Prophezeiung.

Um diesen Effekt vermeiden zu können, ist Selbstreflexion eine dringende und kontinuierliche Reifungsaufgabe. Hinzu kommt eine weitere Kompetenz: nämlich die Fähigkeit, sich durch Fragen mit dem Neuen, Ungewohnten und Unsicheren in Verbindung zu bringen. Diese Fähigkeit beschreibt die elegante Bewegung, vom Gegenüber und seinen Sichtweisen sowie Möglichkeiten her ein neues Bild der zunächst so vertraut erscheinenden Situation entstehen zu lassen. Dieses Gegenüber konfrontiert uns nicht nur mit einer weiteren, ebenfalls möglichen Lesart, es ist auch meist diejenige Person, mit der wir kooperieren wollen. Nur, indem es gelingt, das eigene Denken zu verlangsamen, können wir uns allmählich von der Gegebenheit befreien, dass unsere Spontandeutung »einflussreicher ist, als dies nach unserem subjektiven Erleben der Fall zu sein scheint, und es der Urheber vieler Entscheidungen und Urteile (ist), die wir treffen« (vgl. Kahneman 2011, S. 25).

Regel 10: Öffne dich den zunächst unvorstellbaren, aber faktisch bereits wirksamen Veränderungen in der Lebens- und Arbeitswelt!

Die Hinweise, dass sich die Anforderungen auf den modernen Märkten beständig verändern, sind ebenso wenig neu wie der mittlerweile zur Tröstungsformel erstarrte Hinweis, das einzige Beständige sei der Wandel selbst. Helfen solche Formeln oder vernebeln sie?

Vieles spricht dafür, dass wir auch neue Brillen brauchen, um das disruptive Potenzial der Digitalisierung für Arbeitsmarkt und Gesellschaft in seinen tatsächlichen Wirkungen einigermaßen angemessen einschätzen zu können. Mit dem Begriff der disruptiven Innovation beschreibt der Wirtschaftswissenschaftler Clayton M. Christensen einen Prozess, in dem ein bisheriges Lösungsmuster gewissermaßen von unten her durch eine simplere, aber leistungsfähigere Lösung vollständig infrage gestellt und ersetzt wird (vgl. Christensen 2011).

In seinem Buch *Silicon Valley. Was aus dem mächtigsten Tal der Welt auf uns zukommt* beschreibt Christoph Keese die paradoxen Anforderungen einer zukunftsorientierten Unternehmensgestaltung, welche gleichzeitig nicht nur auf die Sicherung, sondern auch auf die Zerstörung ihrer bisherigen Errungenschaften setzen müssen – ein Spagat, der nicht nur die meisten Unternehmen, sondern auch die Beschäftigten in der Regel überfordert. Am Beispiel der Wandlungen im Musikgeschäft von der Schallplatte über die CD bis zu den Download- und Streaming-Plattformen gelangt er zu der Einschätzung:

»Wie so oft, erwiesen sich die Branchenmitglieder außerstande, ihre eigene Abschaffung ins Werk zu setzen. Dafür können wir eigentlich nichts anderes empfinden als eine Mischung aus Sympathie und Mitleid. Die meisten von uns sind dem, was sie beruflich tun, emotional verbunden. Wir tun es gern. Im besten Fall empfinden wir es als Berufung. Wir sehen einen tieferen Sinn in unserer Tätigkeit und sind fest davon überzeugt, einen gesellschaftlichen Wert zu schaffen, der über unseren unmittelbaren Broterwerb hinausreicht. Disruptive Innovation zielt aber darauf ab, den Sinn unseres Berufs und damit eines wichtigen Teils unseres Lebens in Unsinn zu verwandeln. Ist sie erfolgreich, führt sie uns unerbittlich vor Augen, dass wir immer schon ein Teil des Problems, nicht der Lösung waren. Was wir als wertvolle Ressource erkannt hatten, entpuppt sich schlagartig als verantwortungslose Ressourcenverschwendung. Der Facharbeiter an der CD-Presse, soeben noch Herold eines symphonischen Hi-Fi-Zeitalters, Garant unvergleichlicher Wiedergabetreue, findet sich plötzlich wieder in der Rolle eines lebensuntüchtigen Dinosauriers. Wie erklärt er das sich selbst, wie seinen Kindern?« (Keese 2014, S. 111 f.).

Die digitale Revolution ist deshalb auch nicht bloß als aktuelle Version des bereits schon immer stattfindenden Wandels abzutun. Sie erweist sich vielmehr als eine zu mehr Effektivität und Kundennutzen führende Neuerung, die den Menschen als Kunden zwar begünstigt, ihn als Inhaber einer beruflichen Position und als Gestalter einer Normalbiografie aber gleichzeitig bedroht und mit nicht absehbaren Unsicherheiten konfrontiert.

Das Internet der Dinge – ohne Menschen?

Das »Internet der Dinge« (Ten Hompel u. Bullinger 2007) steht als Metapher für diese neue Qualität der Vernetzung: Intelligente Produkte und Smart Services koordinieren sich selbst. Autos reihen sich selbstständig in den Verkehrsfluss ein und steuern selbst ein vorgegebenes Ziel an. Auch in der Produktion werden die Entscheidungen nicht mehr nur von Menschen getroffen und von den Maschinen nach einem vorgegebenen Algorithmus vollzogen; vielmehr haben es die Menschen mit vernetzten – wie man sagt: cyber-physischen – Systemen zu tun, die eigenständige Entscheidungen treffen und ihre Prozesse selbst steuern.

Auch Logistik und Transport erleben eine Revolution: Produkte bewegen sich autonom und vom Absender zum Empfänger. Züge und schon bald auch Passagierflugzeuge verkehren wie von Geisterhand gesteuert sicher und zuverlässig vom Start zum Zielort.

Dieses Niveau der Automatisierung konfrontiert die Menschen mit Segnungen und Heimsuchungen. Einerseits entlastet der Einsatz cyber-physischer Maschinen, Lagersysteme und selbstorganisierter Produktionsabläufe den Beschäftigten von einfachen Dispositions- und Überwachungsaufgaben. Andererseits wachsen die Anforderungen in der Prozesskontrolle, der Wartung und Optimierung der Schnittstellen zwischen Mensch und Maschine. Gefragt sind Prozesscontroller, die in der Lage sind, bisher getrennte Fachkenntnisse zu verbinden: Sie müssen die fachlich erforderlichen Prozesse verstehen und gleichzeitig in der Lage sein, die Implementierung geeigneter Softwarelösungen zu gewährleisten. Eine Studie aus dem Bereich der Logistikforschung gelangt zu einer ambivalenten Einschätzung:

> »Generell werden sich alle Beschäftigten der mittleren Qualifikationsstufe höheren Komplexitäts-, Abstraktions- und Problemlösungsanforderungen stellen müssen, da das Zusammenspiel und die Vernetzung von technischen Systemen in den Gesamtprozessen zunehmen werden. Besonders für die geringqualifizierten Mitarbeiter wird jedoch der Gestaltungsspielraum in ihrer Arbeit abnehmen. Denn sie haben zukünftig weniger Eingriffsmöglichkeiten in den Arbeitsprozess und müssen die vorgegebenen Arbeitsschritte nur noch abarbeiten« (Windelbrand 2014, S. 153).

Diese Entwicklungen werden die Dynamik auf den Arbeitsmärkten erhöhen und mit Freisetzungs- sowie Umsetzungsprozessen bisher ungeahnten Ausmaßes einhergehen. Die disruptiven Innovationen werden traditionelle Geschäftsfelder von Grund auf verändern, wie u. a. die Situation des Handels derzeit deutlich zeigt: Der traditionelle Handel wird durch Plattformen ersetzt und gerät mehr und mehr in die Defensive: »Er muss sich völlig neu erfinden oder wird verschwinden«! – so zitiert Christoph Keese die E-Commerce-Studie einer amerikanischen Beratungsfirma (Keese 2014, S. 180).

Doch welche Funktion können Handelshäuser noch übernehmen, wenn Online-Plattformen und Cloud-Working bereits alles erledigt haben – in der Regel schneller, besser und billiger? Diese und ähnliche Unternehmen haben überhaupt keine andere Wahl als die, sich selbst zu verändern und »völlig neu zu erfinden«.

Dies ist jedoch leichter gesagt als getan, zumal ernst zu nehmende Schätzungen davon sprechen, dass die erwähnten technischen Veränderungen jeden zweiten Job in Deutschland ersetzen könnten (vgl. Bowles 2014). Schwachen Trost spenden in diesem Zusammenhang Arbeitsmarkstudien, die davon sprechen, dass sich paradoxerweise gerade in *den* Wirtschaftsbereichen, die zu den Vorreitern der technologischen Innovation zählen, der stärkste Zuwachs an neuen Arbeitsplätzen verzeichnen lässt.

Was tun?

Die digitale Revolution »erfordert eine echte Bildungsrevolution« (Draheim u. Crimmann 2015). Die disruptiven Wandlungen sprengen die antizipativen Konzepte der Personalentwicklung. Wenn die Zukunft nicht sicher ist, verlieren auch die *Vorbereitungkonzepte* der beruflichen Aus- und Weiterbildung viel von ihrer Überzeugungskraft.

> Die Vorbereitung hat als Fluchtpunkt der curricularen Planungen ausgedient.

Konnte noch Saul B. Robinsohn (1916–1972), der große Curriculumexperte und Bildungsforscher, die Curriculumentwicklung durch die Frage nach der Vorbereitung auf die Bewältigung späterer Lebenssituationen« (Robinsohn 1967) begründen, so steht uns heute diese prognostische Substanz nicht mehr zur Verfügung. An die Stelle des *Vorbereitungsparadigmas* tritt deshalb das *Reifungsparadigma*. Dies bedeutet:

> Personalentwicklung benötigt Konzepte, die dazu beitragen, die Selbstorganisationsfähigkeit der Mitarbeiterinnen und Mitarbeiter in einer umfassenden Weise zu stärken. Und die Einzelnen selbst benötigen eine Art Biografiekompetenz, die sie in die Lage versetzt, ihr berufliches und privates Leben im Modus der Un(ge)sicher(t)heit selbst zu gestalten und zu verantworten.

Im beruflichen Bereich beschränkt sich diese Stärkung gerade nicht allein auf die Erfüllung spezialisierter Erwartungen, sondern zielt auf eine umfassende Artikulation der Fähigkeiten, wie man mit Veränderungen umgehen und auch die Initiative und Verantwortung für die eigene Kompetenzentwicklung übernehmen kann.

Sicherlich gibt es den paradoxen Trend, dass die beruflichen Aufgaben in vielen Bereichen nicht nur Handlungssicherheit, sondern auch ein zunehmend spezialisiertes Fachwissen erfordern. Doch dieses Wissen kann nicht mehr »auf Halde« gelernt werden, da es dort veraltet, bis die Ernstsituation eintritt. Deshalb geht es der modernen Personalentwicklung in ihrem Kern darum, die Ausbildung auf den Erwerb berufsfeldbreiter Grundkompetenzen zu beschränken und die wertvollen Lernzeiten für die Ausbildung umfassender Selbstorganisations- und Selbstlernkompetenzen zu nutzen. Dadurch soll gewährleistet werden, dass Menschen geübter darin sind, neuartige Problemstellungen selbstständig und sachangemessen zu lösen – wozu auch gehört, dass sie sich das erforderliche Know-how selbst aneignen.

> Moderne Personalentwicklung ist somit zweierlei: Persönlichkeitsbildung und die Befähigung zum lebenslangen Lernen. Die Normalbiografie kommt dabei unter die Räder: An ihre Stelle tritt die Kompetenzkarriere des Arbeitskraftunternehmers.

Dieser weiß um die Vorläufigkeit und Brüchigkeit einmal erworbener Kompetenzniveaus, und er perfektioniert die grundlegenden Fähigkeiten zum gestaltenden Umgang mit Dynamik und Komplexität in Lebenswelt und Gesellschaft aus sich heraus:

»Die Fähigkeit, sich zu bilden und das Erlernte kreativ und wertschöpfend zu verarbeiten, wird zur Schlüsselkompetenz und berufsbegleitende und interaktive Weiterbildung zur zwingenden Notwendigkeit, zur Voraussetzung für Beschäftigungssicherheit. Digitales Schulwissen heutiger Generationen wird den Anforderungen genauso wenig entsprechen, wie viele derzeit bestehende Lernkonzepte. Zugänge, Inhalte, Methoden und Bildungsmittler müssen sich zwingend und gravierend verändern. Intelligente Wissensdienste zu nutzen, die Fähigkeit, Wesentliches zu extrahieren, Wissen dann auch praktisch umzusetzen, mit anderen zu teilen und zu systematisieren, (…) sind zentrale Herausforderungen in digitalen Arbeitswelten. Automatisierte und individualisierte Selbstlernprozesse müssen lebenslang orts- und zeitungebunden unterstützen und begleiten« (Draheim u. Crimmann 2015).

Führung und Verantwortung

Die disruptiven Veränderungen auf den Wirtschafts- und Arbeitsmärkten sind nicht aufzuhalten. Sie können aber gestaltet werden, wenn die Unternehmen nicht nur selbstorganisierte Mitarbeiter haben, sondern auch Führungskräfte, die ihre Aufgabe anders verstehen. Sie sind zwar immer noch für die Kennzahlen, die Prozesse und die Outcomes verantwortlich, wissen jedoch, dass sie diese nicht durch Kontrolle und Druck erzwingen können. Vielmehr ist eine systemisch nachhaltige Führung in subtiler Weise für die Potenzialentfaltung und die Potenzialnutzung in ihren Teams zuständig.

Hierfür ist eine Persönlichkeitsbildung wichtig, in der die fachlichen und organisationalen Fähigkeiten der Führungskraft in einem Verhalten Ausdruck gewinnen, von dem inspirierende und anregende Wirkungen ausgehen. Solche Führungskräfte leben die Beziehung zu den Mitarbeiterinnen und Mitarbeitern nicht nur spürbar, sie sind auch in der Lage, sich wirksamer, d. h. mit deutlicher Resonanz, auf die einzelnen zu beziehen.

Ihnen geht es nicht ums Rechthaben, sondern um eine Perspektive und Optimierung. Gleichzeitig sind sie spürbar darum bemüht, selbst zu denjenigen zu werden, die das eigene Geschäftsmodell beständig disruptiv angreifen. Voraussetzung ist dafür eine Willkommenskultur für konstruktive Kritik, Infragestellungen und Alternativvorschläge.

Insbesondere Führungskräfte sind hier aufgefordert, fachlich und emotional neue Wege zu gehen. Sie müssen nicht nur verstehen, worum es geht, sondern auch erleben, was möglich ist. Dafür brauchen sie Gelegenheiten, um

- zunächst ihr Vertrauen in die Selbstorganisationsfähigkeit der Teams sowie dessen Mitgliedern zu stärken,
- Formen der wertschätzenden Begleitung selbst zu erleben und zu üben,
- entsprechende Freiräume zu ermöglichen und zu gestalten, um schließlich

– die Mitarbeiter und Mitarbeiterinnen, mit denen sie zusammenarbeiten, nicht nur zu fordern, sondern sie auch zu fördern.

Damit dieser Umbau gelingen kann, ist es sinnvoll und notwendig, sich seiner eigenen Selbstlern- und Selbstführungsfähigkeit zu vergewissern. Dafür kann die Checkliste in Abbildung 13 eine erste Reflexionsschleife eröffnen.

Verfüge ich über ausgeprägte Kompetenzen zur Selbstführung und zum Selbstlernen?		- -	-	+	++
Achtsamkeit	Ich bin in der Lage, die jeweiligen Möglichkeiten einer Situation nüchtern und differenziert zu erkennen und zu würdigen.				
Unaufgeregtheit	Ich kenne meine inneren Unruhestifter und bin in der Lage, sie in ihre Schranken zu weisen.				
Toleranz	Ich bin in der Lage, Infragestellungen und Kritik willkommen zu heißen, ohne sie durch voreilige eigene Annahmen zu verfälschen.				
Originalität	Ich bin in der Lage, mich selbst und andere immer wieder mit inspirierenden Interpretationen zu überraschen.				
Nachdenklichkeit	Ich bin in der Lage, genau zu beobachten, ob Entscheidungen sich bewähren oder zu untragbaren Nebenwirkungen führen.				
Offenheit	Ich bin in der Lage, meinen Planungs- und Gestaltungsimpuls in Kontexten zu beherrschen, die von anderen verantwortet werden.				
Machbarkeit	Ich bin in der Lage, das zu tun, was getan werden kann, aber es dort bleiben zu lassen, wo die Dinge sich selbst entwickeln (müssen).				

Abb. 13: AUTONOM – *Kompetenzen zur Autonomiegestaltung*

Regel 11: Pflege die Referenzpunkte eines sicheren, richtigen und guten Handelns in Alltag und Beruf!

Eine gebildete Persönlichkeit ist in der Lage, verantwortlich zu handeln. In zahlreichen Situationen, mit denen wir es im Alltag und im Beruf zu tun haben, können wir nicht so frei und spontan handeln, wie uns das beliebt. Vielmehr müssen wir auf die Sicherheit der anderen achten, Vorschriften berücksichtigen und die Qualität unseres Tuns verantworten. Wir finden und behaupten unseren Platz in der Gesellschaft, indem wir für andere besonnen und sachverständig handeln, um Gefährdungen oder gar Schädigungen zu vermeiden.

Es wird deutlich: Der Beruf fordert uns als verantwortlich handelnde Menschen heraus. Mit ihm sind wir gesellschaftlich eingebunden, und wir können nicht länger ausweichen in einen Bereich, in dem keiner etwas von uns will.

Stellen Sie sich vor, in wie vielen Situationen Ihr eigenes Überleben bereits heute tagtäglich davon abhängt, dass andere ihren Beruf ernst nehmen und verantwortlich handeln:

- Da ist der Sanitätsfacharbeiter, der dafür gesorgt hat, dass die Dusche, unter der Sie den Tag beginnen, reibungslos funktioniert,
- da sind der Bäcker, dessen Brötchen Sie zum Frühstück essen,
- der Busfahrer, der Sie an der Haltestelle abholt und Sie pünktlich zu Ihrer Arbeit bringt,
- der Kollege, der Hand in Hand mit Ihnen tätig ist,
- der Bauarbeiter, der dafür sorgt, dass Ihre vier Wände stabil stehen,
- der Arzt, der Ihre Gesundheit überwacht usw.

Wichtig: Der vertagte Nutzen

Wie werden Sie für andere berechenbar und zuverlässig sein? Um diese Frage geht es nicht nur bei der Berufswahl. Auch als Erwachsene werden wir ständig mit Neuerungen konfrontiert, müssen umlernen oder gar neu lernen, sodass sich immer wieder die Frage nach der eigenen beruflichen Zukunft stellt.

Die fünf Leitfragen in Abbildung 14 können Ihnen helfen, Ihre eigene berufliche Entwicklung zu antizipieren und zu präzisieren. Fertigen Sie zu jeder dieser Fragen Notizen an und besprechen Sie diese mit einem Mentor oder guten Freund!

Präzisiere deine Lebensplanung	Bearbeite die fünf Schritte, indem du zu folgenden Detailfragen ausführlich Stellung nimmst!
Erstens: **Wie sieht Deine Lebensplanung aus?**	– Was ist dein Ziel(beruf)? – Bist du auf dem richtigen Weg, um es zu erreichen? – Was möchtest du in 5 Jahren erreicht haben?
Zweitens: **Wofür wirst du soziale Verantwortung übernehmen?**	– Wer wird einen Nutzen ziehen können? – Wofür wirst du konkret verantwortlich sein? – Wer wird dich für dein Tun anerkennen?
Drittens: **Was bist du bereit für die Erreichung dieses Zieles zu investieren?**	– Wie viel Zeit wirst du pro Woche/Monat investieren (müssen)? – Kannst du diese Zeit aufbringen? – Wie stellst du sicher, dass dir dies tatsächlich gelingt?
Viertens: **Worauf wirst du verzichten müssen?**	– Welche Aktivitäten musst du dafür ganz aufgeben? – Wie gehst du mit denen um, die anderes von dir wollen? – Wie verteidigst du deine Entscheidung?
Fünftens: **Welcher spätere Nutzen wird dich belohnen?**	– Wie wird es sich anfühlen, wenn du dein Ziel erreicht hast? – Womit wirst du dich selbst belohnen? – Welche Optionen (für weitere Ziele) wirst du geschaffen haben?

Abb. 14: Schlüsselfragen der eigenen Lebensplanung

Worum es im Kern geht

Damit das Leben gelingen kann, ist es sicherlich wichtig zu lernen, gute Vorsätze nicht immer und immer wieder über Bord zu werfen. Dieses Können ist nicht nur im Blick auf die spätere Altersversorgung oder die Gesundheitsvorsorge wichtig, es stellt auch die Basis des eigenen Lebens- und Berufserfolges dar – Ziele, die ohne Planung und Beharrlichkeit nur selten erreicht werden. Die Psychologen warnen in diesem Zusammenhang vor der Tendenz zur »hyperbolischen Diskontierung«:

> »Die Idee ist, dass Menschen auf kurze Frist sehr ungeduldig sind, zu einem Aufschub ihres Konsums also nur gegen hohe Prämien bereit sind; auf lange Frist hingegen sind sie geduldiger und verlangen eine vergleichsweise geringere Kompensation für einen Aufschub. So ließe sich erklären, warum Menschen gute Vorsätze fassen, sie aber nicht einhalten, wenn der Moment der Versuchung naht: Wer heute eine Diät beschließt, tut dies im Blick auf ihren künftigen Nutzen, der ihm hoch genug erscheint. Doch steht man unmittelbar vor der Wahl, ein schönes Mittagessen einzunehmen oder zu fasten, erscheint der künftige Nutzen aus der Diät nicht hoch genug, um für den gegenwärtigen Konsumverzicht zu entschädigen – also verstößt man gegen den Diätvorsatz« (Beck 2010).

Eine Möglichkeit zur Stärkung der Veränderungsbereitschaft des Einzelnen liegt in der Visualisierung dessen, worum es im Kern geht. Das Ziel muss in seiner eigentlichen Substanz erlebbar werden, damit es eine wirkliche Verbindlichkeit erlangt. Hilfreich sind in diesem Zusammenhang Beispiele bzw. Fallstudien. Mit ihrer Hilfe kann z. B. der Anspruch, sicherheitsbewusst zu agieren und Risiken zu vermeiden, stärker erlebenswirksam ausgedrückt werden, wie folgende Beispiele zeigen:

> Kurt, ein Kfz-Auszubildender im dritten Lehrjahr, war für seine Kreativität, aber auch seine Alleingänge bekannt. Er erledigte zwar die ihm angetragenen Aufgaben meist zur Zufriedenheit, doch ging er oft auch eigene Wege. Darauf angesprochen entgegnete er gerne: »Ihr mit euren ausgetretenen Nullachtfünfzehn-Lösungen. Da wird man ja dumm, wenn man tagaus tagein immer nur dasselbe tut.« Es kam, wie es kommen musste: Einem

Kunden, der – ganz offensichtlich in Eile – seinen Wagen vom Radwechsel holte, übergab er das Fahrzeug mit den Worten: »Eigentlich müsste ich nochmals die Muttern kontrollieren, aber das ist bestimmt auch so in Ordnung. Ich habe in meinen zwei Jahren hier noch nie erlebt, dass da etwas schiefgelaufen ist. Wir kontrollieren immer für umsonst, wenn Sie mich fragen!« Der Kunde hatte am kommenden Tag einen folgenschweren Autounfall, als sich bei hoher Geschwindigkeit ein Rad löste.

Dieses Beispiel zeigt: Es gibt zwingende Vorgaben, an die man sich anpassen muss, wenn man verantwortlich handeln will. Diese Vorgaben betreffen ganz offensichtlich den ganzen Bereich der Sicherheit. Ähnliches gilt jedoch auch für die Qualität. Auch in diesem Bereich bedeutet »verantwortliches Handeln«, dass man sich zwar kurzfristig bloß um die Qualität der eigenen Dienstleistungen und Produkte sorgt, langfristig aber durch diese Sorge auch für den Erhalt der Arbeitsplätze Verantwortung übernimmt. Dass es dabei nicht nur darum geht, Vorschriften zu beachten, sondern dass auch Mut und Initiative gefragt sind, zeigt folgendes Beispiel:

Bei einem Automobilhersteller meldete sich während der Spätschicht ein Bandarbeiter beim zuständigen Ingenieur mit dem Hinweis: »Also, ich muss sagen, irgendwie klingt die Anlage heute ganz anders als sonst!« Der Vorgesetzte lachte ihn aus und entgegnete: »Was soll das? Kümmere du dich lieber um deine Stückzahlen und lass uns unsere Arbeit machen!« Am Ende der Schicht konnten sämtliche Motorblöcke, die in dieser Schicht gefertigt worden waren, verschrottet werden, da die Maschine, die sie fräste, falsch eingestellt gewesen war.

Auch im privaten Bereich müssen wir uns um die Sicherheit der anderen bemühen, wobei es hilfreich ist, die Vorschriften, Erfahrungen und Regelungen zu beachten. Dadurch wird man nicht etwa in seinem Leben gegängelt und eingeengt, sondern kann Leben retten, wie folgendes Beispiel zeigt:

Gabi, eine junge Mutter, wollte alles ganz anders machen: weniger reglementiert sowie freier und auf die Selbstverantwortung setzend. Es ging ihr darum, ihr Kind schon früh auf die Gefahren in der täglichen Umwelt hinzuweisen und ihm zuzutrauen, mit diesen selbstständig zurechtzukommen. Zwar hatte sie stets ein Auge auf ihr Kind, wenn es im Garten spielte, und beobachtete zufrieden, dass das Kind den Rand des Swimmingpools stets zu meiden versuchte, da es auf die Gefährlichkeit hingewiesen worden war. Wie Recht sie doch hatte mit ihrem Spott über die Umzäunungsfanatiker der Nachbarschaft, die ihre Pools mit einem Schutzzaun umgeben hatten. Doch als Gabi einmal einen Moment nicht achtsam gewesen war, weil sie ins Haus rannte, um das Telefon abzunehmen, geschah es: Ihr Kind rutschte aus und fiel in den Pool. Als Gabi nach fünfzehn Minuten in den Garten zurückkam, war ihr Kind bereits ertrunken, und alle Wiederbelebungsversuche waren umsonst.

Solche drastischen Beispiele zeigen: Gute Absichten allein genügen häufig nicht, um verantwortlich und sicherheitswirksam zu handeln. Auch in bester Absicht können uns Fehler unterlaufen, oder wir tragen ungewollt dazu bei, dass andere zu Schaden kommen. Deshalb gilt:

> Was immer du auch tust, scanne die Risikolage und führe den SAFETY-FIRST-Check durch.

Damit fördern Sie in sich eine Haltung, die achtsam ist, ohne Ängstlichkeit zu verbreiten. Verantwortung heißt: Gefahrenquellen zu sehen, Leichtsinnigkeit zu vermeiden und dadurch Sicherheit zu stiften. Eine verantwortliche Persönlichkeit wirkt nicht beruhigend, weil sie die Gefahren leugnet, sondern weil sie die Gefahren erkennt und Wege weiß, wie man sie vermeiden kann.[3]

---

3 Wenn Sie mehr zum Thema Referenzpunkt erfahren wollen, verfolgen Sie die Hinweise auf www.jwse.de/aktion2015/videos/film-vortrag-arnold.php

SAFETY-FIRST-Check		- -	-	+	+ +
Sorgsamkeit	Ich bin mir immer der möglichen Gefahren bewusst, plane mein Vorgehen sorgsam und handle umsichtig.				
Achtsamkeit	Ich bin in der Lage, mich trotz aller Ablenkungen (z. B. der Kollegen) völlig auf die Aufgabe zu konzentrieren.				
Fehleranalyse	Ich vertusche meine Fehler nicht, sondern nutze sie, um (auch im Gespräch mit anderen) aus ihnen zu lernen.				
Erfolg	Mir ist immer bewusst, dass ich nur erfolgreich bin, wenn der Kunde zufrieden sein kann und keinen Schaden nimmt.				
Team	Ich nutze die Erfahrungen und Feedbacks der Kollegen, um selbst in meiner Arbeit für meine Kunden besser zu werden.				
Ying-Yang	Mir sind die Kehrseiten der Medaillen bewusst, und ich weiß, dass ich gerade, weil ich mich bemühe, scheitern kann.				
Führung	Ich bin in der Lage, auf die jeweiligen Bedingungen einer Situation zu achten und flexibel und angemessen zu agieren.				
Instabilität	Ich kenne die Faktoren, die die Stabilität meiner Lösung bedrohen können, und bin in der Lage, sie zu kontrollieren.				
Regeln	Ich kenne die Regeln und Vorschriften, auf die bei der Problemlösung zu achten ist, und berücksichtige diese.				
Service	Mir ist bewusst, dass ich mit meinem Können eine Dienstleistung erbringe, von der andere abhängen.				
Test	Ich bin in der Lage, mein Tun selbstkritisch prüfen und beurteilen zu lassen.				

Abb. 15: SAFETY-FIRST-Check

Was tun?

Verantwortung im Beruf kann erlernt werden. Voraussetzung ist, dass man sich eindeutig zu seiner Berufswahl bekennt und deren zukünftigen Nutzen für sich selbst und für die anderen präzisieren kann. Für diesen Schritt sind Mut, Kreativität und Beharrlichkeit erforderlich. Diese Voraussetzungen sind auch deshalb von Bedeutung, da die modernen Arbeitsmärkte nicht bloß Menschen nachfragen, die in der Lage sind, Anforderungen zu erfüllen. Immer wichtiger werden vielmehr Selbstorganisationsfähigkeiten, d. h. Fähigkeiten zur kreativen Gestaltung von neuartigen Herausforderungen und zur Veränderung bisheriger Routinen.

Veränderungsfähigkeit allein langt jedoch auch nicht. Eine wichtige Komponente eines vorsorgenden Lebensstils stellt nämlich die – prophylaktische – Einstellung auf Risiken dar. Für die Vermeidung von Risiken ist die Kenntnis, Berücksichtigung und Anwendung von gegebenen Regeln und Standards notwendig.

Das Mantra eines verantwortlichen Handelns lautet:

> Gott gebe mir einerseits den Mut, neue Wege entschlossen und beharrlich zu gehen, andererseits aber auch den Sachverstand, um das Erforderliche zu erledigen, und die Weisheit, zwischen dem einen und dem anderen zu unterscheiden.[3]

---

4 In Anlehnung an das vermutlich von Reinhold Niebuhr (1892–1971) verfasste Gelassenheitsgebet, in welchem Gott um Gelassenheit, Mut und Weisheit gebeten wird. Die entsprechende Passage lautet: »Gott schenke uns die Gnade, mit Gelassenheit die Dinge hinzunehmen, die nicht zu ändern sind, den Mut, die Dinge zu ändern, die geändert werden sollten, und die Weisheit, das eine vom anderen zu unterscheiden.«

Regel 12: Diene den großen Anliegen der Zivilisation!

Der Mensch als lernfähiges Tier war stets durch das Bestreben gekennzeichnet, beständig neue Formen des Überlebens und des Zusammenlebens hervorzubringen. Dabei ging er kreativ, experimentierend und oft auch spielerisch, aber auch denkend und argumentierend zu Werke.

Entwickeln und Erproben sind ebenso menschentypische Aktivitäten wie Helfen und Heilen – stets der Logik verpflichtet, dass das Bessere der Feind des Guten und somit irreversibel sei. Beides – das Überleben und das Zusammenleben – waren dabei wichtige Gattungsimpulse: Dem ersten verdankt der Mensch den erreichten Stand seiner technologischen und wirtschaftlichen Entwicklung, dem zweiten verdankt er die ethischen Maßstäbe der gesellschaftlichen Gestaltung. Alle Kulturen und Gesellschaften haben Leitideen zu der Frage hervorgebracht, welche Persönlichkeiten diese doppelte Bewegung in Richtung Entwicklung und Ethos unterstützen und welche nicht.

Das Ideal der entwickelten Persönlichkeit

Als Ideal entstanden dabei Vorstellungen einer menschlichen Praxis, die in sich den Impuls des Lebendigen verspürt, das Erreichte beschützt, zugleich aber auch kontinuierlich nach neuen Formen des Möglichen und des Richtigen strebt. Persönlichkeit tritt dabei als ein »dynamisches Ordnungssystem eines Individuums« in Erscheinung,

> »das es vor allem möglich macht, sich ständig an die Veränderungen seines Umfeldes anpassen zu können. Daraus wird schon deutlich, dass die Persönlichkeit kein feststehendes Bündel an Kenntnissen, Fähigkeiten und Denkstrukturen ist, sondern dass sie sich beständig in der Weiterentwicklung befindet. Kurz gesagt: Alle Erfahrungen, die ein Mensch im Laufe seines Lebens macht, prägen seine Persönlichkeit«[5],

---

5 www.fernstudium-psychologie.eu/begriff-persoenlichkeit

101

wie es in der Psychologie heißt. Der Persönlichkeitsbegriff umfasst aber noch viel mehr. Er beschreibt eine entwickelte Haltung. Diese ist durch die Besonderheit eines Menschen gekennzeichnet, seiner Einzigartigkeit, Würde und Besonnenheit Ausdruck zu verleihen. Eine entwickelte Persönlichkeit ist dabei niemals nur auf sich selbst verwiesen, sondern entfaltet eine energiestiftende Wirkung auf andere. Diese fühlen sich angeregt, inspiriert und in ihren individuellen Möglichkeiten wertgeschätzt. Persönlichkeit ist somit nicht nur ein Substanzbegriff, sondern ein Resonanzbegriff. Durch die Entwicklung ihrer Persönlichkeit tragen Menschen zur Integration und Kohärenz der gesellschaftlichen und individuellen Möglichkeiten in ihrem sozialen Umfeld bei und fördern so den Zusammenhalt.

»Für mich klingt dies alles ziemlich überzogen«, bemerkte eine Teilnehmerin in einem Führungskräfteworkshop. »Schließlich sind doch nur wenige Menschen in der Lage, eine solche, letztlich selbstlose und bloß den anderen dienende Haltung zu entwickeln. Wem nützen solche Selbstüberforderungskonzepte? Ich fühle mich, wenn ich so etwas höre, immer unwohl, weil ich selbstkritisch feststellen muss, dass ich diesem Ideal selbst nicht zu entsprechen vermag.«

Daraufhin entspann sich eine Diskussion über den Sinn von Leitideen, wie dem der Persönlichkeitsentwicklung. Die Führungskraft eines größeren Chemieunternehmens fasste die dabei erörterte Frage mit den Worten zusammen: »Wir benötigen eine Leitvorstellung zu der Frage, worauf es im Leben ankommt. Dabei geht es gleichzeitig um die Frage, wer wir sind bzw. sein können. Indem wir uns selbst als eine Aufgabe verstehen, bleiben wir auch in unserem Selbstbild unfertig und sind dadurch nicht bloß selbst lebendig, sondern zugleich Vorbild und Gestalter für andere! Das finde ich wichtig und für mich persönlich anregend.«

Leitvorstellungen sind nicht beliebig – so die einhellige Meinung von Philosophen und Psychotherapeuten. Sie markieren vielmehr den historischen und gesellschaftlichen Grad einer *autonomen*, *selbstreflexiven* und *entwicklungsbezogenen* Lebensgestaltung, die einen Fortschritt gegenüber den früheren Formen einer inneren oder gar äußeren Abhängigkeit des Einzelnen darstellen. Die Leitidee der Persönlichkeitsentwicklung lebt von ihrer engen Verknüpfung mit der Freiheit – der eigenen und der des Gegenübers. In diesem Sinne regelt auch das Grundgesetz der Bundesrepublik Deutschland in seinem Artikel 2, Absatz 1:

> »Jeder hat das Recht auf die freie Entfaltung seiner Persönlichkeit, soweit er nicht die Rechte anderer verletzt und nicht gegen die verfassungsmäßige Ordnung oder das Sittengesetz verstößt.«

Für den Sozialpsychologen und Philosophen Erich Fromm war der Zusammenhang zwischen Freiheit und Persönlichkeit grundlegend. In seinem *Credo eines Humanisten* schreibt er:

> »Ich glaube, dass Freiheit keine konstante Wesenseigenschaft ist, die wir haben oder auch nicht haben. Vermutlich gibt sie es in Wirklichkeit nur als Akt unserer Selbstbefreiung, wenn wir von unserer Freiheit, wählen zu können, Gebrauch machen. Jeder Schritt im Leben, der den Grad der Reife des Menschen erhöht, erhöht auch seine Fähigkeit, die freimachende Alternative zu wählen« (Fromm 1992, S. 595).

Dies bedeutet, dass jeder Mensch in der Lage ist, seine eigenen Ziele, vor dem Hintergrund der jeweils gegebenen gesellschaftlichen Möglichkeiten selbst zu analysieren, zu reflektieren und bewusst zu verändern. Wesentliche Fragen, die er oder sie sich dabei selbst stellen kann, führt Abbildung 16 auf.

Persönlichkeits-Selbst-Check (PSC)		-	o	+
Bin ich autonom?	Bei meinen grundlegenden Lebensentscheidungen wurde ich nicht durch die Einflüsterungen oder Erwartungen anderer gelenkt.			
	In Konflikten habe ich nicht nur die Interessen (eigene, fremde) im Blick, sondern folge auch den Maßstäben von Fairness und Gerechtigkeit.			
	Ich weiß, wer ich bin und wer ich sein kann, und bin für mich selbst und mein Umfeld in meinem Verhalten berechenbar.			

Bin ich selbstreflexiv?	Mir sind meine überempfindlichen Stellen, durch die ich auf andere blicke und auf sie reagiere, bewusst.			
	Ich kann mich selbst beobachten und meine Wirkungen auf andere nüchtern analysieren.			
	Ich bin an Feedback interessiert und nutze dieses als eine wichtige Quelle meiner Selbstwahrnehmung.			
Bin ich entwicklungsbezogen?	Ich habe eine Vorstellung von den Seiten, die ich aus mir heraus noch zur Entfaltung bringen möchte.			
	Ich behandele andere nicht nur auf der Grundlage dessen, was sie mir zu sein scheinen, sondern auch auf der Grundlage dessen, was sie sein können.			
	Ich glaube an die Verbesserung der Formen des Zusammenlebens und bemühe mich, diese in meinem Tun vorzubereiten und vorwegzunehmen.			

Abb. 16: Persönlichkeits-Selbst-Check

Rhetorische Überhöhung oder Notwendigkeit?

Die Leitidee der Persönlichkeitsentwicklung findet sich in zahlreichen Selbstdarstellungen moderner Unternehmen. Mitarbeiter werden als Mitunternehmer angesprochen, und die Entwicklung ihrer Selbstführungs- und Selbstorganisationsfähigkeit werden als die zentralen Anliegen einer modernen Personalentwicklung beschworen. Nicht immer beschreiben diese Formeln eine bereits spürbar gelebte Praxis. Immer wieder stößt man vielmehr auf eine bloß rhetorische Neuverkleidung überlieferter Formen der Personalführung, die implizit von einem negativen Menschenbild ausgehen. Diesem zufolge sind Mitarbeiter Menschen,

– die es zu motivieren gilt,
– deren Arbeitszeiten und Arbeitsleistungen feinmaschig zu kontrollieren sind,

- von denen man keine eigenen Ideen und Fähigkeiten zur Gestaltung und Verbesserung ihrer Produkte und Dienstleistungen erwarten kann,
- die vornehmlich an den monetären Aspekten ihrer Arbeitsleistung interessiert sind,
- die selten ein wirkliches Interesse an der eigenen Kompetenzentwicklung haben und
- deren Interessen im Gegensatz zu den Anliegen des Gesamtunternehmens stehen.

Dem gegenüber haben sich in den letzten Jahren zunehmend Managementansätze verbreitet, die den gemeinsamen Spirit aller Akteure stärker betonen. Diese Ansätze gehen davon aus, dass Mitarbeiterinnen und Mitarbeiter Menschen sind,

- die sinnhaft motiviert agieren, weshalb es darum gehen muss, ihre Motivationen zu entdecken, aufzugreifen und zu nutzen,
- die auch und gerade ohne Kontrolle verantwortlich zu handeln in der Lage sind,
- die über eigene Ideen und Anregungen zur Verbesserung ihres alltäglichen Tuns verfügen,
- die von ihrer täglichen Arbeitsleistung nicht nur monetäre Äquivalente erwarten, sondern sich in dieser auch selbst verwirklichen wollen,
- deren Kompetenzen es zu entdecken und anzuerkennen gilt und
- die tagtäglich auch das Gesamte ihres Tuns im Auge haben.

Beide Sichtweisen bestimmen gleichzeitig die tägliche Führungspraxis in Unternehmen. Und beide Sichtweisen finden Argumentationen und Belege für die Richtigkeit ihres jeweiligen Menschenbildes. Es ist deshalb nicht sinnvoll, in einen Streit über diese Menschenbilder einzutreten. Die grundlegende Frage ist vielmehr, welche Wirkungen von ihnen ausgehen bzw. ausgehen können. »Wer einen Hammer hat, für den besteht die Welt aus lauter Nägeln!« schreibt Paul Watzlawick in seinem Buch *Anleitung zum Unglücklichsein* (Watzlawick 1988). Mit dieser Formel illustriert er die Kraft der sich selbst erfüllenden Prophezeiung. Für den Fall der Personalentwicklung bedeutet dies:

> Führungskräfte, die durch ein Defizitbild auf ihre Mitarbeiterinnen und Mitarbeiter blicken, entdecken zumeist auch nur solche Verhaltensweisen, die zu diesem Bild passen und es betätigen. Dadurch verändern sie nichts, sondern sorgen dafür, dass die Welt so bleiben kann, wie es ihr eigenes Bild vorsieht.
>
> Führungskräfte, die durch ein Potenzialbild auf ihre Mitarbeiterinnen und Mitarbeiter blicken, eröffnen zumindest die Möglichkeit, dass diese anders und neu in Erscheinung treten können. Sie verändern die betriebliche Welt, indem sie sich selbst verändert haben und daran festhalten.

In dem erwähnten Führungskräfteworkshop wurde diese Schlussfolgerung aufgegriffen:

> »Dies bedeutet doch, dass wir es in der Hand – besser gesagt: im Kopf – haben, in welcher Welt wir leben. Es sind die Führungskräfte, die ihre Mitarbeiterinnen und Mitarbeiter dadurch entwickeln, dass sie an deren Potenziale glauben. Plötzlich können diese sich zeigen, weil ich es unterstelle und für möglich halte!«, bemerkte ein Teilnehmer sichtlich aufgeregt. »Das bedeutet aber nicht, dass dieser Effekt auch tatsächlich auftreten muss«, relativierte eine andere Teilnehmerin. »Wir sollten uns davor hüten, hier in eine Blauäugigkeit zu verfallen. Nach meiner Erfahrung nehmen keineswegs alle in meinem Team die Freiräume begeistert wahr, die ich ihnen einräume. Oft bin ich es dann wieder, die gefordert ist. Allerdings muss ich auch zugeben, dass ich schon oft von meinen Kolleginnen und Kollegen überrascht wurde, wenn sie die Dinge in die Hand nehmen und selbstverantwortlich regeln. Diese Chance vertut eine Führung, die unnötig reglementierend und steuernd daherkommt!«

Bei den potenzialorientierten Konzepten zur Kooperation und Führung handelt es sich nicht bloß um eine neue Managementmode, sondern um den Aufbruch zu einer gleichermaßen humanen, demokratischen wie effektiven Praxis. Hierfür sprechen zwei Überlegungen:

- Autonomie, Selbstreflexion und Entwicklungsbezug sind die Elemente, die universale Maßstäbe der Menschheitsentwicklung markieren. Sie tragen die Demokratisierung der Lebensverhältnisse auf der ganzen Welt und führen auch dazu, dass Formen einer Weltvernunft und eines Weltethos sich in internationalen Institutionen Ausdruck verschaffen (z. B. UNO, europäische und internationale Strafgerichtshöfe und Gefängnisse). Deren Merkmal ist die Geltung vereinbarter Rechtsstandards und transparenter Verfahren, um zu klären, was gilt und was nicht (vgl. Luhmann 2001).

- Auch für die Bewältigung gestiegener Anforderungen auf den Arbeitsmärkten sind Autonomie, Selbstreflexion und Entwicklungsbezug die tragenden und zukunftsweisenden Kompetenzelemente. Durch Befehlsketten (»Ich tue bloß, was man mir sagt!«), Rechthaberei (»Ich sage euch, was zu tun ist!«) und statische Vorstellungen (»Dies kann nur jemand, der eine bestimmte Ausbildung hat!«) kann aufbrechende Vielfalt nicht zukunftsfest gestaltet werden. Dies wird auch der Bildungspolitik mehr und mehr bewusst. Allmählich rückt die Persönlichkeitsbildung immer weiter in das Zentrum ihrer Debatten, und man löst sich von dem alleinigen Anspruch, die nachwachsenden Generationen auf eine Zukunft vorzubereiten, deren Anforderungen man nicht antizipieren kann. Um nicht länger von der Vergangenheit, sondern von der Zukunft her zu lernen, ist es deshalb wichtig, die Persönlichkeiten der Lernenden so zu stärken, dass diese in der Lage sind, neue und unbekannte Anforderungen dann zu gestalten, wenn sie mit diesen konfrontiert sind. Die Fähigkeiten zum Umgang mit Unsicherheit rücken dabei ebenso in den Fokus wie die Fähigkeiten, auch in Veränderungsprozessen mit sich selbst identisch zu bleiben.

Regel 13: Lerne deinen eigenen Gefühlskörper kennen und übe, seine wahrnehmungsverzerrenden Auswirkungen zu beherrschen!

Menschen verhalten sich nicht nur auf der Basis guter Gründe. Häufig agieren und reagieren sie intuitiv. Ihre Intuition entspringt dem subtilen Bemühen um eine innere Balance. Dieses (ver)führt sie dazu, sich in ihrem Verhalten bereits festzulegen, bevor eine Situation gründlich analysiert und Verhaltensalternativen abgewogen werden konnten: So hören wir in bestimmten Lagen »das Gras wachsen«, empfinden spontanes Vertrauen oder Misstrauen gegenüber einer unbekannten Person oder spüren eine Bedrohung, bevor sie tatsächlich eingetreten ist – nicht selten auch mit dem Effekt, dass die Bedrohung real wird, weil wir von ihr ausgehen.

Die Führungskraft eines mittelständischen Unternehmens berichtete darüber, dass es ihr seit einigen Jahren besser gelingen würde, mit Kritik an eigenen Entscheidungen umzugehen: »Früher nahm ich sachliche Kritik immer gleich persönlich und glaubte, in ihr eine Infragestellung meiner Führungsposition – wenn nicht gar: meiner Person – sehen zu können. Dies wiederum führte dazu, dass ich es ständig mit Putschversuchen zu tun hatte. Meine Führungskarriere war für mich – ohne Übertreibung – eine Geschichte gewonnener Schlachten. Zahlreiche talentierte Kolleginnen und Kollegen blieben auf der Strecke. Erst vor einigen Jahren gelang es mir, im Rahmen eines Coachings, meine routinemäßig sich einstellende Bewertung des Geschehens als das zu sehen, was sie im tiefen Kern war: eine persönliche emotionale Konstruktion der Wirklichkeit. Diese trat für mich stets in der gleichen Weise zutage, ohne dass es mir gelungen wäre, die konstruktiven Beweggründe der jeweiligen Kolleginnen und Kollegen auch nur in Ansätzen zu würdigen. Als ich dies erkannte und auch Gelegenheit hatte, mich darin zu üben, meiner Spontandeutung ähnlicher Situationen zu misstrauen, veränderte sich meine Führungswirklichkeit. Seitdem habe ich es nie mehr mit Putschversuchen zu tun gehabt, und ich bin mir der verzerrenden Kraft meiner eigenen Emotionen bewusster. Gegenüber den Menschen, die ich früher bekämpfte und an den Rand drängte, fühle ich mich schuldig!«

Dieses Beispiel zeigt: Wir reagieren nicht aufgrund einer nüchternen Analyse der Gegebenheiten, sondern stets auf der Basis dessen, was uns der Fall zu sein scheint. Dabei »sehen wir die Welt nicht, wie sie ist, sondern, wie wir sind«, wie es in der bereits mehrfach erwähnten Formulierung des Talmud heißt.

> Das wesentliche Merkmal einer entwickelten Persönlichkeit kann deshalb in ihrer Fähigkeit gesehen werden, der eigenen – intuitiven – Gewissheit grundsätzlich zu misstrauen und für möglich zu halten, wofür ihnen zunächst nichts zu sprechen scheint.

Entwickelte Persönlichkeiten sind in der Lage, Situationen grundsätzlich auch daraufhin zu scannen, was diese ihnen über sich selbst in Erinnerung rufen. Sie kennen nicht nur die verzerrende Wirkung der eigenen Emotionen, sondern kennen auch deren Ursprungsort, d. h. die – meist biografisch frühe – Lage, in der diese Emotionen angemessen waren, sich aber als penetrante Muster in dem eigenen Wahrnehmungsapparat verankern konnten. Seitdem werden alle kritischen Situationen als Infragestellung der eigenen Person oder gar als lebensbedrohend empfunden und man reagiert entsprechend überzogen bzw. »überwertig«. Mit dem Begriff der »Überwertigkeit« charakterisiert der Psychologe Fritz Riemann (1902–1979) die Formen, in denen Menschen für andere spürbar aus einer anderen Welt heraus reagieren (vgl. Riemann 2009).

Der Gefühlskörper

Die Welt, aus der heraus wir auf Gegebenheiten reagieren, ist die unseres Gefühlskörpers. Als »Gefühlskörper« (vgl. Arnold

2012) kann man die Gesamtheit der emotionalen und kognitiven Muster bezeichnen, mit denen eine Person gelernt hat, sich selbst und die Welt zu spüren und zu verstehen. Dabei wirken beide Musterstrukturen in verstärkendem Wechselbezug unauflösbar ineinander: *Wir haben schlechte Gefühle in einer bestimmten sozialen Konstellation und deuten das Verhalten des Gegenübers als unpassend, unmöglich oder bedrohlich.* Oder: *Wir deuten das Verhalten des Gegenübers als unpassend, unmöglich oder bedrohend und haben deshalb schlechte Gefühle.* In beiden Fällen sind wir nicht direkt im Kontakt mit dem Gegenüber, wie dieses tatsächlich »ist«, sondern bloß mit der Wechselwirkung unserer kognitiven und emotionalen Muster.

Diese vielfach im Verborgenen wirkende »Macht der Emotionen« (Lelord u. André 2007) bleibt uns in den meisten Situationen unbewusst: Wir interpretieren und handeln unmittelbar und können meist erst im Nachhinein den Zeitpunkt identifizieren, an dem wir das Verhalten des Gegenübers in einer vertrauten – besser: uns vertrauten – Weise zu beurteilen begannen. Diese Beurteilung folgt eigenen Gewissheitsmustern. Was dabei entsteht, entspringt einer subtilen Zusammenarbeit von Kognition und Emotion. Beide sind um Passung bemüht und arbeiten Hand in Hand bei der Entstehung des uns leitenden Bildes, wobei zwei Formen des sich selbst erfüllenden Fühlens von uns Besitz ergreifen können:

- So kann es sein, dass wir »mit dem falschen Bein aufstehen« – missmutig, unausgeglichen oder depressiv. Der beginnende Tag wird dann mit den sich bietenden Gelegenheiten auch daraufhin »ausgewertet«, welche Gründe er uns für die eigene Anfangsstimmung zu liefern vermag. Nicht selten »finden« wir dann auch einen oder mehrere Gründe für die insgesamt eher niederdrückenden Gefühle. Ähnliche Wechselwirkungen ergeben sich auch aufgrund von Stoffwechselschwankungen oder anderen unser emotionales Erleben tangierenden Beeinträchtigungen. Diese Gewissheitsschleife nenne ich die Gefühls- und Denkschleife.
- Verbreitet ist aber auch der umgekehrte Wirkungszusammenhang: die Denk- und Gefühlsschleife. Wenn Sie einsetzt, dann

steht am Anfang häufig die Interpretation einer gegebenen oder anstehenden Situation. Man macht sich z. B. Sorgen – ob berechtigt oder unberechtigt, sei dahingestellt. Die damit einhergehende Interpretation ruft die zu dieser Sorge »passenden« Gefühle auf den Plan und verstärkt diese Sorge noch zusätzlich mit Angst- oder Panikgefühlen, die dazu beitragen, dass wir uns nur noch in dieser Denk-und-Gefühls-Trance der Situation zu widmen vermögen.

Beide Gewissheitsschleifen geben unserem Gefühlskörper eine ungerechtfertigte Macht über unser Erleben. In dem ersten Fall übernimmt er sogleich die Macht über den Tag, im zweiten Fall unterfüttert er unsere Anfangseinschätzung und verhindert, dass andere, relativierende oder gar korrigierende Sichtweisen in uns Raum gewinnen können. In beiden Fällen sind wir nicht Herr im eigenen Haus, sondern Opfer der nach Gewissheit strebenden eingespielten Kooperation zwischen Emotion und Kognition. Und indem wir dieser Kooperation auch weiterhin die Regie überlassen, tragen wir ungewollt dazu bei, dass auch unser zukünftiges Leben so bleibt, wie die Vergangenheit, die unseren Gefühlskörper hervorgebracht hat, gewesen ist.

Andrea, eine Gesamtschullehrerin, reagierte auf die Darstellung der doppelten emotionalen Konstruktion der Wirklichkeit mit den Worten: »Ich kenne aus meinem Alltag beide Formen! Manchmal stehe ich bereits morgens auf und verspüre ein Druckgefühl. Dann gehe ich mit diesem Gefühl in meine vierte Klasse und treffe dort auf Daniel, den Schüler, mit dem ich immer die meisten Disziplinprobleme habe, und prompt beginnt Daniel, durch sein Verhalten meinen Druck zu rechtfertigen. Meist sind es aber meine Fantasien über die kommende Begegnung mit Daniel, die bei mir eine Gefühlsmischung entstehen lassen, die mich in eine Art Problemtrance beamt, die mich genau das finden lässt, was ich in meinen Fantasien schon befürchtet habe. Eigentlich beginne ich jeden Tag auf die eine oder andere Weise – mit immer denselben Ergebnissen.«

Was tun?

Der Weg zur emotionalen Kompetenz ist kein Spaziergang. Er ist eher eine Reise in die eigene unwegsame Innenwelt – abseits der breit ausgetretenen Pfade, die uns zu immer denselben Attraktionen zu führen versuchen. Hier gilt es, neue Wege freizulegen, um andere und vielfältigere Seiten in sich selbst zu entdecken. Die Attraktionen, denen man dabei begegnen kann, sind neue Aussichtstürme, von denen sich unsere Umwelt uns anders zu präsentieren vermag.

Nur schwer gelingt es uns, die beiden Mechanismen der Zusammenarbeit von Kognition und Emotion tatsächlich zu beherrschen. Doch nur, wenn wir diesen nicht länger ausgeliefert bleiben, können wir uns in Begegnungen auch besonnen, angemessen und synergiestiftend verhalten. Meist wird uns erst, nachdem die Situation sich erwartungsgemäß entwickelt hat und die befürchteten Eskalationen eingetreten sind, bewusst, welcher Mechanismus wieder einmal in uns die Regie übernommen hat. Spätestens dann ist es Zeit für eine Stop-and-think-Schleife (siehe Abb. 17).

Eine Stop-and-think-Schleife ermöglicht das bewusste Innehalten und eine möglichst leidenschaftslose Beobachtung des Ineinanderwirkens von Emotion und Kognition beim Zustandekommen unserer Spontanbeurteilungen. Als eine Art innere Stellungnahme zu dem Anstehenden bewirken diese Motivationen unseren Anfangsimpuls, mit dem wir uns einer Situation aussetzen und uns in ihr verhalten.

Diese zu erkennen ist die unbedingte Voraussetzung dafür, sie ggf. zu vermeiden, um andere – situationsangemessenere – Beurteilungen entstehen zu lassen. Anfangs gelingt diese Reflexion meist nur ex-post. Emotionale Kompetenz bedeutet, über Fähigkeiten der Ex-Ante-Reflexion darüber zu verfügen, wie unsere emotionalen und kognitiven Muster zusammenwirken. Wer immer besser darin wird, gewissermaßen vor dem Eintritt der Situation auch andere Beurteilungen ins Spiel zu bringen, verfügt nicht nur über Möglichkeiten zur Veränderung des eigenen Erlebens, sondern auch über Fähigkeiten, Situationen und Organisationen zu wandeln.

Schritte, um sich von der Kraft des sich selbst erfüllenden Denkens und Fühlens zu befreien		
Gewissheitsschleifen		Mögliche Gegenstrategien
Gefühls-Denk-Schleife	Eine spontan auftretende Stimmung verengt den Tagesblick und führt dazu, dass einem dann auch Gründe begegnen, die diese Anfangsstimmung rechtfertigen.	**Morgen- bzw. Zwischendurch-Meditation:** nüchtern und sachlich feststellen, welche emotionalen Stimmungen in einem lauern bzw. zum Ausdruck drängen. Die zentrale Frage ist: Kann ich dem Gegenüber energiestiftend begegnen, ohne es emotional in Haft zu nehmen, d. h., es schließlich für meine eigene Stimmung verantwortlich zu machen?
		Dekontaminationsübung: Insbesondere Professionals können nur wirksam sein, wenn sie sich dem Gegenüber nicht – innerlich – kontaminiert präsentieren. Die zentrale Frage ist: Welche Stimmungen und Gefühle infiltrieren und prägen mein inneres Bild vom Gegenüber?
		Aus dem Unterschied heraus handeln: im konkreten Fall den negativen Anfangsstimmungen ein Schnippchen schlagen und bewusst aus dem Unterschied bzw. Gegenteil heraus agieren (z. B. auf den zugehen, gegen den sich alles in uns sträubt) Die zentrale Frage ist: Mit welchen – überraschenden und entwaffnenden – Verhaltensweisen kann ich dem Gegenüber begegnen, um mit ihm nicht zu wiederholen, was ich zur Genüge kenne?
Denk-Gefühls-Schleife	Die Interpretation eines Verhaltens (z. B. bei Konflikten oder Interessengegensätzen) bringt auch die dazu passenden Gefühle hervor.	**Gedanken-Scannen:** die Gedanken und Erwartungen, die heute/jetzt in mir lauern und die ich mit in die Begegnungen bringe, identifizieren, ggf. auch dokumentieren und sich von ihnen bewusst verabschieden Die zentrale Frage ist: Welche Spontanbeurteilungen, vorweggenommenen Dialogfetzen sind in mir bereits darauf vorbereitet, sich in der Begegnung Ausdruck zu verschaffen?

		Alternativen üben: alternative Gedankenwelten und vorweggenommene Interaktionen, die beziehungsstiftend bzw. -erhaltend wirken, im Blick auf den Tag und die anstehenden Begegnungen konstruieren und üben Die zentrale Frage ist: Welche inneren Bilder (von der anstehenden Begegnung) lassen das Gegenüber anders, d. h. nicht im Rahmen seiner erwarteten Defizite, sondern mit seinen Potenzialen in Erscheinung treten?
		Beziehungsstiftende Formen des Rückruderns: beim Rückfall in die eigene Gewissheit, d. h. die ursprünglichen Erwartungen und Bilder, charmant zurückrudern und verdeutlichen, dass man tatsächlich die Verantwortung für die mit ihnen gestiftete Enttäuschung übernimmt Die zentrale Frage ist: Wie kann ich glaubwürdig innehalten und einen neuen Zugang zum Gegenüber entwickeln?

Abb. 17: Stop-and-think-Schleife

Regel 14: Bemühe dich darum, den Stand deiner eigenen Persönlichkeitsbildung nüchtern zu verstehen!

Menschen sind soziale Wesen: Sie hängen bereits in ihrer frühen Entwicklung von der Tragfähigkeit des sozialen Netzwerks ab, in das sie hineingeboren werden. Von ihrem ersten Tag an, den sie auf unserem Planeten verbringen, gilt, was Johann Wolfgang von Goethe (1749–1832) mit den Worten auszudrücken verstand: »Wir werden geformt und gestaltet durch das, was wir lieben.« Diese Einsicht zeigt, dass Persönlichkeiten sich nicht aus sich heraus entpuppen, sondern sich nur in engen Beziehungen zu entwickeln vermögen. Diese Beziehungen sind emotionale Beziehungen. Sie liefern den Anfangsstoff, aus dem sich unsere Persönlichkeit formt.

Deshalb ist es für die Grundeinspurung unserer Persönlichkeit von zentraler Bedeutung,

– ob wir der Welt in einem Gefühl des bedingungslosen Willkommenseins begegnen durften oder ob wir bereits mit jeder Faser unserer kleinen Seele zu spüren bekamen, dass sich mit unserer Ankunft das Leben und die Welt für unsere Eltern beschwerten, oder
– ob es uns gelang, eine tragende Beziehung zu den wichtigen Personen unserer Anfangssituation auf der Erde zu entwickeln und diese uns das sichere Gefühl vermittelten, dass wir geschützt und unterstützt seien, oder ob wir ohne diese »sichere Basis« heranwachsen und ein beziehungsloses »internes Arbeitsmodell« von der Welt entwickeln mussten (Bowlby 1958), welches in einer subtilen Permanenz auch noch unser Verhalten als Erwachsene leitet.

Deshalb stellen die emotionalen Bindungserfahrungen u. a. für zahlreiche Säuglings- und Hirnforscher die Basis für jegliche

Persönlichkeitsbildung dar. In diesem Sinne beschreibt Gerhard Roth die prägende Bedeutung der frühen emotionalen Zuwendung durch stabile Bezugspersonen mit den Worten:

>»Zum einen erfahren Säugling und Kleinkind die Wohltaten der Fürsorge durch die Bezugsperson, und dies erzeugt ein Urvertrauen. Gleichzeitig differenziert sich durch die emotional-kommunikative Interaktion die anfangs noch diffuse Gefühlswelt des Kindes langsam aus. Durch die Art, wie die Bezugsperson mit ihm umgeht, prägt sich deren Gefühlswelt dem Kind zumindest teilweise auf. Das betrifft besonders den Umgang mit Stress und Belastungen, etwa der vorübergehenden Trennung von der Mutter, die Fähigkeit, auf Belohnungen zu warten, spontane Impulse zu zügeln, Konflikte gewaltlos zu lösen oder eine Vorstellung vom Fühlen und Denken der anderen zu entwickeln – also alles, was zu den grundlegenden sozialen Kompetenzen gehört« (Roth 2015).

Dies wusste bereits der Bindungsforscher John Bowlby (1907–1990) zu berichten:

>»Die Fähigkeit des Menschen, Sprache und andere Symbole zu gebrauchen, sein Vermögen, Pläne und Modelle zu entwickeln, eine lang andauernde Zusammenarbeit und endlose Konflikte mit anderen einzugehen, dies macht den Menschen zu dem, was er ist. All diese Prozesse haben ihren Ursprung in den ersten drei Lebensjahren, und alle sind zudem von den ersten Lebenstagen an Teil der Organisation des Bindungsverhaltens« (Bowlby 1982, S. 358).

Diese Rückbesinnung auf die grundlegende Bedeutung der Bindung für die Persönlichkeitsbildung ist geeignet, andere Konzepte zu relativieren. Dies betrifft in erster Linie Erklärungen, welche das, was aus einer Person werden kann, auf ihre genetische Ausstattung zurückführen. Aber auch die dominanten Wirkungen der sozialen Herkunft bzw. der gesellschaftlichen Bedingungen, unter denen eine Person heranwächst, können nicht erklären, was sich wirklich ereignet, wenn Menschen aus unterschiedlichen Milieus ihre emotionalen und sozialen Kompetenzen entwickeln können, andere hingegen nicht. Es spricht deshalb viel dafür, dass die Persönlichkeitsbildung gleichzeitig vielfältigen Bedingungen unterliegt, die subtil ineinanderwirken. Von entscheidender Bedeutung scheinen dabei allerdings die frühen Erfahrungen mit

– dem Willkommensein,
– dem Schutz,
– der Unterstützung und
– der Anregung

zu sein. Diese prägen eine soziale Atmosphäre, in der Suchbewegungen möglich sind und stabile Ichgefühle entstehen können. Es scheint dieser soziale Näheraum zu sein, in dem sich die stabilen Grundlagen einer Person herausbilden. Auch hierbei gilt allerdings: Es gibt keine Wenn-dann-Gewissheiten, eher schon Wenn-nicht-dann-könnte-Risiken der persönlichen Entwicklung. Dies bedeutet:

> Persönlichkeitsbildung benötigt soziale Wachstumsimpulse. Talent und gesellschaftliches Milieu können sich dabei als Turbofaktoren erweisen. Ohne die Bedingungsfaktoren eines sozialen Näheraums bleiben auch sie häufig ohne Wirkung oder bringen Persönlichkeiten hervor, die zwar »von guter Herkunft« sind, aber persönlich unterentwickelt, wenn nicht gar problematisch bleiben.

Welches sind die Bedingungs- und die möglichen Turbofaktoren meiner Persönlichkeitsentwicklung?

Es gibt keine Tests, die exakt messen können, von welchen Nährstoffen unsere eigene Persönlichkeitsentwicklung profitieren konnte oder welche sie entbehren musste. Ebenso wenig gibt es universal gültige Theorien und Befunde, die uns – über die vorstehend dargelegten abwägenden Unterscheidungen zwischen Bedingungs- und Turbofaktoren hinaus – eindeutig sagen, in welcher Weise welche Stoffe die Persönlichkeitsbildung des einzelnen unterstützen oder eher behindern. Aus diesem Grunde gibt es keinen anderen Weg der Selbstaufklärung als den, sämtliche dieser Faktoren zu prüfen und zu einer Art »persönlicher Landkarte« der eigenen Ichentwicklung zusammenzufügen – wissend, dass diese vorläufig, unabgeschlossen und selbst entwickelt ist.

Diese persönliche Landkarte ermöglicht gleichwohl einen selbstreflektierten Umgang mit dem, was uns ansonsten einfach nur so der Fall zu sein scheint. Ohne Landkarte ist die Gefahr groß, dass wir zwar ständig beherzt weiterschreiten, aber uns in Wahrheit nicht zurechtfinden: Wir glauben dann, bereits irgendwo angekommen oder mit unserer Reise gar »fertig« zu sein, nur weil wir keine Vorstellung davon haben, welche Möglichkeiten des Erlebens sich hinter der nächsten Wegbiegung auftun, und welches Schuhwerk und welchen Proviant wir uns selbst zulegen können, um auch tatsächlich dort anzukommen, wohin uns unsere Reise zu führen vermag. Wer mit einer persönlichen Landkarte reist, kann seine eigene Reise auch im Gesamtbild der menschlichen Möglichkeiten immer wieder neu beurteilen und planen – dies ist der eigentliche Gehalt einer biografischen Autonomie.

Auf der Suche nach den Bedingungs- und Turbofaktoren meiner Persönlichkeitsentwicklung			- -	-	+	+ +
Will- kommen	Freude	Ich erinnere mich an den Ausdruck der Freude über mein bloßes Dasein in den Augen meiner Mutter.				
	Ansprache	Ich wurde nach meinen Bedürfnissen, Wünschen und Interessen gefragt.				
	Resonanz	Es gab ein stilles Einvernehmen und das sichere Gefühl dazuzugehören.				
Schutz	Stabilität	Ich wusste, dass mir niemand wirklich etwas Böses antun konnte.				
	Sicherheit	Ich fühlte mich geborgen und ungefährdet an der Seite meiner signifikanten Bezugspersonen (meist: Mutter, Vater).				
	Vorbild	Ich lernte früh, was es bedeutet, für jemanden Verantwortung zu übernehmen und ihn zu lieben.				

Unter-stützung	Partei-nahme	Meine Bezugspersonen, waren immer, wenn es darauf ankam, an meiner Seite.				
	Begleitung	Sie begleiteten meine Entwick-lung – selbst, wenn diese ihren Vorstellungen zuwiderlief.				
	Förderung	Ich erlebte, dass jemand für mich aufkam und in meine Entwicklung investierte.				
Anregung	Interesse	Es wurde tatsächlich nach dem gefragt, was ich werden und aus meinem Leben ma-chen wollte.				
	Nachfrage	Man fragte nach, wollte genau verstehen, was mich gerade bewegt und beschäftigt.				
	Optionen	Man hat mir Optionen aufge-zeigt und nicht nur gut ge-meinte Ratschläge erteilt.				
Talent	Potenzial	Ich habe ein eigenes Gespür dafür entwickeln können, was ich wirklich gut kann.				
	Übung	Ich hatte ausreichend Möglich-keiten, mein Talent zu üben und zu entfalten.				
	Anerken-nung	Das, was ich besonders gut kann, wurde ausdrücklich – und auch voll Stolz – aner-kannt.				
Milieu	Kultur	Ich konnte differenziertere Formen des eigenen Aus-drucks in Wort, Klang und Bild kennenlernen.				
	Kommuni-kation	Es wurde mit mir in begrün-dender und erklärender Weise geredet.				
	Bildung	Es wurde in meine Bildung und damit in die Möglich-keiten meiner Persönlichkeit investiert.				

Abb. 18: Bin ich biografisch autonom?

Auch die Checkliste in Abbildung 18 dient nicht einer objektiven Messung der eigenen Entwicklung. Sie stellt lediglich eine Sammlung von Fokussierungsfragen dar – mit deren Hilfe kann sich die Selbstreflexion den Aspekten zuwenden, deren Bedeutung für die Persönlichkeitsentwicklung durch Theorien und Forschungen gut belegt ist. Die »Suche nach den Bedingungs- und Turbofaktoren meiner Persönlichkeitsentwicklung« ist somit bloß ein Impuls bzw. eine Anleitung für die »selbsteinschließende Reflexion« (Varela u. a. 1995), ohne die keine autonome Ich-entwicklung möglich ist. Eine solche beinhaltet nämlich – wie bereits erwähnt – das Bemühen zu erkennen, durch welche sehr persönlichen Brillen ich die Welt verstehe und entsprechend (be)handele.

In einem Führungsworkshop, in dem die Teilnehmenden gebeten wurden, sich zu zweit auf die Suche nach den Bedingungs- und Turbofaktoren ihrer eigenen Persönlichkeitsentwicklung zu begeben und die Ergebnisse dieser angeleiteten Selbstreflexion zu besprechen, kam nicht nur Nachdenklichkeit, sondern auch Betroffenheit auf. Birgit, eine hohe Führungskraft eines Versicherungsunternehmens, eröffnete die Auseinandersetzung mit der Feststellung:

»Bei mir war dies so, dass während der Übung zum ersten Mal in meinem Leben Zweifel an der Heile-Welt-Illusion meiner frühen Jahre aufkamen. Dies hat mich sehr bewegt, mir aber auch zugleich ein schlechtes Gewissen vermittelt. Mit welchem Recht darf ich meine Eltern, die immer sehr bemüht, aber ständig beschäftigt waren, kritisieren? Mir erscheint das nicht gerecht!«

Ein anderer Teilnehmer fiel ihr ins Wort: »Bei mir war das ähnlich, aber es stellten sich auch Wut und Trauer ein. Das Resultat war bei mir ein deutliches Gefühl für das, was mir fehlte – ohne Vorwurf, bloß mit Bedauern. Und dann habe ich auch erkannt, dass ich um diese Stoffe heute noch buhle. Mein eigenes Führungsverhalten ist manchmal auch ein Bemühen um Resonanz, Parteinahme und Anerkennung – alles Stoffe, die da nicht reingehören. Ich bin sehr dankbar für diese Übung, die mir geholfen hat, die Dinge klarer zu sehen!«

Andere Teilnehmer hatten Nachfragen zu dem Instrument selbst und seinen zugrundeliegenden theoretischen Annahmen. Dabei wurde insbesondere die Frage aufgeworfen, ob Talent und Milieu wirklich Turbofaktoren seien.

»Bislang habe ich immer gedacht, dass ich alles der Strenge meiner Eltern und dem anregenden Klima des bildungsbürgerlichen Milieus, dem ich entstamme, verdanke. Mein Vater z. B. war zwar selten als Gesprächspartner oder gar zärtlicher Mensch präsent – zumindest verfüge ich kaum über solche Erinnerungsbilder –, aber er forderte mich, indem er mir den Umgang mit seiner Bibliothek beibrachte und mit dafür verantwortlich gewesen ist, dass ich mich in einem Alter zu einer wahren Leseratte entwickelte, als meine Freunde noch Räuber-und-Gendarm spielten.«

Ein anderer Teilnehmer ergänzte: »Bei mir war das ganz ähnlich. Aber ich erkenne heute auch, welche eigenen Unfähigkeiten ich dieser bildungsbürgerlichen Verengung verdanke. Bei mir zu Hause war es so, dass man nur gebildet miteinander redete. Niemals vergesse ich die Aufforderung meines Vaters, mir für unsere Abendrunden ein Thema zu überlegen, über das man dann reden könne. Miteinanderreden als ein sozialer Raum, in dem auch Freude, Ansprache und Resonanz oder gar Begleitung, Förderung und Nachfragen spürbar gelebt und erlebt werden konnten, kenne ich gar nicht. Diese Inkompetenz hat schließlich mein Scheitern in wichtigen privaten und auch beruflichen Beziehungen zur Folge gehabt. Ich habe immer gelehrt und auch belehrend geredet – selbst in Situationen, in denen es um das bloße Nachfragen und ein echtes Interesse am Gegenüber gegangen ist. Wie inkompetent hat mich ein Elternhaus zurückgelassen, das so große Stücke auf seine Bildung hielt und auch leicht verächtlich auf alles blickte, was den Standards der gelehrten Rede nicht standzuhalten vermochte!«

Es sind solche Statements, die überdeutlich zeigen, wie tief verankert und wirksam das ist, was wir bereits in frühen Jahren als Nährstoffe unserer Persönlichkeitsentwicklung enthalten haben oder entbehren mussten.

Regel 15: Übe dich darin, Beziehungen emotional kompetent zu gestalten und zu entwickeln!

Der Mensch ist in den Möglichkeiten seines Ausdrucks und in den Formen seines In-Beziehung-Tretens zwar durch das Fortdauern früher Einspurungen geprägt – und nicht selten blockiert –, er ist jedoch in der Lage, selbsteinschließend zu reflektieren. Dabei können ihm die Mechanismen, denen unsere Wahrnehmung sowie Denken, Fühlen und Handeln folgen, klar werden, und er kann beginnen, offensichtlich naheliegende, aber ungereimte Eindrücke und Reaktionen hinter sich zu lassen. Solche Reaktionen sind insbesondere:

– Spontanbewertungen eines Gegenüber, ohne sich stets der Wirkungen einer Selffulfilling Prophecy bewusst zu bleiben,
– Übersehen des Effektes, dass wir die Welt und die anderen nur so zu sehen vermögen, wie wir sind, d. h., wie unsere ganz eigenen Erfahrungen uns dies nahelegen,
– entschiedene Beurteilungen, die meist einer – vom Hintergrund her unser Lebensgefühl bestimmenden – emotionalen Konstruktion der Wirklichkeit entspringen,
– Versäumen der Selbstreflexionsschleife, welche uns dazu führt, die unmittelbaren Eindrücke und Bewertungen daraufhin zu befragen, was sie uns über uns selbst in Erinnerung zu rufen vermögen, und
– Wertschätzung des Sachverhalts, dass es gerade *die* Situationen sind, die es uns schwer machen und an die Grenze unseres Musters führen, die uns zur Weiterentwicklung herausfordern und zu einem Anfreunden mit dem Unterschied (ver)führen können.

Indem wir meist auch in neuen Situationen so bleiben, wie wir sind, sorgen wir zwar dafür, dass uns die Welt vertraut bleibt und wir handlungsfähig sind, weil wir auf die vertrauten Interpretationen und Reaktionsmuster zurückgreifen können. Wir versäumen aber die meist einmalige Chance, mit *den* Menschen eine enge, d. h. vertrauensvolle und tragfähige Beziehung aufzubauen, die durch die Maschen unserer spontanen emotionalen Interpretationen fallen.

Gunther, Führungskraft in einem Zulieferunternehmen der Automobilbranche, berichtete: »Bei mir ist das so gewesen, dass ich so meine eigenen Empfindlichkeiten habe, mit denen ich auf neue Kolleginnen oder Kollegen in meiner Abteilung reagiere. So regiere ich z. B. richtig allergisch auf Menschen, die mit allen gut Freund sind. Denen traue ich nicht. Ich habe dann immer das Gefühl, dass die sich nicht wirklich zu erkennen geben und auch mir gegenüber nicht ehrlich sind. In der Regel dauert es nicht lange, bis ich dann auch fündig werde und einen Beleg für meinen Anfangsverdacht finde. Dann verstärkt sich diese Erfahrung, und ich sage mir: ›Siehst du, du hast es doch gewusst!‹ Nur in stillen Stunden grübele ich bisweilen darüber nach, wie – und vor allem: warum – ich so auf diese Menschen zugehe. Die können doch schließlich nichts dafür, dass ich durch diesen Anfangsverdacht auf sie blicke!«

Dieser selbstkritische Gedanke markiert eine wichtige Bewegung auf dem Weg zu einer emotional kompetenten Beziehungsgestaltung:

Die Basis einer emotionalen Kompetenz ist frei nach Heinz von Foerster eine Fähigkeit, Kontakte immer wieder bewusst so zu gestalten, dass die Zahl der eigenen emotionalen Möglichkeiten wächst. Erst, wenn im Innen eine neue Möglichkeit vorbereitet ist, kann diese auch im Außen Gestalt gewinnen und die eigene Beziehungspraxis vielfältiger werden.

Emotionale Achtsamkeit

Um diese Fähigkeit zu erlernen und zu üben, ist es zunächst wichtig und hilfreich, die eigenen Spontaninterpretationen, die in einem angesichts einer Person aufkommen, nüchtern – und ohne Ausnahme! – als das zu nehmen, was sie sind: *die Aktuali-*

sierung innerer Bilder, deren emotionale Farbgestaltung der eigenen Farbpalette entnommen ist. Ein emotional kompetenter Mensch kennt seine Farbpalette. Er weiß, über welche Farben diese verfügt und von welchen Farben er nur wenig Vorrat aufzuweisen vermag. Er ist in der Lage, sich z. B. angesichts des ihn negativ berührenden Auftritts einer Person zunächst selbst nüchtern folgende Fragen zu stellen:

- Welche Gefühle löst dieses Verhalten in mir aus?
- Kann ich die Verantwortung für das in mir Gestalt gewinnende emotional-kognitive Muster übernehmen, oder ergehe ich mich in meinen inneren Monologen oder gar bereits im Austausch mit anderen in Schuldzuweisungen, Etikettierungen und Negativfokussierungen, die das Gegenüber nur noch so in Erscheinung treten lassen, dass sich mein Anfangsmuster bestätigt?
- Welche Gefühle beherrschen mein inneres Bild, und woher kenne ich diese Gefühle?
- Welche anderen – möglichen – Interpretationen des für mich befremdlichen Verhaltens schließe ich vollständig aus?
- Wie könnte ich mich mit diesem anfreunden und eine Begegnung gestalten, die von Offenheit und Sympathie getragen ist?

Gunther meldete sich zur emotionalen Achtsamkeit zu Wort und ergänzte seine Darstellung mit den Worten: »Natürlich: Im Kopf stimme ich dem zu, was Sie sagen! Aber in der Praxis ist es fast unmöglich, sich vertrauensvoll mit einem Menschen zu befassen, der dem eigenen inneren Bild von dem, was richtig und angemessen ist, vollständig entgegenzulaufen scheint. Es ist dieses ›scheint‹, was mir immer wieder Schwierigkeiten macht. Ich kann da kaum zurück hinter die Demarkationslinien meiner eigenen Gewissheiten.«

An dieser Stelle fiel ihm ein anderer Teilnehmer ins Wort: »Demarkationslinien? Das klingt nach Krieg und Landesverteidigung. Was verteidigst du in dir, wenn du an deinem Anfangsverdacht, wie du es nanntest, um jeden Preis festhalten musst? Welche Risiken und Bedrohungen sind für dich damit verbunden, das Befremdliche auch gut sein zu lassen?«

Im günstigsten Fall können solche Reflexionen dazu führen, dass wir lernen, unseren inneren Bildern zu misstrauen und die eigene Bereitschaft entwickeln, das Neue und Ungewohnte willkommen zu heißen und uns mit ihm produktiv auseinanderzusetzen. So unangenehm der Gedanke zunächst auch anmutet: Das, was uns befremdet und unseren Anfangsverdacht auslöst, ist genau das, was uns helfen kann, diesen zu erkennen und als eigene Einfärbung der Situation in die eigene Verantwortung zu nehmen. Durch diese Bewegung können wir uns als Persönlichkeit entwickeln. Denn: Der Unterschied ist die Situation, die uns am befremdlichsten anmutet, in der wir aber gezwungen werden, unsere eigenen Muster zu durchbrechen, um das vermeintlich Vertraute neu zu erleben bzw. um Neues zu erleben.

Eine solche emotionale Achtsamkeit und Veränderungsfähigkeit kann man mit dem Triple-A-Self-Check aus Abbildung 19 üben.

Triple-A-Self-Check		-	o	+
Analyse	Ich weiß, wie Emotionen spontan von mir Besitz ergreifen und kenne die subtilen Mechanismen, mit denen sie auch meine »nüchternen« Gedanken und Urteile in ihren Bann ziehen.			
	Ich kenne die Wirkungen meiner Emotionen für mich selbst und andere und bin in der Lage, mein Gegenüber vor meinen destruktiven Emotionen zu beschützen.			
	Ich erkenne die Vielfalt der Ausdrucksformen des Emotionalen und bin in der Lage, mit diesen Formen beziehungsstiftend und -erhaltend umzugehen.			
Akzeptanz	Ich kenne meine bevorzugten Gefühlszustände und bin in der Lage, für deren Auftreten selbst die Verantwortung zu übernehmen.			
	Ich kann auch schroffe Ausdrucksformen des Gegenübers wertschätzend und gelassen annehmen und bin in der Lage, mit diesen ohne Sarkasmus – wertschätzend – umzugehen.			

	Ich bin mir der Tatsache bewusst, dass Kooperation sich nur aus den konstruktiven Gefühlen zum Gegenüber ergibt, und bin in der Lage, solche Gefühle in mir zu mobilisieren.			
Alternative	Ich weiß um die Relativität der unterschiedlichen Formen, die Welt zu spüren, und bin darin geübt, mich anderen oder gar gegensätzlichen Formen als den eigenen hinzugeben.			
	Ich suche gezielt nach Dissens und widerständigen Gefühlen bei den anderen, und ich bin in der Lage, diese auch als Quelle der Kreativität, Optimierung und Innovation zu nutzen.			
	Ich suche gezielt Kontexte auf, in denen ich Gelegenheiten finde, mich anders zu erleben und anders zu fühlen, und ich erweitere dadurch meine Fähigkeiten, konstruktiv zu handeln.			

Abb. 19: Triple-A-Self-Check

Dieser Self-Check kann Sie dazu anregen, die Welt stärker aus anderen Augen zu sehen und mit anderem Herzen zu spüren. Dadurch fördern Sie in sich die Fähigkeit, mit Unterschieden und Fremdheit in anderer Weise als sogleich interpretierend oder bewertend umzugehen. Diese Fähigkeit ist nicht nur der Quellecode gelingender Persönlichkeitsentwicklung; sie ist auch ein unverzichtbares Element für die Gestaltung humaner, gleichberechtigter und friedvoller Formen des Zusammenlebens.

Emotionale Nachreifung

Menschen taumeln meist durch ihr Leben – getragen und getrieben von Anfangsverdacht und einer diffusen Suche nach einem Gleichklang mit anderen. Dabei merken sie nicht, was ihnen entgeht, da sie nur das als berechtigt, sinnvoll und richtig empfinden, was mit ihren emotional-kognitiven Mustern in Resonanz gerät. Dann formieren sie sich nicht selten in Gruppen »Gleichgesinnter« – nicht bemerkend, dass sie sich nur zu dem Zweck zusammentun, sich über die Relativität ihrer eigenen Gewissheiten hinwegzutäuschen. Ihr Motto ist: Wenn es anderen auch so zu sein scheint, dann heißt das, dass es so ist. Auf diese Weise stabilisieren sich nicht nur Gruppen, Milieus und Nationen; auch die Entstehung und Versteifung unüberbrückbar erscheinender Gegensätze hat in diesem Kampf um Evidenz ihren Ursprung.

> Emotionale Kompetenz ist nicht in erster Linie die Fähigkeit, mit der persönlichen Vielfalt des Sozialen besser umzugehen. In ihrem Kern entspringt sie vielmehr der Fähigkeit, aus den vielfältigen Mechanismen der emotionalen Konstruktion unserer Wirklichkeit – bei sich selbst und anderen – heraus eine als gemeinsam und sinnvoll empfundene Kooperationsbasis gestalten zu können.

Menschen, die über diese Fähigkeiten verfügen, haben sie nicht in die Wiege gelegt bekommen. Sie mussten sich vielmehr darum bemühen – meist um den Preis von Enttäuschungen, wiederholtem Scheitern und schmerzlichen Lernprozessen. Dabei konnten sie allmählich ein Kompetenzprofil entwickeln, das sie in die Lage versetzt, mit den spontanen Gewissheitsstoffen der emotionalen Konstruktion der Wirklichkeit bei sich selbst und anderen in einem verknüpfenden und weniger in einem konfrontativem Gestus umzugehen.

Die einzelnen Elemente dieses Kompetenzprofils und mögliche Hilfestellungen bei seiner Entwicklung (»Wege der emotionalen Selbstbildung«) zeigt Abbildung 20.

	Kompetenz Ich bin in der Lage, ...	Wege der emotionalen Selbstbildung
Enttäuschen	... die eigene emotionale Gewissheit in jedem Fall nüchtern als Selbstkonstruktion zu relativieren und diese Enttäuschung auszuhalten.	»Mensch ärgere dich nicht! *plus*« – ein Erwachsenenspiel zur Neuerfindung und Übung alternativer Ichzustände (s. Regel 16)
Musterbrechen	... »bewährte« Formen der Deutung, Interpretation und Kommentierung als eigene emotionale Routinen zu demaskieren und hinter mir zu lassen.	Mein emotionales Portfolio – eine Dokumentation der Erfolgsgeschichte meiner emotionalen Selbstbefreiung (s. Regel 17)

Offerieren	... mir selbst und meinem Gegenüber andere Angebote der Deutung, Interpretation und Kommentierung zu unterbreiten.	Etüden zur Stärkung meiner emotionalen Fingerfertigkeit (s. Regel 18)
Thematisieren	... emotionale Eintrübungen in der Beziehung ohne Vorwurf anzusprechen und in eine metakommunikative (Er-)Klärung einzutreten.	Kunstfertigkeiten der Metakommunikation (s. Regel 19)
Intervenieren	... die emotionalen Wirkungen meines Handelns im Gegenüber zu beobachten, nachzufragen und ggf. zurückzurudern, um neu und passender vorzugehen.	»Agieren vom anderen her« – Formen eines gewinnenden Umgangs (s. Regel 20)
Operieren	... emotionale Verstimmungen und Verletzungen in Beziehungen zu heilen und eine neue Synergie nachhaltig zu gestalten.	Heilen durch präsentes und zugewandtes Nichtagieren (s. Regel 21)
Navigieren	... die unsichtbaren Klippen des Emotionalen im Beziehungsalltag zu umschiffen und die jeweiligen Windverhältnisse optimal zu nutzen.	»Im Ausguck!« – Blickrichtungen, um die emotionalen Untiefen, Strömungen und Strudel zu erkennen (s. Regel 22)

Abb. 20: EMOTION – Wege der emotionalen Selbstbildung

Regel 16: Nutze das »Mensch ärgere dich nicht! plus« zur Neuerfindung und Übung alternativer Ichzustände!

Das Gesellschaftsspiel »Mensch ärgere dich nicht!« ist das wohl erfolgreichste Brettspiel aller Zeiten. Sein Erfolg basiert nicht zuletzt auf einer inszenierten Schadenfreude, die den Ärger des Gegenübers als Ansporn und Quelle der eigenen Freude nutzt. Nun kann man sicherlich über den erzieherischen Wert einer solchen Inszenierung trefflich streiten. Bestenfalls erhält man bei diesem Spiel Gelegenheit zu lernen, wie man ein guter Verlierer wird – Risiken und Nebenwirkungen nicht eingerechnet. Doch tun solche angedeuteten Zweifel dem Erfolg dieser inszenierten Schadenfreude keinen Abbruch.

> Emotionale Kompetenz setzt jedoch ein breiteres Fähigkeitsspektrum voraus als bloß eine Toleranz gegenüber eigenem Versagen und den hämisch-unangenehmen Reaktionen der jeweiligen Mitspieler.

Sie basiert nicht nur auf dem Vermögen, eigene Gefühlsregungen situationsangemessener zu handhaben und auszudrücken, sondern auch, mit überraschenden und als unangemessen empfundenen Reaktionen des Gegenübers so umzugehen, dass nicht Häme, sondern wechselseitiges Verstehen die weitere Kooperation tragen. Diese Form des Umgangs kann man lernen und üben! Emotionales Lernen zielt auf die Herausbildung entsprechender Fähigkeiten zum gelassenen, beziehungssichernden und synergetischen Umgang mit der Unberechenbarkeit, den Formen und den Eskalationsgefahren von Gefühlsausdrücken.

Die im Folgenden dargestellte Erweiterung der Spielregeln des klassischen »Mensch ärgere dich nicht!« soll ein solches emotionales Lernen anregen und unterstützen.

Regeln des »Mensch ärgere dich nicht! *plus***«**

Auch bei dieser Variante des Spiels geht es für jeden Spieler darum, mit den eigenen vier Figuren das Spielfeld einmal erfolgreich zu umrunden und diese möglichst ohne Rückschläge ins Ziel zu bringen. Die zentralen Regeln des »Mensch ärgere dich nicht!« gelten auch bei der *plus*-Variante – mit einigen zusätzlichen Auflagen und Möglichkeiten:

Herauskommen: Um eine Spielfigur aus der Startposition auf das Spielfeld zu bringen, muss der Spieler auch in der *plus*-Variante eine Sechs würfeln. Er darf dies jedoch nur, wenn er gleichzeitig gegenüber jedem Mitspieler eine differenzierte wertschätzende Feststellung, ein emotionales Anfangsgeschenk, zu artikulieren vermag (nicht: »Du bist nett«, sondern differenzierter: »An dir schätze ich besonders deine Art ...!«). Er darf mit der Spielfigur nur in das Spiel eintreten, wenn die jeweils anderen Beteiligten (die Jury) diese Feststellung als ausreichend differenziert wertschätzend beurteilen!

Geschlagenwerden: Auch beim »Mensch ärgere dich nicht! *plus*« gilt die bereits auf einem Feld stehende Figur als geschlagen, wenn ein anderer Mitspieler durch die gewürfelte Augenzahl seine Figur genau auf diesem Feld platzieren muss. Allerdings gibt es keinen »Schlagzwang«, denn jeder Spieler hat 5 Selbstreflexions-Joker: Er kann verhindern, dass seine Figur als geschlagen gilt, wenn er in der Lage ist, eine eigene Schwäche mit ihren für andere problematischen Folgen selbstkritisch so zu beschreiben, dass die jeweils nicht unmittelbar betroffenen Mitspieler (= die Jury) dies für ausreichend halten (nicht: »Ich bin manchmal ungeduldig«, sondern: »Mir ist bewusst, dass ich manchmal andere unnötig vor den Kopf stoße!«).

Barriere: Auch beim »Mensch ärgere dich nicht! *plus*« gibt es die Möglichkeit, zwei eigene Figuren auf einem Zielfeld nebeneinander zu positionieren, die dann den Spielfluss blockieren. Dies bedeutet: Diese Figuren dürfen weder geschlagen, noch übersprungen werden. Die einzige Möglichkeit, an ihnen vorbeizukommen, ist die »emotionale Beratung«: Gegenüber dem Spieler, der die Barriere errichtet hat, gilt es, einen Ratschlag für das weitere persönliche Wachstum zu artikulieren, der diesen berührt. Gesteht er dies zu, dann akzeptiert er den Ratschlag als Barrierenbrecher. Er entscheidet allerdings selbst, bei welchem Ratschlag dies der Fall ist, darf aber nur drei Runden lang seine Barriere ohne Zugeständnisse aufrechterhalten. Nach jedem »Durchlass« aufgrund eines akzeptierten Ratschlags kann die Barriere wiederum drei Runden wirksam bleiben.

Nach einigen Anlaufschwierigkeiten, bei denen der Einsatz des emotionalen Anfangsgeschenks, der Selbstreflexions-Joker und des Barrierebrechers opportunistisch zum Einsatz kommen, werden die Spielenden meist relativ schnell von der emotionalen Dynamik des »Mensch ärgere dich nicht! *plus*« in den Bann gezogen, während die anfangs erwähnte Schadenfreude und der Umgang mit Rückschlägen an Bedeutung verlieren.

Nach einer Team-Beratung, bei der das »Mensch ärgere dich nicht! *plus*«-Spiel zum Einsatz gelangte, äußerte sich eine Mitspielerin mit den Worten:

»Anfangs war ich mehr als skeptisch. Mir kam das irgendwie sehr aufgesetzt und gezwungen vor. Schon dass ich mit meinen drei Teamkollegen dieses Spiel spielen sollte, war mir unangenehm, da ich zwei von ihnen absolut nicht leiden kann und für schwierig halte. Und dann auch noch die Auflagen, nur ins Spiel zu kommen, wenn man in der Lage ist, gegenüber jedem Mitspieler eine wirklich aussagefähige emotionale Wertschätzung auszudrücken – da glaubte ich, dass mir zu meinen beiden Problempartnern gar nichts einfallen würde. Anfangs versuchte ich es mit oberflächlichen Statements wie ›Du hast ein großes Herz!‹, was aber die Jury nicht gelten ließ. Als ich mich schließlich dazu durchringen konnte, einem meiner Problempartner zu attestieren, dass wir zwar immer wieder aneinandergerieten, er aber für mich der mit Abstand zuverlässigste Kollege in fachlichen Fragen sei, geschah etwas ganz Seltsames: Mein Kollege blickte plötzlich ganz weich, und auch mein Gefühl ihm gegenüber veränderte sich schlagartig. Irgendwie gespenstisch, wie da unsere eigenen Worte unsere Gefühle zu verändern vermögen. Ganz raffiniert, dieses ›Mensch-ärgere-dich-nicht! *plus*‹. Eigentlich bräuchte bloß jedes Team, in dem es hakt, dazu verdonnert werden, einige Runden dieses Spiels gemeinsam zu spielen!«

Es spricht einiges dafür, dass der Mensch seine emotionalen Fähigkeiten nicht durch bloße Einsicht zu erweitern vermag, sondern durch reales Erleben. Trainings zur Erweiterung der emotionalen Kompetenz sind deshalb bloß dann wirksam, wenn entsprechende Erlebenssituationen geistig und körperlich spürbar inszeniert werden können. Es ist deshalb das Kernanliegen moderner Erwachsenendidaktik, solche Transformationen zu ermöglichen. Das Spiel ist eine solche Möglichkeit. In ihm sind die Akteure mit Kopf, Herz und Hand involviert, wie der Erwachsenenbildungsforscher Wolfgang Müller-Commichau schreibt:

»Der eine jubelt laut und tanzt dabei, der andere klatscht in die Hände und lacht. Leibbetontes Freuen über Erfolge ist sowohl angesichts von Applaus aufseiten Dritter als auch als Ergebnis von Selbstbeobachtung angemessen. Ein nicht unwichtiger Nebeneffekt dabei: Leibbetont erlebte Erfolge bleiben tiefer im Gedächtnis als solche, die lediglich mit einem Achselzucken zur Kenntnis genommen werden. Wir haben sozusagen länger etwas davon« (Müller-Commichau 2005, S. 68 f.).

Und doch können wir nur schwer ohne Unterstützung und Begleitung aus unserer Haut heraus. Der innere Stoff, aus dem heraus wir gelernt haben zu denken, zu fühlen und zu handeln, hat seine Wurzeln in der eigenen frühen Erfahrung. Und diese Energien, die wir alle in uns tragen – unsere »innere Haut« –, sind alt. Sie entstehen – emergieren – als emotionale Einfärbungen unseres Denkens und Handelns in den Situationen, die denen eines frühen Erlebens strukturell ähnlich sind.

Wenn aus Spiel Ernst wird

Im Beziehungsalltag sowie in den Arbeitsbeziehungen haben wir oft keine Zeit, aber auch selten Gelegenheiten, in einer selbstreflexiven – und gar spielerischen – Art über die eigenen Einfärbungen des uns scheinbar Gegebenen nachzudenken; zu drängend sind die Interaktionserwartungen. Wir müssen reagieren und erkennen oft erst im Nachhinein, welchen vertrauten emotionalen Mustern wir in der Art und Weise, wie wir reagiert haben, wieder einmal Ausdruck gegeben haben.

> Ein gelingendes transformatives, d. h. musteraufbrechendes, emotionales Lernen kann uns helfen, unsere inneren Möglichkeiten im Hinblick auf einen sozial verträglicheren Umgang mit den äußeren Möglichkeiten und Erwartungen zu erweitern.

Um in diesem Sinne emotional gewandter und auch wirksamer zu werden, sind drei Lernschritte sinnvoll und hilfreich (vgl. Arnold 2012, S. 214):

– Erstens die Verantwortungsübernahme und die Klarheit sowie Transparenz der eigenen Erwartungen, Vorgaben und Steuerungen (»Es muss klar und deutlich sein, wofür ich stehe!«),

- zweitens die Zugewandtheit und der Respekt gegenüber den Selbststeuerungsanliegen und -impulsen des jeweiligen Gegenübers (z. B. Mitarbeiterinnen und Mitarbeiter), da man nur mit und nicht gegen das System erfolgreich handeln kann, und
- drittens schließlich die Fähigkeit, mit dem Echo, d. h. den projektiven Kontaminierungen der eigenen Wahrnehmung und der der anderen verantwortlich umzugehen (»Ich lerne mein eigenes Echo kennen und lerne, mit dem Echo der anderen umzugehen!«).

Wer emotional kompetent zu handeln versteht, benötigt Ichstärke. Diese kann im Rahmen eines selbstreflexiven Lernens wachsen. Sie ist durch eine ganz spezifische Fähigkeit gekennzeichnet, sich selbst mit den eigenen Bedürfnissen, Zielen und Ansprüchen klar zu spüren und sich doch gleichzeitig auf die Fragen und Belange des Gegenübers tatsächlich beziehen zu können. Dies gilt insbesondere für Führungskräfte. Grundlage *ihrer* Fähigkeit ist eine persönliche Kraft, mit der sie sowohl ihre Rolle *im* System wahrnehmen, als auch die Funktionen, mit denen dieses System sich auf andere bezieht (z. B. Märkte, Stakeholder), zu integrieren und beständig zu balancieren vermögen. Es ist somit eine triadische Eingebundenheit, welche das Führungshandeln kennzeichnet:

> Führungskräfte sind Teil des Systems, welches sie zu steuern, zu verändern und zu entwickeln haben. Sie repräsentieren aber zugleich die funktionalen Anforderungen anderer Systeme, auf welche das eigene System funktional bezogen ist, und erbringen diese Balance im Kontext der Systemik ihrer inneren, durch biografische Erfahrungen und Temperament geprägten Möglichkeiten.

Emotionale Kompetenz braucht einen Referenzpunkt

In dieser Gemengelage systemischer Bezogenheit und Energie ist ein deutlicher Referenzpunkt vonnöten, welcher nicht aus irgendwelchen Führungslehren entnommen werden kann, sondern der durchspürten eigenen Gewissheit entstammt. Man muss – insbesondere als Führungskraft – *die* Parolen entdecken, die »inneren Stimmen der Macht«, die diese Gewissheiten besonders im Kontext von Konflikten stiften, in denen emotionale Gewissheit danach drängt, sich zu rekonstellieren.

Dieser reflexive Schritt vermag Führungskräften zu verdeutlichen, worum es ihnen *eigentlich* geht, welcher inneren Stimme sie folgen, wenn sie glauben, rein sachlich zu entscheiden. Und dieser Schritt vermag auch zu zeigen, dass die innere Basis, die man dafür hielt, vielleicht überhaupt kein wirklicher Referenzpunkt, sondern eine Treue (gegenüber zumeist frühen Beziehungspartnern) ist, die sich zwar deutlich in einem selbst artikuliert, doch mit dem konkreten Gegenüber erst in zweiter Linie oder vielleicht sogar überhaupt nichts zu tun hat.

In solchen Situationen verlieren die Akteure oft den Überblick. Für ihr Gefühl ist es der andere, dessen Verhalten unmöglich ist und dessen Vorschläge und Konzepte sie auch »sachlich« grundsätzlich ablehnen. Sie »müssen« dies tun, da sich eine in ihnen wirksame Energie beständig zu Wort meldet und einen seelischen Botenstoff in ihre Wahrnehmung einfließen lässt, der ihnen den Blick trübt.

Diese Trübung bleibt den Akteuren zumeist unbewusst und ist erfahrungsgemäß umso wirksamer, je grundsätzlicher die Statements und je energiegeladener die Auseinandersetzungen geraten.

Führungskräfte, die in den Illoyalitäts- und Machtansprüchen – die ihnen bisweilen aus der zweiten Reihe begegnen und nicht selten mit aggressiven Infragestellungen einhergehen – diesen Stoff erkennen, haben in der Regel alle Hände voll zu tun, um nicht selber zu regredieren. Das heißt, sie müssen sich beständig fragen, welche emotionalen Erinnerungen an sich selbst die als konfliktiv empfundene Situation in ihnen auslöst. Sie müssen vermeiden, sich selbst unangemessen bzw. überwertig – aus ihren vorbewusst wirkenden Dynamiken heraus – solchen systemisch eher destruktiven Tendenzen entgegenzustellen. Es geht um die Frage des Umgangs mit Anmaßungen – ein Sachverhalt, mit welchem sich die Führungslehren kaum beschäftigen. Diese verbreiten allzu häufig eine auf Konsens zielende Vorstellung von Kooperation, ohne die Akteure auf den Umgang mit Dissens vorzubereiten.

Regel 17: Dokumentiere die Geschichte deiner emotionalen Selbstreflexion in einem Emotionsportfolio!

Als Portfolio bezeichnet man die Sammlung von Erarbeitungen (bei Künstlern z. B. die Mappe mit wichtigen Werken), die den Werdegang und die erreichten Kompetenzen dokumentieren. In der Pädagogik haben sich Portfolios seit den 1990er Jahren als wichtige Ergänzungen zu den Zeugnissen und Zertifikaten, die der Einzelne in seiner Bildungskarriere erreicht hat, entwickelt. Diese beschreiben in nüchterner Weise die einzelnen formalen Bildungsschritte, während Portfolios darüber hinaus die Selbstreflexion und die biografischen Entwicklungsziele und -bemühungen des Einzelnen dokumentieren. Als solche dienen sie dem Bestreben, diesen als Eigentümer und strategisches Entscheidungszentrum bei der Identifizierung der eigenen Möglichkeiten zu stärken. Portfolios nutzen somit in erster Linie der persönlichen Lebensbilanzierung und der weiteren Lebensplanung. Erst in zweiter Linie können sie bzw. Teile von ihnen auch für die Leistungsbeurteilung durch Dritte oder für Bewerbungsprozesse bedeutsam werden (vgl. Murphy a. Smith 1992).

Ein selbstreflexives Lernen mithilfe eines Emotionsportfolios verlangt Disziplin und einige Übung. Der Mensch ist nämlich Weltmeister darin, an dem festzuhalten, was ihm »gewiss« zu sein scheint, da er in dieser Weise bereits seit vielen Jahren denkt, fühlt und handelt. Systemische Theorien sprechen in diesem Zusammenhang von der »Kunst, nicht zu lernen« (Simon 2010):

Emotionale Kompetenz beschreibt eine Fähigkeit, die dem Lernen nicht ausweicht. Wer emotional selbstreflexiv und kompetent zu handeln vermag, löst sich zudem mehr und mehr von der verbreiteten Tendenz, die Welt der anderen und nicht die eigene Beobachtungsweise für das verantwortlich zu machen, worunter man leidet und wogegen man vorgehen zu müssen glaubt.

Emotional kompetente Menschen sind ihren eigenen Deutungs- und Gefühlsprogrammen selbst auf die Spur gekommen, indem sie systematisch und schonungslos *den* Spuren, die das eigene Denken, Fühlen und Handeln in unserem (Er-)Leben gezeichnet hat, gefolgt sind. Diese Suche kann auch durch ein Emotionsportfolio angeregt und strukturiert werden, indem sich der Einzelne immer wieder den 10 Suchfragen zuwendet und seine auf diese bezogenen Einsichten und Antworten dokumentiert. Dabei kann sein Portfolio der in Abbildung 21 vorgeschlagenen Gliederungsstruktur folgen.

Helga, Lehrerin an einer Berliner Gesamtschule, berichtete von ihrer Arbeit mit dem Emotionsportfolio: »Ich gebe zu, anfangs musste ich mich zwingen, mir die einzelnen Fragen vorzunehmen und dann auch noch zu ihnen Gedanken und Einsichten zu notieren. Was mir wirklich geholfen hat, war die Begegnung und Zusammenarbeit mit anderen Teilnehmern dieser Supervisionsgruppe. Wir verglichen unsere Antworten, erzählten unsere Geschichten und fragten nach – und eh man sichs versah, war man in einem kollegialen Beratungsgespräch über die Erfahrungen, die uns ausmachen. Gleichzeitig wirkten die Erzählungen der anderen Teilnehmenden so auf mich, dass mir nochmals viel deutlicher bewusst wurde, dass man mit ähnlichen Erfahrungen ganz unterschiedlich umgehen kann. Wir sind nicht festgelegt, sondern können uns neu erfinden und ausprobieren!«

Den eigenen Deutungs- und Gefühls- programmen auf der Spur kommen – das Emotionsportfolio (1. Teil)		Mögliche Leitfragen
Umgang mit Aner- kennung	Ich habe bereits früh (von meinen Eltern) echte An- erkennung erlebt und ge- spürt, wer ich bin und was ich kann.	Bei wem habe ich echte Aner- kennung erlebt? Wie wurde diese ausgedrückt? Wie wirkt diese in mir fort?
	Ich habe ein deutliches Ge- fühl für Zugehörigkeit und Aufgehobensein entwickeln können.	Wo fühlte ich mich zugehörig und aufgehoben? Wodurch wurde dieses Grund- gefühl gestiftet? Wie wirkt dieses in meinem Leben fort?

	Niemals ist mir in meinem bisherigen Leben »vorgeworfen« worden, dass es mir um mich selbst und nicht um die Sache geht.	Von wem wurde ein solcher Vorwurf artikuliert? Wann ging/geht es mir tatsächlich um mich selbst? Was verpass(t)e ich dadurch?
Umgang mit Abhängigkeit	Ich habe die abhängigen Phasen in meinem Leben (als Kind, Schüler, Student, Mitarbeiter) immer als angemessen und nicht als bedrohend oder einengend erleben können.	In welchen Phasen spürte ich die Abhängigkeit? Wie war mein Lebensgefühl in diesen Phasen? Gab/gibt es Bedrohungsgefühle?
	Niemals habe ich gegen Abhängigkeiten vehement rebelliert oder versucht, mich durch radikale Aktionen von ihnen zu befreien.	Welche Konflikte habe/hatte ich mit Autoritäten? In welchen Situationen habe ich rebelliert? Habe ich auch zu radikalen Formen gegriffen?
	Auch umgekehrt gilt: Die Menschen, die ich führe, erleben sich nicht als abhängig, sondern als teilhabend.	Wie erleben mich andere, die von mir abhängen? Welche Formen der Teilhabe wende ich an? Wie erhalte ich ehrliche Feedbacks?
Umgang mit Zuwendung	Ich habe gelernt, Zuwendung einfach zu empfangen, ohne sie verdienen zu müssen.	Bei welchen Menschen war ich bemüht? Habe ich auch Erfahrungen mit bedingungsloser Zuwendung? Kann ich heute Zuwendung ohne Kalkül empfangen?
	Ich kann mich zuwenden, und es gibt zahlreiche Menschen, die meine Fähigkeit, mit ihnen in Beziehung zu stehen, schätzen.	Welche Menschen schätz(t)en meine Beziehungsfähigkeit? Wie äußern sie dies? Wie schätze ich selbst meine Beziehungsfähigkeit ein?
	Ich bin mit allen Mitarbeiterinnen und Mitarbeitern gleichermaßen in Kontakt und kapsle mich nicht in Ingroups (»Führungszirkeln«) ab.	Mit welchen Menschen habe ich enge Kontakte? Welche Menschen meide ich? Achte ich ausreichend auf meine Resonanz im Sozialen?

Umgang mit Unwirksamkeit	Ich bin mit dem, was ich in meinem Leben erreichen konnte, zufrieden und habe gelernt, dass das, was man erreicht, das ist, was einem im Leben »zusteht«.	In welchen Situationen bin ich gescheitert? Was habe ich in diesen Situationen gefühlt? Welche Lektionen haben mir diese Erfahrungen vermittelt?
	Ich erlebe mich in meinen beruflichen und privaten Kontexten niemals als Opfer von Unverständnis oder widrigen Umständen.	Wo und von wem ist mir Unrecht widerfahren? Wann und wo fühl(t)e ich mich heute als Opfer? Wann und wo fühl(t)e ich mich als Täter?
	Ich habe das sichere Gefühl, dass die anderen in mir auch das sehen, was ich selbst in mir sehe.	Wie würde ich mich charakterisieren? Wer teilt diese Selbstbeschreibung, wer nicht? Welche anderen Bilder von mir sind im Umlauf?

Abb. 21: Emotionsportfolio – 1. Teil (nach Arnold 2015a)

Das Emotionsportfolio lädt zur Selbstreflexion der eigenen Persönlichkeitsbasis ein. Wie wir die Welt und uns in der Welt zu fühlen gelernt haben, ist nämlich immer auch ein Ausdruck dessen, wie wir geworden sind. Selten reagieren wir auf die anderen nach nüchterner Prüfung und in nachvollziehbarer Angemessenheit. Wir reagieren und agieren vielmehr aus der Fülle unserer Erfahrungen und der inneren Bilder, zu denen sich diese Erfahrungen verdichtet haben. »Niemand kann aus seiner Haut heraus!« – sagt der Volksmund.

Sind wir eher bindungslos bzw. bindungsunsicher unterwegs und penibel darauf bedacht, keinen falschen Schritt zu tun? Oder bewegen wir uns auf der Basis eines tragenden Gefühls, dass die Welt uns so, wie wir sind, willkommen heißt und wir angemessen und wirksam zu agieren vermögen? Es ist dieses Gefühl der »Selbstwirksamkeit«, welches dafür ausschlaggebend zu sein scheint, ob es Kindern und Jugendlichen gelingt, die wesentlichen Fähigkeiten zum Umgang mit Emotionen auszubilden. Im Kern geht es dabei darum, ausreichende Gelegenheiten nutzen zu können, um emotionale Schlüsselfertigkeiten herausbilden zu können.

Emotionale Schlüsselfertigkeiten markieren das innere Fundament, auf dem die Kompetenzen unserer Persönlichkeit aufliegen. Ohne diese Fertigkeiten bleibt selbst fachliche Expertise vielfach unwirksam. Auch und gerade in den innovativen Bereichen unserer Gesellschaft scheitern Neuerungen nämlich vielfach nicht an dem Know-how der Akteure, sondern an ihrer Unfähigkeit,

– sich mit den Bedürfnissen und Erwartungen anderer Menschen auseinanderzusetzen,
– diese in ihren Anliegen auch ernst zu nehmen, wenn sie sich fachlich nicht korrekt oder widersprüchlich äußern,
– sie wertschätzend und als Experten ihrer Anwendungskontexte zu behandeln,
– eigene – technologisch z. B. korrekte – Lösungsansätze infrage zu stellen, weil sie sozial nicht passen,
– Infragestellungen nicht als anmaßend zu empfinden, sondern als berechtigte Anfrage aus der Lebenswelt der von einer technischen Lösung Betroffenen aufzugreifen, und
– bei der Entwicklung von Lösungsansätzen mit den Betroffenen grundsätzlich zu kooperieren.

Heute erkennen wir mehr und mehr, dass es für das Gelingen von Kooperation, Führung und Veränderung mehr auf die soziale Akzeptanz als auf die technologische Aktualität ankommt, da Menschen dazu neigen, sich nur an Veränderungen zu beteiligen, denen sie vertrauen können. Die emotionalen Schlüsselfertigkeiten beschreiben deshalb auch die vertrauensbildende Performance, ohne die sich Innovationen kaum entfalten können. Als Leitmotto einer emotionssensiblen Förderung persönlicher Fähigkeiten ließe sich diese Einsicht mit den Worten beschreiben:

Die emotionalen Fähigkeiten von Führungskräften und Mitarbeitern, sich die vertraute Welt auch anders und wirksamer vorstellen zu können und diese Vorstellung auch aushalten zu können, ist zwar nicht alles. Aber ohne diese Fähigkeiten ist die Nutzung von Expertise und sachangemessenem Tun nichts.

David, Entwicklungsingenieur eine großen Maschinenbauunternehmens, bemerkte in einem Führungsworkshop: »Ja, das kann ich bestätigen: Damit du als Führungskraft heute punkten kannst, bleibt dir heute vielfach kaum etwas anderes übrig, als deine persönliche Performance auf den Prüfstand zu stellen und dich der Kritik zu stellen. Ich beobachte, dass dies einer zunehmenden Anzahl von Betrieben auch bewusst ist. Führungskräfteworkshops zur Persönlichkeitsbildung haben deshalb Hochkonjunktur. In diesen geht es oft ganz hart zur Sache. Führungskräfte begegnen sich in diesen Workshops gewissermaßen selbst, indem sie sich mit ihren inneren Bildern auseinandersetzen, andere Möglichkeiten des Verhaltens in Kooperations- und Innovationssituationen reflektieren, erproben und üben. Begründet wird diese Persönlichkeitsbildung mit der Erfahrung, dass gerade die Lösung ungewohnter Situationen und die Gestaltung von Innovationen häufig an unnötig starren Interpretationen der Akteure sowie an ihrer Unfähigkeit zum Dialog und zur Kooperation scheitern. Es sind ihre soziale Empathie sowie ihre Fähigkeit zum Perspektivwechsel und zur Infragestellung liebgewonnener Sichtweisen und Zuständigkeiten, durch die sie sich mit anderen verbinden und neuartige, aber passendere Lösungen im Konsens mit anderen entwickeln. Persönlichkeit wird mehr und mehr zum Garant für das Funktionieren von Innovation und Kooperation.«

Regel 18: Nutze Etüden zur Stärkung deiner emotionalen Gewandtheit!

Jeder, der ein Instrument gelernt hat, weiß, welche Bedeutung Etüden haben: Mit ihrer Hilfe wird die Fingerfertigkeit geübt, um sich besser auf die Anforderungen komplexer Werke vorzubereiten. Ein solches Vorgehen ist in der Musikerziehung wirksam, aber nicht unumstritten. Insbesondere wird gefragt,

> »inwiefern technische Schwierigkeiten nicht an und in der Nähe von Werken, um deren Interpretation es geht, gelöst werden (sollten)? Es wird die Gefahr gesehen, dass der Blick auf die Technik leicht nur ein Äußeres (schwieriges Figurenwerk, Oktavkaskaden etc.) fixiert und die Auseinandersetzung mit der ästhetischen Gestalt des individuellen Werkes mit den in der Interpretation je neu zu stiftenden Zusammenhängen von Motiven, Rhythmen und Harmonien sogar erschweren kann. Eine musikalische Bildung nur auf der Basis einer Etüdenpraxis zu betreiben ist jedenfalls undenkbar. Diese gelingt wohl nicht ohne eine Kultivierung der Prozesse ästhetischen Verstehens, die in didaktischer Hinsicht alles andere als auf technische Weise zu bewerkstelligen ist. Hinsichtlich dieser Schwierigkeit spielt eine gewichtige Rolle, dass die Musik als begriffslose, stark strukturbestimmte Kunst nicht einfach aus zergliederbaren Syntaxelementen und lexikalischen Einheiten zusammengebaut ist« (Brenk 2014, S. 57).

Ähnliches gilt auch für das emotionale Lernen. Bei ihm wird der Umgang mit dem Instrument der eigenen Persönlichkeit in Beziehungskontexten gelernt. Dabei können Einsicht und Übung helfen. Es geht jedoch auch beim emotionalen Lernen um mehr als die bloße Aneignung von sozialen Technologien. Auch Persönlichkeiten sind nicht »aus zergliederbaren Syntaxelementen und lexikalischen Einheiten zusammengebaut« (ebd.); sie drücken vielmehr eine Ganzheit aus, die der biografischen Erfahrung und deren Sinn folgt. Diesen zu verstehen und mit dem Gegenüber verständnisvoll zu interagieren, kann – wie beim Musikverstehen – nur in der Auseinandersetzung mit dem »individuellen Werk« (ebd.) gelingen – soll emotionale Persönlichkeitsbildung nicht zu einer vordergründigen Sozialtechnologie verkommen, der man in den Beziehungen anmerkt, dass sie ohne ein tiefes Interesse am anderen und ohne jegliches Bemühen um das Verstehen seines Anderssein daherkommt. Es gilt:

> Der Kern der Persönlichkeitsbildung ist die emotionale Kompetenz. Diese kann gelernt und geübt werden. Sie bedarf allerdings nicht nur des Trainings, sondern auch der Einwurzelung in eine humane Haltung, die durch echtes Interesse und gelebte Beziehung gegenüber den anderen gekennzeichnet ist.

Welche Reaktions- und Verhaltensweisen sind Ausdruck einer solchen Haltung? Wie können diese geübt und in echter Bezogenheit realisiert werden?

Etüde A: »Ich lerne meine bevorzugten Gefühlszustände kennen und mute mich mit diesen anderen nicht länger zu«

Der Selbst-Check in Abbildung 22 kann Ihnen dabei helfen, die bevorzugten Formen der eigenen emotionalen Wirklichkeitskonstruktionen selbstkritisch in den Blick zu nehmen. Die Bilder, die auf diese Weise entstehen, sind nämlich nicht automatisch deshalb richtig, weil sie in den Akteuren entstehen. Vielmehr spricht einiges dafür, dass Menschen zunächst alles tun, um den eigenen Bildern mit ihren Spontandeutungen und Interpretationen selbst treu bleiben: So lassen wir z. B. – blind – einen Konflikt eskalieren, weil wir nicht gelernt haben, diesen als zwar ärgerlichen, aber unvermeidbaren Bestandteil des sozialen Miteinanders anzusehen. Vielmehr reagieren wir entrüstet auf das in ihnen zum Ausdruck kommende »unmögliche« Verhalten, obgleich der aktuelle Widerpart es gar nicht so grundsätzlich gemeint hat, wie dies auf uns wirkt und unser entschiedenes Durchgreifen motiviert.

Den Hintergrund eines solchen Verfühlens stellt meist ein Elternhaus dar, in dem Konflikte tabu gewesen sind und man darin geübt wurde, sich selbst zu den anständigen, in der Regel berechtigt denkenden, fühlenden und handelnden Akteuren zu zählen. Das andere oder gar Gegensätzliche konnte dabei nur als Infragestellung dieser Vollkommenheit gespürt und entsprechend entschieden bekämpft werden. Deshalb bieten sich als Reaktionen meist grundsätzliches Beleidigtsein und überwertig angriffslustige Entschlossenheit an.

Dimensionen möglichen Verfühlens (Verfühlskala)	-		+
Betroffenheit	Ich neige dazu, die Dinge meist schnell persönlich zu nehmen und reagiere dann entsprechend betroffen – mit Emotionen, die sich eher düster und energiearm anfühlen.		
Leidens-bereitschaft	Es gibt eigentlich immer mal wieder einen Grund für mich, mich gerade nicht gut und energiereich zu fühlen – meist kann ich auch genau die Bedingungen und Personen im Außen benennen, die dafür verantwortlich zu sein scheinen.		
Involviert-sein	Ich bin eigentlich immer involviert und fühle mich durch diese dauernde Inanspruchnahme bisweilen auch überfordert, ausgelaugt und freudlos.		
Nüchternheit	Selten fällt es mir leicht, mich in konfliktiven Lagen zuerst allparteilich zu bewegen; zu nüchterner Beobachtung, Prüfung und Bewertung muss ich mich zwingen.		
Distanzie-rung	Ich kann mich kaum von Themen, Situationen und Personen distanzieren, die mich persönlich ansprechen, interessieren und bewegen.		

Abb. 22: BLIND *– Verfühltest*

Diese Selbsteinschätzung kann helfen, sich der Substanzen bewusster zu werden, durch die wir auf die Welt und auf andere blicken. Indem wir diese ehrlich in den Blick nehmen, kann in uns allmählich ein Gespür entstehen, welches uns bewusst macht, wie wir gewohnheitsmäßig die Welt konstruieren. Diese Einsicht in die Eigentümlichkeit der eigenen Wirklichkeitskonstruktion kommt nicht dem Eingeständnis irgendwelcher Schwächen oder Beeinträchtigungen gleich; im Gegenteil: Erst mit dieser Selbsterkenntnis beginnen wir, uns von denjenigen zu unterscheiden, die ihre Art zu denken, zu fühlen und zu handeln auch für andere zum Maßstab werden lassen.

Etüde B: »Ich übe mich im Zurückrudern und im Umfühlen«

Andreas, Teilnehmer eines Workshops zur emotionalen Kompetenz von Führungskräften, reagierte betroffen auf die Etüde A und drückte diese Betroffenheit mit den Worten aus:

> »Ich hatte gleich den Eindruck, dass diese Übung speziell für mich entwickelt worden ist. Mir ist bewusst, dass ich in einer Schwarz-Weiß-Welt herangewachsen bin, die entsprechend religiös durchwoben und überzuckert gewesen ist. Dies ist mir schon lange klar – spätestens, seit ich das Buch ›Das Drama des begabten Kindes‹ der Schweizer Psychoanalytikerin Alice Miller gelesen hatte. Dies hat nicht nur mich aus der inneren Komfortzone des Rechthabens gestoßen. Auch der demokratische Präsidentschaftsbewerber Al Gore zählte dieses Buch zu einem seiner wichtigsten, wie Melinda Henneberger herausfand (Henneberger 2000). Am meisten hat mich in diesem Buch die These fasziniert, der zufolge wir die Möglichkeit haben, die Welt weniger aus unseren Anfangsprägungen heraus zu deuten, wenn es uns gelingt, ›die Wahrheit unserer einmaligen und einzigartigen Kindheitsgeschichte emotional zu finden‹ (Miller 1997, S. 11). Dies ist die Voraussetzung, um umzukehren und nach adäquateren Formen des Umgangs mit der Welt da draußen zu suchen. Doch wie macht man das? Und: Wie kann ich lernen, mich selbst und die Welt neu zu fühlen?«

Mit dieser Frage berührte dieser Teilnehmer den eigentlichen Kern der emotionalen Kompetenzentwicklung: Es genügt nicht, die – teilweise recht banalen – Funktionsweisen unseres Gefühlskörpers zu (er)kennen. Es kommt vielmehr darauf an, Techniken zu erproben, zu üben und zu beherrschen, mit deren Hilfe wir uns mehr und mehr den Weg in eine andere emotionale Wirklichkeit zu bahnen vermögen.

Dabei können die »Fingerübungen« aus Abbildung 23 helfen, sich selbst und die Welt flexibler zu spüren und festlegenden, negativen oder gar destruktiven Emotionalisierungen zu entschlüpfen. Solche Anfangseinspurungen basieren nämlich nur auf einem Gefühl, und dieses ist ein eigenes Gefühl, welchem man sich hingeben oder dem man ausweichen kann.

Formen des Rückruderns Prüfen Sie, mit welchen Formen des Zurückruderns und Umfühlens Sie bereits welche Erfahrungen haben sammeln können, und schätzen Sie sich selbst ein, wie Sie Ihre diesbezüglichen Fähigkeiten bewerten würden.		-		+
Untertauchen	Ich achte auf meine emotionalen Anfangseinspurungen und tauche bei negativen, destruktiven oder gar lähmenden Gefühlen unter, indem ich z. B. spazieren gehe, die Klärung vertage oder einfach verschwinde. Ich weiß nämlich: Gefühle müssen geschmiedet werden, wenn sie kalt sind (vgl. Ohmer/von Schlippe 2015).			
Modifizieren	Ich übe mich grundsätzlich in der Form des Umdeutens, indem ich so lange nach möglichen Rechtfertigungen im Verhalten des Gegenübers suche, bis sich meine Anfangsemotionalisierung verändert. Erst dann suche ich den Kontakt.			
Kontrastieren	Ich konfrontiere mich mit meinem eigenen Gefühl, indem ich mir vorstelle, wie ich selbst regieren würde, wenn man mir mit Ablehnung, Vorwurf oder gar Verachtung begegnen würde. Dadurch gelingt es mir zu verstehen, wie ich das ärgerliche Verhalten des Gegenübers selbst (mit) erzeuge, indem ich Öl ins Feuer gieße.			
Erfinden	Ich übe mich darin, mir mein Gegenüber zu erfinden, indem ich auf die sympathischen und energiestiftenden Beiträge in seinem Handeln achte und diese bewusst überhöhe. Auf diese Weise erfinde ich mir quasi eine positive Ausgabe des anderen und stelle verwundert fest, dass dieser auch so sein kann.			
Humorisieren	Ich nehme die Dinge leicht und amüsiere mich über meine bisweilen entschlossenen und selbstbewusst vorgetragenen Urteile. Ich erkenne, wie berechenbar ich »ticke« und welche Möglichkeiten ich mir dadurch immer wieder selbst verbaue. Diese selbstgemachte Enttäuschung hat etwas Tragisches, aber auch etwas Belustigendes.			

| Rückziehen | Ich übe mich in der Einleitung und Ausführung von Rückziehern, mit denen ich ohne Vorwurf die Verantwortung für meine deplatzierte Anfangsemotionalisierung übernehme und augenzwinkernd zurückweiche. Diese Fähigkeit nenne ich »Rückziehen« und weiß, dass ich mit ihr den Raum schaffe, um eine neue emotionale Wirklichkeit entstehen zu lassen. | | | |

Abb. 23: UMKEHR – Formen des Rückruderns

Etüde C: »Ich trainiere die emotionale Perspektivenübernahme«

Die Fähigkeit, sich in die Weltsicht und das Weltspüren des Gegenübers einzufühlen und diese zu teilen, bezeichnet man als *Empathie*. Diese Fähigkeit, vom anderen her zu denken, zu fühlen und zu handeln, erfährt man zunächst durch die Zuwendung, das Interesse und die stellvertretende Deutung signifikanter Anderer (Mead 1968). Man kann sich in ihr aber auch selbst üben und sich in einer prinzipiell *fürsorglichen Haltung* ständig verbessern. Der Begriff der Fürsorge mag in diesem Zusammenhang zunächst überraschen; bei genauerem Hinsehen zeigt sich jedoch, dass es dem prinzipiell wertschätzenden Blick auf das Gegenüber genau darum geht:

Perspektivenübernahme benötigt den prinzipiell wertschätzenden Blick auf das Gegenüber, da man sich nicht wirklich in die subjektive Substanz eines fremden Denkens, Fühlens und Handelns hinein versetzen kann, welches man für abwegig, falsch oder gar irrsinnig hält. Der prinzipiell wertschätzende Blick geht davon aus, dass auch das Gegenüber die Welt so spürt und deutet, dass es sich im Einklang mit seinen mitgebrachten Gewissheiten befindet und die Anforderungen des augenblicklichen Lebens auszuhalten vermag. Empathie geht deshalb stets mit den Fragen einher: Wie fühlt sich die Welt aus der Sicht des Gegenübers an? Und: Worin bleibt es sich treu und benutzt seine Erfahrungen als Geländer in unübersichtlichem Gelände?

Dabei geht es um zwei innere Bewegungen:

– das Erkennen und die Rücknahme eigener Gestimmtheiten und Gewissheiten (vgl. Etüde A) und
– das Einüben von Strategien, um das Gegenüber wertschätzend zu beobachten, zu befragen und zu verstehen.

Diese wertschätzende Beobachtung und Befragung kann mithilfe der Leitfragen aus Abbildung 24 angebahnt und trainiert werden; diese markieren eine Art inneren Monolog zur verlangsamten Konstruktion des Gegenübers. Damit wird der Spontanmechanismus der interpretierenden Begegnung durchbrochen, und es ergibt sich zumindest die Möglichkeit, das Gegenüber so zu sehen, wie es sein kann und sich selbst meint, nicht wie es uns auffällt.

Dimensionen der (emotionalen) Perspektivenübernahme	
Eigenbewegung	Ich beobachte genau, ob meine eigene Spontanemotion mich gegenüber dem anderen eher öffnet oder eher festlegt und verschließt.
Mehr-des-Anderen	Ich vermeide eigene Wiederholungen (»Mehr-des-Selben«) und manövriere mich bewusst und gezielt in eine andere – wertschätzende – Beobachterhaltung.
Potenzialunterstellung	Ich betrachte das Gegenüber nicht durch die Brillen meiner emotionalen Spontandeutungen, sondern durch die Brille seiner möglichen Potenziale.
Akzeptanz	Ich vermeide ablehnende und beurteilende Signale verbaler und nonverbaler Art und drücke Akzeptanz und Wertschätzung aus.
Toleranz	Ich bin in der Lage, auch mir unangemessen oder gar unzulässig erscheinende Verhaltensweisen des Gegenübers zuzulassen.
Hinspüren	Ich bin in der Lage, den Gefühlskörper des Gegenübers zu spüren und dessen empfindliche Stellen nicht zu tangieren.
Interesse	Ich bin wirklich interessiert an dem Gegenüber und frage nach, ohne zu beurteilen oder gar zu bewerten.
Erfragen	Ich bin in der Lage, durch gezieltes Anknüpfen und vertiefendes Nachfragen auch die Perspektiven im Gegenüber sichtbar werden zu lassen, die zunächst verborgen sind.

Abb. 24: EMPATHIE – Emotionale Perspektivenübernahme

Regel 19: Übe dich in den Kunstfertigkeiten der Metakommunikation!

Die 1970er Jahre können rückblickend auch als die Jahre der Metakommunikation bezeichnet werden. In dem Bemühen um Transparenz, Ehrlichkeit und Offenheit der sozialen Beziehungen gingen die 68er, wie man sie nennt, weit: Alles wurde als *öffentlich* angesehen und reflektiert, auch die Privat- oder gar Intimbeziehungen. So manche Wohngemeinschaftsküche mutierte zum Raum beständigen Feedbacks und andauernder Selbstreflexion – ohne Pause und ohne das als bürgerlich diskreditierte Gefühl, die Beziehungen so, wie sie sind, im Hier und Jetzt zu genießen, ohne dass man sie einem permanenten Legitimations- und Veränderungsdruck aussetzt. Dass dabei auch die Metakommunikation, d. h. die Kommentierung der Art und Weise des Miteinanderredens, auch zu einer Art Selbstzweck wurde und bisweilen auch dazu diente, der eigentlichen Auseinandersetzung auszuweichen, zeugt eher von einer Pseudometakommunikation, in der

> »nicht die zwanglose Rationalität des besseren Arguments, sondern die strategisch formulierten Statements von PR-Profis (…) den Diskurs (beherrschen)« (Dörner 2001, S. 39).

Das eigentliche Anliegen der Metakommunikation geriet dabei mehr und mehr aus dem Blick. Dieser ging es um die Versachlichung und damit Verbesserung der Kommunikation zwischen den Menschen. Die Idee war, dass Verständigung und In-Beziehung-Treten umso besser gelängen, je deutlicher den Kommunikationspartnern bewusst sei, dass nicht nur das Was, sondern auch das Wie die Botschaft bestimmt. Dabei

> »verwenden wir Begriffe, die nicht mehr *Teil* der Kommunikation sind, sondern (im Sinne des griechischen *meta*) von ihr handeln« (Watzlawick u. a. 1974, S. 41 f.).

Dieses Zurücktreten, um den Stil der Kommunikation und dessen Wirkungen zu besprechen, gelingt nicht immer. Sofort bricht nämlich die Frage auf, welcher der Kommunikationspartner das Recht für sich in Anspruch nimmt, die Art des Austauschs zu kommentieren. Und ebenfalls in den Fokus gerät die Frage, ob es ihm damit wirklich gelingt, eine wohlmeinende Resonanz oder gar Akzeptanz im Gegenüber zu bewirken, oder ob der Versuch zur Metakommunikation als Anmaßung und als weiterer Beleg für das Ungleichgewicht in der kommunikativen Beziehung selbst gesehen wird.

Den Kommunikationstheorien war diese Schwierigkeit der Metakommunikation durchaus bewusst. So schreibt Friedemann Schulz von Thun:

»Ich glaube, dass ich eher auf den nonverbalen Anteil deiner etwas inkongruenten Nachrichten reagiere und das Geschehen auf der Beziehungsebene anders interpretiere als du.‹ – Dies wäre eine akademische Spielart von Metakommunikation, aus der kein Heil zu erwarten ist.

Zwar haben wir in der Unterscheidung der Empfangsvorgänge und in der systemorientierten Betrachtungsweise ein hervorragendes Rüstzeug für die Fähigkeit zur Metakommunikation. Dieses Rüstzeug ist aber nur dann hilfreich, wenn wir es als Wahrnehmungshilfe benutzen, um bewusster mitzukriegen, was sich in mir und zwischen uns abspielt; nicht hingegen, wenn wir eine neue Imponiersprache der Eingeweihten daraus entwickeln. Gute Metakommunikation verlangt in erster Linie einen vertieften Einblick in die eigene Innenwelt und den Mut zur Selbstoffenbarung« (Schulz von Thun 1990, S. 91).

Die Kunstfertigkeit der Metakommunikation setzt jedoch nicht allein den »Mut zur Selbstoffenbarung«, sondern auch dessen situativ angepasste Artikulation und Dosierung voraus. So kann es sich z. B. während eines Zusammentreffens mit Menschen aus mitteleuropäischen Ländern als völlig unangemessen und in seiner Wirkung kontraproduktiv erweisen, wenn dieses »in einem pseudo-professionellen weißen Imponiergehabe, hinter dem sich menschliche Unbeholfenheit verbirgt und nicht wirklich auszudrücken wagt« (ebd., S. 260), daherkommt. In dem gemeinsamen Buch *Kommunikation als Lebenskunst* diskutieren Bernhard Pörksen und Friedemann Schulz von Thun auch die Formen und Möglichkeiten eines metakommunikativen Führungsstils, der selbst allerdings wiederum – neuartige – Probleme schaffen und damit Störungen vervielfachen und schier unauflösbar vertiefen kann:

> »Und man muss ganz unprosaisch konstatieren, dass auf der Metaebene derselbe Mist entstehen kann, wie auf der basalen Ebene der Kommunikation. Man kann sich nämlich auf dieser Ebene endlos verheddern; es geht dann nicht mehr nur um den ursprünglichen Konflikt, sondern darum, wie wir, ganz typisch, einen doppelten Konflikt, der einerseits ursprünglich in der Sache liegt, aber nun andererseits und zu allem Überfluss auch noch davon handelt, dass irgendeiner von uns sagt: ›Unerhört, wie Sie mit mir sprechen!‹« (Pörksen u. Schulz von Thun 2014, S. 156).

Und doch haben wir kaum eine andere Chance der Beziehungsklärung, wollen wir nicht in den unreflektiert wirkenden Verhakungen von Selbstkundgabe, Sachinformation, Appell und Beziehungsbotschaft hängen bleiben – mit all den emotionalen Distanzierungen und Dauerschädigungen des Miteinanders, die damit meist einhergehen. Aus diesem Grunde ist es wichtig und hilfreich, Metakommunikation nicht nur zu üben, sondern diese auch in den geeigneten Kontexten angemessen einzusetzen. Dabei könnten die in Abbildung 25 aufgeführten Prüfungsschritte hilfreich sein.

Diese Treppe der Metakommunikation verdeutlicht, dass die Kommunikation über eine festgefahrene oder unfruchtbare Kommunikation wohlüberlegt sein will. Auf einigen Stufen sind Fallstricke ausgelegt, andere sind ausgetreten und erschweren den sicheren Tritt, und wieder andere sind glatt und können einen zu Fall bringen. In diesem Sinne schreibt Friedhelm Schulz von Thun:

> »Ohne Zweifel: Der Gedanke, der hinter dem Konzept der Ich-Botschaft steht, ist persönlichkeitserweiternd und mitmenschlich konstruktiv« (Schulz von Thun 1990, S. 261).

Aus diesem Grunde ist die Fähigkeit zur Metakommunikation auch ein wesentliches Element einer zeitgemäßen Persönlichkeitsbildung. Als Persönlichkeit wirken wir nämlich dann, wenn wir klärend und sorgend zu kommunizieren vermögen. Eine Persönlichkeit ist weniger an Schuldklärung und Verantwor-

Die Treppe der Metakommunikation				
			Zusam-menhalt	Leitfra-ge: »Ver-meide ich Schuld-zuwei-sung und über-nehme ich Ver-antwor-tung?«
		Nähe-stifter	Leitfrage: »Lasse ich mein Interesse an Verständigung und Nähe spüren, oder treibe ich die distanzierte Me-takommunikation auf die Spitze?«	
	Aktives Zuhö-ren	Leitfrage: »Höre ich tatsäch-lich auf das, was der andere mir mitteilen will, oder laue-re ich auf mögliche Inkon-gruenzen zwischen seinen vier Kanälen?«		
Gestik	Leitfrage: »Bleibt meine Gestik offen, zugewandt und interessiert oder ver-stärkt sie die emotionale Distanz zu meinem Gegenüber?«			
Echt-heit	Leitfrage: »Bleibe ich in meinen Ichbotschaften persönlich spürbar oder verberge ich diese hinter einer routinisierten Technik, die mich unsichtbar und unangreifbar machen soll?			
Legiti-mation	Leitfrage: »Kann ich in diesem Kontext überhaupt ein glaubwürdiger Metakommunikator sein, oder wird diese vom Gegenüber als erneute – wenn auch subtilere – An-maßung erlebt?«			
Eigen-anteil	Leitfrage: »Was ist in mir, dass ich so und so auf dich oder auf dieses und jenes reagiere?« (Schulz von Thum 1990, S. 261).			

Abb. 25: ELEGANZ – *Treppe der Metakommunikation*

tungszuweisung interessiert, sondern an Reflexion, Lösung und gelingender Kooperation. Der Gedanke

>»(…) dass die Art, wie ich meine Umwelt und meine Mitmenschen wahrnehme und bewerte, sehr stark meine innere Verfassung widerspiegelt« (ebd.),

ist ihr nicht fremd. Sie weiß auch, dass

>»(…) der Blick in die Welt immer auch ein Blick in den eigenen Spiegel (ist)« (ebd.).

Deshalb ist der erste Schritt einer gelingenden Metakommunikation stets die Frage nach dem Eigenanteil, der mich das Gegenüber so und nicht anders sehen lässt. Dieses präsentiert sich mir nämlich nicht so, wie es ist, sondern so, wie meine Fokussierungsgewohnheiten sowie Erfahrungen es wahrzunehmen erlauben. Sich dies einzugestehen ist ein großer Schritt zur Förderung der Selbsterkenntnis sowie zur Verbesserung unserer Kommunikationserfolge.

Wenn einer der Kommunikationspartner in der Lage ist, durch seine ihm bekannten Eigenanteile (z. B. einschlägige Erfahrungen, Empfindlichkeiten, Wertmaßstäbe) auf die jeweilige Kommunikationssituation zu blicken, so kann sich – für ihn – alles verändern. Gleichzeitig verändert sich auch quasiautomatisch die Richtung der Auseinandersetzung: Er vermag plötzlich sein Gegenüber nicht nur als Bestätigung, sondern auch als Erweiterung der eigenen Deutungen anzuerkennen und wertzuschätzen. Und es fällt ihm auch nicht schwer, sich echt um das Verstehen und die Verständigung zu bemühen.

Dies gelingt in aller Regel jedoch nur, wenn er dem Gegenüber auch und gerade beim Versuch der Metakommunikation emotional *auf Augenhöhe* zu begegnen vermag. Dabei ist die Frage der Legitimation grundlegend. Meist kann nur derjenige ein glaubwürdiger Metakommunikator sein, der sein eigenes Verhören dem anderen offenbart und die Verantwortung für seine eigene verzerrte Wahrnehmung übernimmt – es diesem aber überlässt, auf die Ebene der Metakommunikation einzusteigen oder auch nicht. Diese Ebene kann man nämlich bloß beschreiten, wenn die Gefühle abgekühlt sind – eine Entspannung, die gerade in Konfliktlagen keineswegs immer zu haben ist. Ohne eine solche Beruhigung der Gemüter muss der Versuch der Selbstdistanzierung als unangemessen empfunden werden, wodurch neues Öl ins Feuer geschüttet wird.

> Emotional kompetente Persönlichkeiten sind zur angepassten Metakommunikation in der Lage. Sie wissen um den Sachverhalt, dass Klärungen nur auf Augenhöhe möglich sind, weshalb die Metakommunikation misslingen muss, wenn der Konflikt sich noch im Stadium der emotionalen Betroffenheit befindet.

Friedhelm Schulz von Thun weist deshalb zu Recht darauf hin, dass

»(…) entsprechende operationalisierbare und trainierbare Verhaltensweisen – ›das Senden von Ich-Botschaften‹ – jedoch in Gefahr (ist), eine mitmenschliche Ursprünglichkeit durch eine professionelle Art, sich mitzuteilen, zu ersetzen und den Ausdruck der Emotionalität in eine routinierte Form zu gießen. Wer ›Ich-Botschaften sendet‹, steht als Kommunikations-Profi über dem Geschehen und hat sich nicht selten aus der ursprünglichen Betroffenheit entfernt. Und so enthält unter Umständen die kommunikationspsychologisch verpönte Du-Botschaft (etwa ein gereiztes ›Du bist ein furchtbarer Quälgeist‹) ein authentischeres Bekenntnis zur eigenen Gereiztheit als die konzeptgemäß formulierte Ich-Botschaft (›Ich möchte im Augenblick etwas für mich sein und fühle mich von dir jetzt sehr gestört!‹). Natürlich wäre es wünschenswert, wenn der Sender bereit und fähig ist, bei Bedarf seinen inneren Ich-Zustand nachträglich zu erläutern« (Schulz von Tun 1990, S. 261 f.).

Es gibt aber auch die Gefahr, Metakommunikation zwar gezielt, aber letztlich als eine neue Art »Kampfmittel« einzusetzen:

»Ein Verhalten, das durch seinen Phänotypus vorgibt, ausdrucksorientiert zu sein (z. B. die Ich-Botschaft), ist genotypisch, nämlich von der Absicht her, wirkungsorientiert (›um ihr die Selbstöffnung zu erleichtern‹). Da ist die alte, übliche Fassade ehrlicher gewesen – sie gibt (metakommunikatorisch) nicht vor, etwas anderes zu sein, und jeder kann sich darauf einstellen.

So werden Verhaltensweisen, die von der Grundidee her ausdrucksorientiert sind und existenzielle, herrschaftsfreie Dialoge und Begegnungen fördern wollen, zu neuen Manipulationsinstrumenten und zu Techniken der Oberhand-Sicherung. Der alte Wolf erscheint hier im Schafspelz einer humanistisch-therapeutischen Orientierung« (ebd., S. 263).

Diese Hinweise wirken entlastend und zeigen auch, dass *professionelle* Kommunikation nicht das ist, worum es in Beziehungen vor allem geht. Eine gebildete Persönlichkeit ist zur situativ angemessenen Echtheit, zu zugewandter Gestik und zu aktivem Zuhören sowie auch zur Metakommunikation in der Lage, sie kann jedoch auch durch subtile Signale Nähe stiften und den Zusammenhalt betonen. Die Fähigkeit zur Metakommunikation ersetzt somit keine Kommunikationsfähigkeit, sie ergänzt diese. Sie ist eine Klärungskompetenz und auch eine Kunstfertigkeit, da sie nur im Kontext mit dem Gegenüber, nicht aus einer inszenierten Distanz zu diesem heraus zu wirken vermag. In einen Slogan gefasst, ließe sich als Merksatz formulieren:

> Metakommunikation ist nicht alles, aber ohne die Fähigkeit zu dieser kann alles nichts bleiben, weil Kommunikationsgräben sich vertiefen und verfestigen können!

In einem Workshop zur Verbesserung des Führungsverhaltens in Konflikten mit Mitarbeiterinnen und Mitarbeitern äußerte sich eine Führungskraft erleichtert:

»Wenn ich das so höre, kommt mir die Metakommunikation richtig menschlich vor. Sie ist eine sehr sinnvolle Option zur Erreichung einer wirklichen Begegnung – jenseits aller Emotionsschübe und Schuldzuweisungen. Mir imponiert auch sehr, dass ich nicht immer als Kommunikationsprofi agieren muss, sondern auch mal emotional mit Dubotschaften arbeiten darf. Das passiert mir nämlich andauernd, obgleich ich eigentlich als Vorbild eines metakommunikativen Führungsstils überzeugen sollte. Und ich muss sagen: Wenn ich mal so richtig auf den Tisch haue oder mal mit Herzblut meine Sicht der Dinge verteidige und auch sehr deutliche Worte finde, dann spüren mich die Leute ›mal endlich wieder‹, wie letzthin eine Mitarbeiterin bemerkte. Die metakommunikative Klärung markiert für mich den Anspruch, den ich nicht aus dem Auge verliere, für den ich aber den geeigneten Zeitpunkt und auch den passenden Rahmen abwarten muss, sonst sagen die wieder: ›Jetzt kommt er wieder mit seiner Psychomasche. War wohl wieder auf einer Führungskräftefortbildung.‹«

Regel 20: Trainiere die Formen eines gewinnenden Umgangs, indem du auch »vom anderen her« zu agieren lernst!

Die Menschen wachsen zwar in enger und prägender Einbindung heran, sie agieren jedoch nach den Maßstäben ihrer *eigenen* Wahrnehmung und Beurteilung. Diese *Eigenheit* ist es, die sich im Aufwachsen parallel formiert und verfestigt – auch und gerade, um in den erwachsenen Sozialbindungen als Person von anderen unterschieden und wahrgenommen werden zu können. Dies bedeutet:

> Persönlichkeit ist zwar ein soziales Produkt, sie wird aber individuell ausgedrückt und in das soziale Spiel (und den sozialen Ernst) eingebracht.

Menschen entstammen somit der Interaktion, sie agieren aber von sich selbst her – auf der Basis ihrer Gewohnheiten und Interessen, aber auch ihres Selbstbehauptungswillens. Dabei betreiben sie – wie Staaten – eine Art »Identitätspolitik« (Goffman 1959). Sie geben von Zeit zu Zeit Bulletins heraus, die ihr Selbstverständnis und ihre Sicht der Dinge verdeutlichen. Dadurch gehen sie nicht – konturlos – in der Gesamtheit auf, indem sie sich den sozialen Erwartungen bedingungslos unterwerfen, sondern sie markieren Gegensätze und laden dadurch nicht nur die anderen permanent dazu ein, sich mit ihnen auseinanderzusetzen, sondern auch deren Eigenarten wahrzunehmen und mit dem Eigenen in eine konstruktive Balance zu bringen.

> Gelingende Persönlichkeitsbildung setzt die Fähigkeit zur Balance von eigenen und fremden Ansprüchen voraus. Indem der Mensch lernt, sich sowohl als zugehörig zu verstehen als auch seine Eigenart zu markieren, festigt sich seine Identität und damit die Basis für die Entfaltung, Differenzierung und Ausbildung seiner Möglichkeiten, zu werden, wer er ist.

Wenn die Identitätsbalance nicht zu gelingen scheint

Dieses ständige Bemühen um Identitätsbalance gelingt nicht immer. Verbreitet sind Formen, in denen diese Balance kippt. Dann haben wir es mit Persönlichkeiten zu tun, die sich substanziell durch die Zugehörigkeit zu einer beliebigen Gruppe definieren, deren Grundsätze sie – meist unreflektiert – wie eherne Gewissheiten vertreten und oft auch fanatisch und rigide gegenüber anderen geltend machen. Oder wir treffen auf Menschen, die ihre ganz eigenen Bedürfnisse und Interessen zum Maßstab allen Handelns machen – ohne die Berechtigung anderer Beurteilungen wirklich ernsthaft für möglich zu halten oder gar gelten zu lassen.

Monika, eine alleinerziehende Mutter von drei Kindern, berichtete in einem Seminar über Persönlichkeitsbildung über »ihren Kleinen«, wie sie ihren mittlerweile 30-jährigen Sohn nannte: »Das erinnert mich an meinen Kleinen. Der lebt nicht nur in seiner eigenen Welt, sondern pendelt auch zugleich zwischen Selbstüberschätzung und Selbstzweifel, obgleich er mittlerweile eigentlich alt genug ist, um seinen eigenen Weg gefunden zu haben. Was mich echt stört, ist die Selbstverständlichkeit, mit der er erwartet, dass alles ihm irgendwie zur Verfügung steht. Wenn er mich z. B. mal besuchen kommt, bin ich in meiner eigenen Wohnung wie abgemeldet: Er breitet sich aus, bewohnt 2 meiner 4 Zimmer, unterwirft auch mich irgendwie seinem eigenen Zeitrhythmus, indem er die Nacht zum Tag werden lässt, bringt mit, wen er will, und wickelt mich – wie meine Freunde mir sagen – immer wieder ein. Mich hat schon mein letzter Partner verlassen, weil er sich durch diese Überfallsbesuche meines Sohnes – der dann macht, was er will – unsagbar eingeengt fühlte. Er sagte mir auch immer wieder: ›Indem du am Ende immer tust, was er erwartet, bleibt er dein Kleiner und kann deshalb auch nicht groß werden – so einfach ist das.‹ Was mich damals wirklich getroffen hat, war seine Bemerkung: ›Das ist auch keine Liebe. Wer seinen Sohn liebt, der schaut, dass es groß ist und selbstständig laufen kann – auch, wenn er ihm dafür immer mal wieder klar den Tarif durchgeben muss. Wer sein Kind aber verhätschelt und ihm auch als 30-Jährigem noch jeden Wunsch von den Augen abliest, der liebt nicht, sondern schont sich selbst, indem er vor Konflikten ausweicht, um selbst in der Komfortzone verharren zu können!‹ Als mein Freund mich verließ, sagte er zu mir: ›Du brauchst keinen Mann, denn dein Sohn hat diese Stelle teilweise besetzt – zumindest in deinem Herzen!‹ Das fand ich dann wirklich daneben, obgleich vieles von dem, was er sonst über meinen Sohn sagte, mir heute einleuchtet.«

Insbesondere im Umgang mit (noch) unbalancierten Menschen, die uns nahestehen, kommen wir rasch an die Grenzen unserer Bemühungen, ihnen den rechten Weg schmackhaft zu machen. Erst nach vielen erfolglosen Bemühungen können wir uns den zwei schmerzlichen Gewissheiten zuwenden,

– dass unsere Beobachtungs- und Bewertungskriterien letztlich bloß unsere Deutungen sind – ohne automatische Relevanz für das Gegenüber – und
– dass Persönlichkeiten sich nur aus ihrem Eigenen heraus entwickeln können – so fremd und vielleicht sogar falsch dieses Eigene uns auch erscheinen mag.

Und trotzdem können wir uns nicht abwenden, weil wir an diesen Menschen hängen, obgleich sie uns ständig herausfordern und an unsere Grenzen bringen. Gleichzeitig bewegen wir uns häufig in einem Dilemma zwischen »die eigenen Grenzen markieren« und »das Eigene wahren« einerseits und »Vertrauen, Wertschätzen und Fördern gegenüber dem anderen« andererseits. Wie kann man mit diesem Dilemma umgehen, ohne in eine unnahbare Autoritätshaltung oder in ein nicht enden wollendes Zurückweichen abzugleiten?

Monika reagierte auf diese Gedanken gereizt: »Also, das finde ich jetzt unglaublich«, polterte sie los. »Heißt dies, dass ich einfach den Mund halten soll, wenn mein Filius meine Grenzen verletzt und ein Lebensmuster vorführt, das mir zutiefst widerstrebt? Das kann ich nicht!«

Ein älterer Teilnehmer legte den Arm um sie und bemerkte: »Ich kann dich gut verstehen. Auch ich kann mich gegenüber meinen Söhnen, für die ich mich verantwortlich fühle, oft nicht zurückhalten. Aber ich habe in vielen Jahren gelernt, dass sie nicht nur meine Grenzsetzungen benötigen, um sich an ihnen zu reiben; viel dringender benötigen sie mein Vertrauen und meine Wertschätzung! Was macht dich eigentlich so sicher, dass deine Vorstellungen von einem gelingenden oder ordentlichen Leben auch für sie richtig sind? Kennst du das Gedicht des jordanischen Philosophen Kahil Gibran (1883–1931), in dem er sagt:

›Deine Kinder sind nicht deine Kinder.

Sie sind Söhne und Töchter der Sehnsucht des Lebens nach sich selbst. (…)

Du kannst ihnen deine Liebe geben,

aber nicht deine Gedanken, denn sie haben ihre eigenen Gedanken‹ (Gibran 2012, S. 20 f.).

Dies bedeutet, dass du damit aufhören solltest, deinem Sohn deine Gedanken zu geben. Gib ihm nur dein Vertrauen, informiere ihn über deine Grenzen und lasse ihn diese nicht verletzen; aber ohne Vorwurf: als Ichbotschaft! Du wirst sehen, das wirkt!«

Das ist natürlich leichter gesagt als getan. Aber es ist unter einem systemischen Blickwinkel das einzig sinnvolle Verhalten, will man sich nicht immer wieder durch die bekannten Eskalations-, Verletzungs- und Abwendungsschleifen bewegen, die für alle Beteiligten frustrierend sind und der Beziehung schaden. Auch in solchen Lagen gilt: Man kann das Gegenüber nicht verändern, man kann nur Voraussetzungen schaffen, damit das Gegenüber wachsen und sich selbst entwickeln kann. Vertrauen und bedingungslose Wertschätzung sind wichtige Voraussetzungen eines solchen gelingenden Agierens vom anderen her.

Wie lernen wir, »vom anderen her« zu agieren?

Es ist der Hinweis auf das Vertrauen und die bedingungslose Wertschätzung, die uns den Weg zu einer neuen Perspektive auf den anderen und zu einer neuen Haltung ihm gegenüber weist.

Zu beiden können wir uns durcharbeiten, wenn wir uns gezielt die bisher dargestellten Übungen immer und immer wieder vornehmen. Insbesondere das »Plädoyer vom anderen her« (Regel 2) kann dabei erste wichtige Schritte einer Selbsttransformation einleiten. Doch reichen alle diese Übungen oft nicht an die emotionalen Muster heran, die unsere Distanz gegenüber dem anderen grundlegen. Diese

- zu identifizieren,
- genau zu beobachten, wie sie sich immer wieder Geltung verschaffen und schließlich
- den anderen neu spüren zu lernen,

markiert die Mehrdimensionalität der inneren Bewegung, der wir uns dabei stellen müssen. Um dabei einen wirklich transformierenden Erfolg erzielen zu können, sollte man sich die Zeit nehmen, sich durch die Lektionen, welche der folgende Emotionstransformator anbietet, Schritt für Schritt hindurchzuarbeiten. Dabei verlieren nicht allein unsere inneren Bilder ihre emotionale Bindekraft, indem sie aufhören, uns festzulegen. Wir können vielmehr auch die Formen eines gewinnenden Umgangs mit dem anderen perfektionieren: Dieser ist dann nicht mehr unser Dementor, der eine tiefe – wenn auch zunächst meist negative – Resonanz mit unseren inneren Mustern auslöst, er wird vielmehr zu einem Agent unseres eigenen Wandels, indem er uns herausfordert und andere Formen des Fühlen, Denkens und Handelns vorführt, die – noch? – nicht die unseren sind.

Vom Ärger zur Anerkennung: Aufbruch zu einer Eleganz des gewinnenden Umgangs			
Schritte	Beschreibung	Thema	Übungen
1. Schritt	Erinnerung	Gegen welche Grundsätze verstößt der andere gewollt oder ungewollt? Welche Gefühle löst dies in dir aus? An welche 2–3 ähnlichen Situationen erinnert dich dies? Was ist genauso? Was ist anders?	**Das andere in mir:** Beobachte dich und notiere genau, was du spürst und an was dich das erinnert. So hilft dir gerade der schwierige Andere, dich selbst besser zu verstehen. Danke ihm dafür bei passender Gelegenheit!

2. Schritt	Lähmungen	Beschreibe möglichst genau, was das Verhalten des Gegenübers in dir auslöst! Beschreibe deine Emotionen und überlege, was durch diese in dir gelähmt wird, d. h., welche Haltungen und Beurteilungen dir verstellt sind!	**Sackgassensuche (Fantasiereise):** Stelle dir Situationen vor, in denen du auch so sein darfst, wie es dem dich im anderen störenden Verhalten entspricht. Spüre nach, welche positiven Energien sich in dir freisetzen können. Genieße sie!
3. Schritt	Entdramatisierung	Versuche, dich mit diesen Haltungen und Beurteilungen, gegen die sich in dir alles sperrt, anzufreunden! Fahre bewusst alles Grundsätzliche und Entschiedene zurück und suche nach wohlwollenden Erklärungen!	**Über die »Strenge« schlagen:** Wie bist du, wenn du streng bist? Bist du gerne streng? Versuche, dir vorzustellen, was dir fehlen würde, wenn du die Strenge zwei Wochen ablegen müsstest. Mit welchen Argumenten wehrst du dich gegen diese Vorstellung?
4. Schritt	Gewöhnen	Versuche, dich an diejenigen Seiten und Verhaltensweisen des anderen, die dir Schwierigkeiten machen, zu gewöhnen! Greife dabei auf die wohlwollenden Erklärungen zurück und raune dir diese als Mantra zu!	**Nochmal: Bewusstes Reframing:** Erstelle eine zweispaltige Liste! Notiere in die linke Spalte alle störenden Verhaltensweisen und finde für diese eine wohlwollende Beschreibung. Notiere diese in der rechten Spalte! Nutze diese bei erneuten Störungen als Mantraliste!
5. Schritt	Anerkennen	Richte deinen Blick gezielt auf die Seiten und Verhaltensweisen des anderen, mit denen du dich spontan verbunden fühlst! Rücke diese in den Vordergrund – auch und gerade in schwierigen Situationen!	**Positiv Fokussieren (Potenzialbild):** Male ein Bild, in welchem du die positiven Eigenschaften des Anderen darstellst! Benutze dazu bunte Farben und präge es dir ein; es kann an die Stelle deines bisherigen inneren Bildes treten, wenn du es zulässt!

6. Schritt	**Negations-negation**	Gewöhne dir das Negieren ab! Denke immer daran, dass der andere nur dann eine positive Resonanz mit dir gestalten kann, wenn er nicht nur Ablehnung, sondern in erster Linie Zustimmung spürt!	**Befreiung aus dem Bewertungszwang:** Nutze den Ärger über den anderen, um dich selbst von einem grundlegenden Leiden zu befreien: dem Zwang zur Beurteilung. Übe dich im Beobachten und Kommentieren, ohne zugleich zu bewerten!
7. Schritt	**Zulassen**	Vertraue dem Leben, das auch dem Gegenüber die Lektionen erteilt, die es benötigt, um seine Balance zwischen Eigenem und dem Fremden zu finden. Es ist nicht deine Aufgabe, dies zu erzwingen, und du kannst es auch nicht.	**Imaginationsübung:** Stelle dir vor, wie der andere ohne deine Sorgen, Kommentierungen und Bewertungen in Erscheinung treten könnte. Versuche, wertschätzend auf sein Leben zu blicken.

Abb. 26: ELEGANZ – *Auf dem Weg zur Eleganz eines gewinnenden Umgangs*

Regel 21: Heile dich selbst durch präsentes und zugewandtes Nichtantworten auf das Leiden!

Der Begriff des Heilens mutet zunächst ungewohnt und erklärungsbedürftig an, wenn man sich mit dem Thema der Persönlichkeitsbildung befasst. Ist das Unbalanciertsein wirklich ein solch verbreitetes Phänomen, dass wir uns darum bemühen müssen emotionale Verstimmungen und Verletzungen in uns selbst und in Beziehungen zu heilen und eine neue Synergie nachhaltig zu gestalten? Zahlreiche Antworten legen diesen Eindruck nahe:

- Da sind zunächst die Kritiker der Marktgesellschaft, die darauf hinweisen, dass das Prinzip des Tauschwertes auch die Qualitäten unserer zwischenmenschlichen Beziehungen überlagert und durchwirkt. Wir haben gelernt, einen – wie Erich Fromm (1900–1980) ihn nannte – »Marketingcharakter« auszubilden, hinter dem mehr und mehr verschwindet, wer wir eigentlich sind bzw. sein können (vgl. Funk u. a. 2000). In den Vordergrund schiebt sich eine von den Umständen erzwungene – eher substanzlose – Identität, unter der wir leiden und nicht selten verkümmern.
- Die wachsenden Anteile psychisch bedingter Krankmeldungen sind auch ein Signal dafür, dass das Abgleiten in eine Unbalanciertheit der Seele in unserer Gesellschaft alles andere als eine bloße Randerscheinung ist; sie ist ein Trend. Folgt man der Gesundheitsberichterstattung der Krankenkassen, so kann man feststellen, dass die Zahl der Krankschreibungen aufgrund psychischer Erkrankungen in den Jahren 2000–2011 um über 50 % gestiegen ist.[6] Der Psychiatrieforscher Hans-Ulrich Wittchen hat gar herausgefunden, dass jährlich 38,2 Prozent aller Europäer an einer neuropsychiatrischen Störung leiden (Wittchen 2011). Geht man davon aus, dass keineswegs alle

---

6 Vgl. de.statista.com/themen/138/psychische-erkrankungen/

psychischen Leiden aktenkundig werden, sondern viele Menschen im Verborgenen mit ihrer Unbalanciertheit ringen, so kann man nicht umhin festzustellen, dass das Erreichen einer balancierten Persönlichkeit in unserer Gesellschaft für zahlreiche Menschen mehr Programm als Realität zu sein scheint.

- Es sind jedoch nicht bloß die Gesellschaft und der Stress am Arbeitsplatz, die den Menschen verunsichern und ihn leiden lassen. Leiden scheint vielmehr generell das Menschsein zu bestimmen und unvermeidbar zu sein. Daran erinnerte bereits Victor Frankl (1905–1997) die Menschen seiner Zeit. Er betonte, dass Leiden das Menschsein ausmache und das in Würde getragene Leiden den Menschen letztlich auch zu dem mache, was er sein kann:

> »Das Leiden, die Not gehört zum Menschsein dazu, wie das Schicksal und der Tod. Sie alle lassen sich vom Leben nicht abtrennen, ohne dessen Sinn nachgerade zu zerstören. Not und Tod, das Schicksal und das Leiden vom Leben abzulösen, hieße, dem Leben die Gestalt, die Form nehmen. Erst unter den Hammerschlägen des Schicksals, in der Weißglut des Leidens an ihm, gewinnt das Leben Form und Gestalt« (Frankl 1997, S. 118).

Die Frage nach dem Heilen des leidenden Menschen ist somit keine psychologisierende Anmaßung, sondern entspringt vielmehr einer recht realistischen Einschätzung. Persönlichkeitsbildung kann das Leiden des Menschen zwar nicht lindern, sie kann aber helfen, in anderer Weise mit diesem unausweichlichen Bestandteil des Menschseins umzugehen.

In einem Seminar, in dem wir mit Studierenden Texte Victor Frankls bearbeiteten, entstand folgender Dialog:

Claudia: »Das erscheint mir irgendwie zu düster. Es ist doch unsere Aufgabe, das Leiden zu bekämpfen, um unserem Leben einen positiven Sinn zu stiften. Schließlich leben wir doch, um uns selbst und andere glücklich zu machen!«

Bernd: »Ich finde das nicht, ehrlich gesagt. Wie willst du erreichen können, dass dein Leben von Schicksalsschlägen verschont wird. Diese sind unvermeidbar. Du kannst sogar davon ausgehen, dass du eines Tages deine Eltern beerdigen wirst, nachdem du sie vielleicht sogar zuvor über mehrere Jahre gepflegt und begleitet hast. Und niemand kann sagen, ob das letzte Viertel unserer Zeit nicht durch Krankheit, Siechtum und Kontrollverlust gekennzeichnet sein wird. Für mich ist es auch die Aufgabe einer wirklichen Persönlichkeitsbildung, sich darauf einzustellen, um darauf vorbereitet zu sein!«

Bernd: »Willst du dir dein Hier-und-Jetzt verderben, indem du ständig mit dem Schlimmsten rechnest? Das ist nicht mein Programm. Mir geht es vielmehr darum, mein Leben mit seiner Fülle und Tiefe jetzt zu genießen und zu feiern. ›Carpe Diem!‹, sagt der Lateiner!«

Achmed: »Ich finde, ihr baut da einen falschen Gegensatz auf. Nach meinem Eindruck ist es eher so, dass du das Leben nur in seiner Tiefe empfinden und durchleben kannst, wenn du das Leiden als notwendigen Bestandteil akzeptieren und dich täglich damit auseinandersetzen kannst. Bei mir ist es so, dass ich täglich an den Tod denke – nicht in Panik oder mit ängstlichem Gefühl, ich nehme ihn vielmehr als Maßstab. Wenn ich mir bewusst bin, dass alles auf ein Ende zuläuft, dann erst bin ich im Kontakt mit dem Leben. Gleiches gilt auch – und so verstehe ich Victor Frankl – für den Blick auf das Leiden. Die vielen tausend Flüchtlinge, die unser Land erreichen, erinnern uns auch daran, was Menschsein eigentlich bedeutet: den Umgang mit Leiden. Indem wir ihnen helfen, nehmen wir auch das Leiden an und verändern uns selbst.«

Solche Überlegungen verweisen uns nicht nur auf die Bedeutung des Leidens – des zukünftigen eigenen Leidens und des Leidens anderer – für die eigene Persönlichkeitsbildung, sie geben uns auch einen deutlichen Hinweis darauf, worin eine solche Persönlichkeitsbildung ihren Ausdruck zu finden vermag: in einem präsenten und zugewandten Nichtantworten auf das Leiden! Victor Frankl weist uns darauf hin, dass das Heilen, welches den Durchbruch zur gebildeten Persönlichkeit kennzeichnet, nicht darauf hinausläuft, dem Suchen eine Antwort zu geben. Er schreibt:

> »Die Antwort, die der leidende Mensch durch das Wie des Leidens auf die Frage nach dem Wozu des Leidens gibt, ist allemal eine wortlose Antwort; aber sie ist die einzig sinnvolle Antwort« (Frankl 2005, S. 241).

Diese Antwortlosigkeit zeugt nicht von Ignoranz, sondern vielmehr von Präsenz und Zugewandtheit. Nur der Oberflächliche
überschwemmt den Leidenden mit guten Ratschlägen. Derjenige, der in dem Leiden die unvermeidbare Dimension allen
Menschseins zu erkennen vermag, weiß keinen Rat, weshalb er
zu schweigen versteht. Dieses Schweigen ist ein empathisches
Schweigen. Es folgt dem Diktum des Philosophen Theodor W.
Adorno, der in seiner »Ästhetischen Theorie« feststellte:

> »Leiden, auf den Begriff gebracht, bleibt stumm und konsequenzlos«
> (Adorno 1970a, S. 35).

Die Wirkungen, die sich aus einer solchen Integration des Leidens
in eine Konzeption der Persönlichkeitsbildung ergeben können,
lassen sich nicht in einer einfachen Checkliste zusammenfassen
und als Orientierung für das alltägliche Tun aufbereiten. Eher
denkbar ist die Bereitstellung eines Meditationsleitfadens – einer
alten Tradition nachempfunden, wie sie u. a. in der taoistischen
Praxis bis zum heutigen Tage fortlebt (s. Pregadio 2008):

Meditationsleitfaden: 5 Schritte zur präsenten und zugewandten Nichtantwort

1. Wie bin ich in meinem Leben mit Verlusten, schwierigen oder gar
   bedrohlichen Lagen umgegangen?

Hinweis:

Blicke zurück und rufe dir die Gefühle, Irritationen
und verzweifelten Versuche in Erinnerung,
mit denen du damals versucht hast,
mit dem Unabwendbaren umzugehen!

2. Von welchen Schicksalsschlägen und schwierigen Lebenssituationen
   bin ich bislang selbst noch verschont worden, obwohl sie prinzipiell
   denkbar oder gar wahrscheinlich sind?

Hinweis:

Stelle dir vor, welche Grenzsituationen dein Leben
für dich noch bereithalten kann!
Wie wirst du überleben, wenn deine Autonomie schwindet?

3. Gehe ich unvorbereitet auf diese Situationen zu oder habe ich zu
   ihnen als eine Art Vorsorge bestimmte Vorkehrungen getroffen (z. B.
   Patientenverfügung)?

Hinweis:

Du kannst das Unvorhersehbare zwar nicht verhindern,
dich aber darauf einstellen!
Frage dich insbesondere,
wen du in welcher Form schützen kannst!

4. An wen oder was werde ich mich bei schwierigen Verlusten (z. B. Krankheit, Trennung, Tod) halten können? Wie werde ich in solchen Situationen leben können?

Hinweis:

Frage dich, auf welche innere Substanz (z. B. Fähigkeiten.
Glaubensüberzeugungen) du bauen kannst,
wenn du deine soziale Eingebundenheit verlieren solltest!

5. Wie wende ich mich anderen zu, die in Lagen geraten sind, in denen es nur wenig Trost und Zuversicht oder gar Rettung gibt?

Hinweis:

Widme dich anderen und steh ihnen in dem Bewusstsein zur Seite,
ihnen keine wirkliche Antwort geben zu können,
die sie durch das zu Ertragende zu tragen vermag!

Menschen planen und gestalten zwar ihr Leben, doch ist dessen Form von Bedingungen abhängig, die sie nicht kontrollieren. Sich meditierend auf mögliche Unsicherheiten und schwindende Optionen einzustellen, hat nicht nur den Effekt, dass wir die möglichen und wahrscheinlichen Risiken des Lebens nüchtern erkennen und im Bewusstsein behalten. Wir können auch zu einer neuen Lebendigkeit gelangen und der besinnungslosen Trance eines »Und-so-Weiter« entkommen. Ähnlich, wie bei der achtsamen Begleitung Sterbender erfahren wir gerade dort viel über das Leben, wo wir dessen Fragilität und Nichtselbstverständlichkeit an uns heranlassen.

> »Das sichere und durch keinerlei statistische Schwankungen zu erschütternde Wissen, dass mein Leben endet, dass ich sterbe und mit mir eine ganze Welt, selbst mein Bewusstsein schwindet, bestimmt auf entscheidende Weise alle wesentlichen Handlungen meiner Existenz. (…) Der Tod wirft seinen Schatten auf alles und auf jeden. Kein Projekt kommt ohne ihn zustande. Er lebt selbst in unseren hintersten Gedanken« (Ziegler 2011, S. 34).

Ziegler erinnert in seinem Buch an die zivilisatorische Bedeutung des Bewusstseins von der eigenen Endlichkeit. Erst auf seiner Basis wurde das Leben als ein biografisches Projekt verstehbar, bei welchem es darum geht, seinem Leben einen Sinn zu stiften und die eigene Biografie gar wie ein Kunstwerk gegen die Vergänglichkeit zu inszenieren.

Moderne Identitätsentwürfe übersteigern diesen Gedanken bisweilen, ohne den Bezug zum eigenen Vergehen tatsächlich als Element noch spürbar in sich zu tragen. In der todesvergessenen Moderne sind das Leiden und der Tod an den Rand gedrängt, weshalb auch der Umgang mit dem eigenen Leiden und dem der anderen eher verschämt und in den Nischen des Alltäglichen anzutreffen ist. Beide haben ihre Bedeutung als die eigentlich sinnstiftenden Substanzen des Lebens eingebüßt.

Wie gehen wir mit der Fragilität des Lebens und Begrenztheit des biografischen Horizonts um? Weichen wir beidem in der Haltung eines trotzigen »Weiter-so« aus oder beeinflussen, verändern und prägen beide unser Lebensgefühl und unsere Lebensform? Das Polaritätsprofil in Abbildung 27 sollte man zunächst rasch und ohne großes Nachdenken ausfüllen und die Einschätzungen durch eine Linie verbinden. Dieses Istprofil gilt es dann nochmals in Ruhe zu überdenken, möglichst mit anderen zu besprechen und sich dabei die Frage zu stellen, ob es unserer Vorstellung von einer gebildeten Persönlichkeit entspricht, die bewusster sucht als findet, die sich weniger verdrängend oder lösend durch die Grenzsituationen des Lebens bewegt. Was können wir in uns verändern, um stärker dieses Sollprofil auszudrücken?

Polaritätsprofil

Meine Lebensform und mein Umgang mit dem Leiden und dem Tod lassen sich spontan in folgendem Profil abbilden:				
begleitend				führend
prüfend				urteilend
verdient				zufällig
nachdenklich				verdrängend
strebend				verweilend

aushaltend					lösend	
ausweichend					mitfühlend	
antwortend					fragend	
nachgebend					streitend	
selbstbewusst					selbstsuchend	
suchend					findend	
fragil					stabil	

Abb. 27: Mein Lebensprofil

Regel 22: Baue dir einen inneren »Ausguck«, um die emotionalen Untiefen, Strömungen und Strudel frühzeitig zu erkennen!

Persönlichkeitsbildung beschreibt eine Performance, die man lernen und üben kann. Dabei geht es um ein Bündel von Fähigkeiten, sich selbst und die Welt beständig zu beobachten und angemessen sowie wirksam zu handeln. Diese Fähigkeiten setzen Achtsamkeit und eine emotionale Selbstreflexivität voraus, die

– sich der Mechanismen unseres Denkens, Fühlens und Handelns bewusst ist,
– die eigenen »Echos« im Gegenüber zu erkennen vermag (vgl. Heisig u. Savory-Deermann 2001),
– über Selbsttechniken verfügt, um nicht den eigenen spontanen Gewissheiten zu folgen, sondern deren Relativierung, Vergleich und Verschränkung mit den Konstruktionen der anderen, und die
– in der Lage ist, Dissens, Verletzungen und Kränkungen im sozialen Miteinander zu überwinden.

Dabei geht es nicht um die Befähigung zu einem strategischen Opportunismus, hinter dem der Einzelne mit seinen Eigenarten völlig zu verschwinden droht. Es geht vielmehr um die spürbar gelebte Kompetenz, die unsichtbaren Klippen des Emotionalen in Beziehungen zu umschiffen und die jeweiligen sozialen Windverhältnisse für eine wertschätzende und humane Kooperation zu nutzen. Dies bringt die Erziehungswissenschaftlerin Susanne Viernickel auf den Punkt, wenn sie schreibt:

> »Emotionen spielen für die Persönlichkeitsentwicklung eine ebenso große Rolle wie für die Ausgestaltung unserer sozialen Beziehungen. Achtung und Selbstachtung, Selbstwertgefühl, die Art, wie wir auf andere Menschen zugehen, sind nicht nur vom Willen und vom Denken gesteuerte Prozesse, sondern immer emotional gefärbt. Manche Wissenschaftler sehen Emotionen sogar ausschließlich unter dem Aspekt,

welchen Nutzen sie für die Kontaktaufnahme und die Beziehungsgestaltung zu anderen Menschen haben. Sie gehen davon aus, dass Gefühle meist in einem sozialen Kontext und mit einer kommunikativen
Absicht ausgedrückt werden« (Viernickel 2008, S. 2).

Diese Ausdrucksfähigkeit erwerben die Menschen in frühen
Jahren. Bereits im Säuglingsalter lernen sie, die Gesten und die
Mimik des Gegenübers zu »lesen«. Dabei bewerten sie diese
nicht nur darauf hin, ob ihr Wohlbefinden bedroht sein könnte,
sie entwickeln auch die spontanen Reaktionsmuster, die ihnen
helfen zu reagieren, bevor die komplexe Lage detailliert geprüft,
analysiert und eine adäquate Reaktionsform entwickelt werden
konnte. Diese emotionalen Reaktionen sind Ausdruck einer dereinst überlebenssichernden mentalen Praxis, deren Mechanismen auch das Verhalten des Erwachsenen in Situationen prägen,
die nicht wirklich bedrohlich sind, obgleich ihm dies seine Intuition eindrücklich suggeriert.

Bernhard legt sich mit seinen Chefs an

Während des Coachings einer Führungskraft der zweiten Reihe
wurde rasch deutlich, dass Bernhard ein alles beherrschendes Thema hat: Er hat sich emotional in ein Feindbild über seinen Chef
hineingesteigert. An diesem lässt er kein gutes Haar, was in langat-
migen Beschreibungen über dessen fachliche Inkompetenz, seine
narzisstische Führungsform und menschlichen Defizite seinen
Ausdruck fand, wobei er auch zu erregten Formulierungen griff,
die deutlich unter die Gürtellinie zielten. Auf die Frage, ob das
schon immer so gewesen sei und er über seinen Vorgesetzten auch
Positives zu berichten habe, wurde deutlich, dass sein Chef ihn
über viele Jahre gefördert und aufgebaut hatte und der eigentliche
Spiritus Rector der gemeinsamen Erfolge war. Bernhard neidete
ihm deutlich spürbar diese Rolle und hatte für sich über die Jahre
eine Konstruktion der Wirklichkeit entwickelt, welche sich – ohne
Zutun seines Chefs – letztlich zu der Einschätzung verdichtete,
dass dieser ihn nicht wirklich sehen und anerkennen würde. Auf
den Hinweis, dieser habe ihn doch schließlich in die Position gebracht und seine gehaltsmäßige Entwicklung ständig befördert,
wurde Bernhard kleinlauter. Schließlich entfuhr ihm die Äußerung: »Auch er steht meiner eigenen Entwicklung im Wege!«

Es war dieses »Auch«, welches den weiteren Coachingprozess prägte. Nach mehrmaligem Versuch war Bernhard schließlich bereit, weniger über seinen aktuellen Chef zu reden, als vielmehr über seine bisherige Leidensgeschichte mit Vorgesetzten. Dabei wurde deutlich, dass er eigentlich immer schon einem Muster folgte, das Alice Miller in ihrem Buch *Das Drama des begabten Kindes* als die »Grandiosität der Selbsttäuschung« beschreibt (Miller 1997, S. 60 ff.). Damit beleuchtet sie die emotionale Grundstruktur, welche in der tragischen Illusion ihren Ausdruck findet, »dass Bewunderung Liebe bedeutet« (ebd., S. 61). Mit seinem »Auch« hatte Bernhard intuitiv selbst daran erinnert, dass es ein Wiederholungserlebnis ist, welches er hier mit seinem aktuellen Chef neu inszeniert: die Suche nach einem echten und bedingungslosen Geliebtwerden.

Er hatte gelernt, erfolgreich sein zu müssen, um Zuwendung zu verdienen – eher beiläufig erzählte er über seinen frühen erfolglosen Versuch, dieselbe akademische Karriere einzuschlagen, wie die, die sein Chef mit Bravour absolviert hatte. Zuwendung war für Bernhard gleichbedeutend mit Anerkennung. Auch er war verzweifelt darum bemüht, »immer auf Stelzen zu laufen«, d. h. höher zu sein, als er eigentlich sein konnte, und war deshalb auf alle neidisch, »die beim Laufen ihre eigenen Beine gebrauchen, auch wenn ihm diese Menschen kleiner und ›mittelmäßiger‹ vorkommen als er selbst« (ebd., S. 62). Indem es gelang, Bernhard auf seine eigene emotionale Spur zu führen und den Blick vom aktuellen Gegner weg zu lenken, wurde ihm auch allmählich bewusst, dass seine »aufgestaute Wut« nichts mit seiner aktuelle Konfliktlage zu tun hat, sondern einem alten unbearbeiteten Defizit entstammt – aus einer Zeit, lange bevor er auf seinen heutigen Gegner traf. Alice Miller schreibt: »Im Grund wird der Gesunde beneidet, weil er sich nicht ununterbrochen anstrengen muss, die Bewunderung zu verdienen, weil er nichts tun muss, um so oder so zu wirken, sondern in Ruhe sich erlauben kann, so zu sein, wie er ist« (ebd.).

Dieser Fall zeigt, dass wirklich nachhaltige Konfliktlösungen sich niemals bloß bei den vordergründigen Schilderungen des Geschehens durch die Akteure aufhalten dürfen, da aus diesen keine Verständigung zu erzielen ist, die wirklich an die tiefe Motivlage einzelner Akteure heranreicht. Notwendig ist vielmehr ein *Betrachtungswinkel*, aus dem heraus der Akteur die aktuelle Thematik gründlich daraufhin befragt, was diese ihm über sich selbst in Erinnerung ruft. Um zu einer solchen »selbsteinschließenden Reflexion« (Varela u. a. 1992) zu gelangen, benötigt der Einzelne grundlegende Fähigkeiten, sich den emotionalen Verhakungen zu entziehen und sich rechtzeitig zum Ausguck auf sich selbst zu retten. Wilhelm Schmid beschreibt in seinem Buch *Mit sich selbst befreundet sein* die hierfür notwendige »Fremdheit des Ich im Umgang mit sich, die jeder Spiegel vermittelt« (Schmid 2004, S. 67):

> »Das Ich erkennt sich nicht, da etwa Falten im Gesicht oder Ringe unter den Augen auf Gründe und Abgründe des gegebenen Ich verweisen, von denen das vorgestellte Ich nichts wissen will, ohne sie doch im Moment der B#esinnung völlig leugnen zu können. In jedem Fall aber wirkt die Reflexion im Spiegel von außen auf sich und befördert die Reflexivität des Ich« (ebd., S. 68).

Bei dem Versuch, sich einen solchen inneren Ausguck zu entwickeln, können folgende Hinweise (vier *Leitprinzipien emotionaler Selbstreflexivität*) hilfreich sein:

- Je emotionaler du dich selbst erlebst (z. B. in Wortwahl, destruktiven Fantasien oder gar intriganten Aktionen), desto wahrscheinlicher ist es, dass du in deinem Denken, Fühlen und Handeln ein unerledigtes biografisches Thema rekonstellierst, als dass du dich sachlich oder gar wertschätzend auf das Gegenüber zu beziehen vermagst!
- Entwickle dir eine eigene Roadmap der inneren Spuren (breite Wege, Trampelpfade, Sackgassen etc.). Es gibt Beziehungswege, Erfolgswege, Abwege und Sackgassen. Frage dich stets, auf welchem dieser alten Wege du gerade wieder wandelst, weil es die Wege sind, die du kennst!
- Schaffe dir einen täglichen Rahmen, in dem du dich nicht in Erledigungen verlierst, sondern dich selbstkritisch fragst, welche neuen Wege du heute, dieser Tage oder in den nächsten Wochen erproben möchtest. Ergänze und vervollkommne diese eigene Roadmap!
- Gestalte den inneren Ausguck als einen Ort, den du aufsuchst, um dich zu spüren, zu reflektieren und immer wieder neu zu

erfinden! Vergiss dabei nicht, dass diese Neuerfindung kein einmaliger Beschluss ist, sondern ein Prozess der Erprobung, des wiederholten Rückfalls und der Frustrationen, aber auch des wirklichen Anfreundens mit sich selbst!

Emotionale Kompetenz umfasst ein Bündel von Fähigkeiten, um zu sich selbst in Distanz zu gehen und der Intuition zu misstrauen. Diese verhilft uns zwar zu einem spontanen und sicheren Gefühl, das Richtige zu tun, doch bewegen wir uns damit in den Bahnen des uns Vertrauten. Die Intuition vermag uns keine neuen Wege zu zeigen, sondern bloß alte zu wiederholen. Der Schematherapeut Eckard Roediger schreibt:

> »Was ist gemeint mit dem Satz: ›Sackgassen sind nach oben offen?‹ Er bringt ziemlich genau auf den Punkt, was wir tun können, um aus Lebensfallen auszusteigen: Wir müssen zuerst einmal unseren Blickwinkel ändern, eine neue Perspektive einnehmen. Das ist ungewohnt und manchmal kommt man darauf nicht von alleine. Im Gegenteil: Unser Gehirn ist ja eben so aufgebaut, dass es eine starke Tendenz hat, sich selbst zu stabilisieren. Wenn man also seinen gewohnten Gefühlen und Gedanken vertraut, besteht die Gefahr, dass man auch nur zu alten Lösungen gelangt, und ›mehr desselben‹ versucht. Die sog. Intuition basiert letztlich auf unbewusst verarbeiteten frühen Erfahrungen« (Roediger 2014).

Roediger plädiert beim Ausstieg aus unseren bekannten Lebensfallen für eine Lösung zweiter Ordnung. Das Kennzeichen solcher Lösungen der zweiten Ordnung besteht darin, dass wir nicht unseren Gefühlen, Gedanken und inneren Bildern zu einem Sachverhalt folgen (= Lösung erster Ordnung), sondern uns nüchtern dabei beobachten, wie wir uns neue Lagen in den alten Farben ausmalen. So interpretieren wir das jeweilige Gegenüber durch die Fülle der in uns vorbereiteten Stoffe – wie Erfahrungen, Hoffnungen und Befürchtungen – und handeln entsprechend den Eindrücken und Befürchtungen, die wir uns ausmalen. Lösungen zweiter Ordnung setzen hier an, indem sie uns immer besser darin werden lassen, unsere alten Farben nicht zu verwenden, sondern z. B. andere oder hellere zu erproben (= Lösung zweiter Ordnung). Dabei lösen wir aktuelle Konflikte nicht, indem wir erklären, überzeugen oder uns durchsetzen. Wir lösen sie vielmehr, indem wir

– unserer Intuition und Interpretation nicht automatisch folgen
  (Frage: »Was ruft mir diese Konstellation über mich in Erinnerung?«),
– Spontandeutungen probeweise relativieren und korrigieren
  (Frage: »Wie könnten ganz andere Deutungen lauten?«),
– Schuldzuweisungen und Beurteilungen grundsätzlich vermeiden (Frage: »Wo liegt der eigentliche Beginn meiner Tendenz,
  die Dinge so zu fühlen und zu deuten?«),
– nach den guten, d. h. verstehbaren, Gründen des Gegenübers
  fragen (Frage: »Welches berechtigte Anliegen spricht aus dem
  Verhalten des Gegenübers?«) und
– prinzipiell wertschätzend kommunizieren und kooperieren
  (Frage: »Wie genau siehst du das?).

In dem konkreten Fall von Bernhard gelang es, die Frage nach
dem eigentlichen Beginn mit ihm gemeinsam nüchtern zu betrachten. Er begab sich auf seinen inneren Ausguck, betrachtete
das Muster, welches alle seine zurückliegenden Schlachten mit
seinen Vorgesetzten durchzog, und begann, mit anderen Augen
zu sehen. Schließlich war er auch in der Lage, die Dramatisie-
rung seines Chefs als Ausdruck seines eigenen inneren Dramas
zu erkennen und die Verantwortung für seine Illoyalität und In-
triganz zu übernehmen.

> »Eigentlich schäme ich mich jetzt dafür, dass ich diesem Mann
> mit meinen Kindheitsanliegen schaden wollte!« – dies war der
> Satz, der eine Umkehr und Umdeutung einleitete. Im weiteren
> Verlauf lernte Bernhard mehr und mehr, seine eigenen Fähigkei-
> ten auch in ihren Begrenzungen zu akzeptieren und den Satz aus-
> zusprechen: »Ich bin ein guter zweiter Mann! Es gibt andere, die
> mehr können und mehr erreicht haben als ich, aber das ist okay.
> Ich tue das, was ich kann, und ich will es in Zukunft auch emoti-
> onal verträglicher tun, weil ich mich so, wie ich bin, akzeptiere!«

Solche deutlichen Lösungssätze fallen schwer. Häufig braucht
man viele Stunden Ausguckerfahrungen, um Menschen zur
Selbstdistanz und zur Lösung zweiter Ordnung zu bewegen.
Dabei sind Rückschläge vorprogrammiert. Zu eingefahren und

»bewährt« sind die alten emotionalen Muster, die immer wieder ihre ordnende Kraft entfalten. Aus diesem Grunde spielen Übung und Geduld eine wichtige Rolle, und auch das Projekt »Ich schaffe mir einen inneren Ausguck und nutze diesen täglich!« ist ein wichtiges Element auf dem Weg zur Kompetenz, die eigenen emotionalen Untiefen, Strömungen und Strudel frühzeitig zu erkennen und sie zu vermeiden. Ein solches selbstreflektiertes Verhalten markiert die wohl wichtigste Ausdrucksform einer gebildeten Persönlichkeit. Diese hat einiges zu wissen und zu können. Sie benötigt

»(…) einen souveränen Umgang des Ich mit sich und dem Selbst sowie das Bekenntnis zum Prinzip einer vollständigen Verantwortung. Hierzu ist erforderlich: Grundwissen über Aufbau und Funktion vom Körper, Gehirn und Psyche im Allgemeinen (v. a. Grundwissen über Erkenntnistheorie, Evolutionspsychologie, das flexible Management mentaler Haltungen – Stichworte innere Freiheit, inneres Wachstum, Proaktivität Prinzipien der psychischen Funktionen: Welche Eigenheiten unterscheiden mich von anderen? Unter welchen Lebensumständen werden diese Eigenheiten zu Stärken oder auch zu Schwächen? Wie sehen die beruflichen und privaten Nischen aus, in denen ich meine Stärken entfalten kann, meine Schwächen nur wenig ins Gewicht fallen und ich mich zufrieden und glücklich fühle?« (Hansch 2006, S. 205).

Diese Hinweise markieren die zentralen Elemente eines Lernens vom Ausguck her.

Regel 23: Suche dir in den Jahrhunderten Denk- und Gesprächspartner und pflege deinen eigenen Dialog mit diesem äußeren Team!

Persönlichkeitsbildung bezeichnet den Reifegrad eines Menschen, bei dem dieser über ein ganzes Bündel von Kompetenzen verfügt: sich selbst und die Welt zu spüren, diese differenziert wahrzunehmen und zu verstehen und diesem Verständnis gemäß zu handeln. Diese Definition knüpft in ihrer Formulierung an die berühmte Definition des Deutschen Ausschusses für das Erziehungs- und Bildungswesen aus dem Jahr 1960 an, welche als »gebildet im Sinne der Erwachsenenbildung« denjenigen ansah,

> »(…) der in einem ständigen Bemühen lebt, sich selbst, die Gesellschaft und die Welt zu verstehen und diesem Verständnis gemäß zu handeln« (Deutscher Ausschuss 1967, S. 28).

Diese oft zitierte Definition hat es in sich. Da ist die Rede von

- einem »*ständigen Bemühen*«, was in etwa besagt, dass diese Bildung nicht zu einer persönlichen Errungenschaft werden kann, sondern immer ein Bemühen bleibt, wodurch dieses Verständnis sich von Vorstellungen eines materialen Bildungskanons deutlich abgrenzt,
- dem »*Sich-selbst-Verstehen*«, womit dieses Bildungsverständnis keiner formalen und keinen materialen Engführung folgt, der zufolge Bildung ausschließlich eine Formung der Ichkräfte beinhalte (deshalb formal) oder ausschließlich der Überlieferung einer Bildungsmaterie (deshalb material) diene,
- dem »*Verständnis der Gesellschaft*«, womit der Einzelne nicht nur als Individuum, sondern auch als Gestalter bzw. »mündiger Staatsbürger« in den Fokus rückt, und schließlich
- dem »*Verständnis der Welt*«, wodurch der Einzelne auf den Stand der Wissenschaften – d. h. dem erreichten Stand der

vernünftigen Aufklärung der Gegebenheiten und Wirkungs-
zusammenhänge, mit denen er sich tagtäglich auseinandersetzen muss – verwiesen ist.

- Schließlich hat dieses Bildungsverständnis auch eine Hand-
lungskomponente. Gelungene Bildung zeigt sich demzufolge
nicht im Besitz von Wissen und wissenschaftlichem Verständnis, sondern in der Fähigkeit des Einzelnen, *»diesem Verständnis gemäß zu handeln«*.

Agnes, eine Gymnasiallehrerin, protestierte in einem Lehrer-
bildungsseminar zum Thema »Bildung als Kompetenzentwicklung« mit den Worten: »Irgendwie gefällt mir diese neue
Bildungspolitik nicht. Sie entfernt sich von den Inhalten und
betont stattdessen irgendwelche persönlichen Fähigkeiten der
Lernenden. Die Rede ist gar von Lernerorientierung oder auch
Lernbegleitung. Ich kann meine Schülerinnen und Schüler nicht
begleiten, sondern muss ihnen die Inhalte des Lehrplans vermitteln. Sonst haben wir am Ende lauter flexible, kooperative und
konfliktfähige Persönlichkeiten, die nichts wissen. Das ist nicht
meine Aufgabe, wie ich sie verstehe! Ich bin dafür verantwortlich, dass sich Kinder und Jugendliche in unserer Gesellschaft
sicher bewegen können. Dafür muss man schon einiges wissen
und können.«

Solche und ähnliche Statements sind immer wieder an Schulen
und Hochschulen zu vernehmen. Die Befürworter einer Persönlichkeitsbildung haben dabei oft einen schweren Stand, da
sie sich gegen den Verdacht zur Wehr setzen müssen, es ginge
ihnen irgendwie um eine Aufweichung der Standards und eine
Laisser-faire-Pädagogik – eine Wahrnehmung, welche in den
Gehirnen der Kritiker entsteht. Diese können die neuen Argumente häufig bloß im Lichte ihrer eigenen Vorstellungen und
Gewohnheiten hören. Und nicht selten geraten die Debatten zu
einem emotionalisierten Austausch gegensätzlicher Standpunk-
te, die sich um das Rechthaben im Wege der Abwertung und
Verdächtigung der gegnerischen Argumente bemühen. Entsprechend entschieden fiel auch die Entgegnung in dem erwähnten
Seminar aus:

»Irgendwie tust du so, als sei die Entwicklung persönlicher Fähigkeiten nur um den Preis einer Aufgabe inhaltlicher Standards zu haben. Das ist aber überhaupt nicht so! Es geht vielmehr darum, sicherzustellen, dass die Lernenden auch tatsächlich mit ihrem Wissen umzugehen verstehen. Und das ist mitnichten so: Wir vergeuden viel Lebenszeit, um uns Inhalte und Wissen einzuprägen, dieses in einer Prüfung vorzuzeigen und dann wieder zu vergessen. Wenn ich daran denke, was ich alles einmal wusste und wieder vergessen habe, weil man in keiner Weise darauf achtete, dass ich damit umzugehen und es zu nutzen und anzuwenden lernte! Die inhaltsfixierte Bildung, die mir zuteil geworden ist, hat sich nicht wirklich um meine Persönlichkeitsbildung gekümmert. Dies ist bedauerlich, denn erst später habe ich selbst entdecken dürfen, dass unsere Überlieferung sehr wohl Einiges zu bieten hat, an dem ich wachsen und mich entwickeln konnte, wenn meine Lehrer bloß nicht nur an den Inhalten, sondern auch an mir ein wirkliches Interesse gehabt hätten!«

Dieser Hinweis beinhaltet eine deutliche Kritik an den Verfahren, mit denen die modernen Gesellschaften prüfen und entscheiden, was wir und unsere Kinder lernen sollen. Dabei wurden Generationen von Lehrkräften darin trainiert, die Lehrinhalte einer detaillierten Prüfung zu unterziehen, um zu vermeiden, dass die Kinder und Jugendlichen sich mit Gegenständen und Themen auseinandersetzen müssen, deren Bildungswert alles andere als erwiesen ist. Es war insbesondere der Marburger Erziehungswissenschaftler Wolfgang Klafki (geb. 1927), der mit seiner didaktischen Analyse den Lehrkräften konkrete Kriterien an die Hand gab, um Lehrinhalte prüfen und begründen zu können (Klafki 1991). Später erweiterte er seine Kriterienliste um die Punkte der »Erweisbarkeit und Überprüfbarkeit« und der methodischen Struktur (vgl. Klafki 1986).

Am Anfang war der überlieferte Inhalt

Die bildungstheoretische Didaktik, deren Herzstück diese didaktische Analyse ist, wurde stark kritisiert. Insbesondere wurde angemerkt, dass eine nachvollziehbare Auswahl von Inhalten zwar lohnenswert, aber allein keineswegs ausreichend sei, um eine wirksame Persönlichkeitsbildung zu begründen:

> »Der Versuch, diese Gestalt (der Bildung) allein vom Inhaltspol her zu deuten (materialer Bildungsaspekt), erwies sich ebenso wenig ausreichend zur Deutung des Phänomens Bildung, wie jener andere, der die Bildung rein aus der Seele hervorwachsen ließ (formaler Bildungsaspekt). Müssen wir nicht vielmehr annehmen, dass die bestimmenden Prinzipien dieser Bildungsgestalt sowohl in der objektiven Welt der Inhalte wie in der subjektiven Seele wirken, dass die Struktur des objektiven Moments und die des subjektiven Moments in der Bildungsgestalt einander im Grunde gleich sind, dass, wo Bildung ist, die Gliederung der objektiven Welt in die subjektive Seele Eingang gefunden hat und zur Gliederung dieser Seele als eines ›Aktzentrums‹ (im weitesten Sinne) geworden ist, wobei wiederum diese Gliederung der objektiven Welt schon in der Seele potenziell vorhanden, gleichsam ›vorgezeichnet‹ gedacht werden muss? (Klafki 1963, S. 67).

Zwar erweiterte Wolfgang Klafki hier sein Bildungsverständnis spürbar, doch konnte er sich bis heute von der Hypothese vom Vorrang der Inhalte bei der Planung und Gestaltung von gelingenden Bildungsprozessen nicht wirklich lösen. Eine solche Inhaltsfixierung kann vor dem Hintergrund der heutigen Bildungs-, Kompetenz- und Hirnforschung nicht mehr glaubwürdig vertreten werden.

Die vom Individuum erwarteten Lernbewegungen müssen vielmehr von ihm selbst her begründet und als subjektiv anschlussfähige Aneignungsleistung ermöglicht werden. Sie können auch nicht erzwungen werden, nur weil die didaktische Inhaltsanalyse ihre Gegenwarts-, Zukunfts- und sonstige Relevanz überzeugend darlegt. Überlieferte Inhalte können ihre kompetenzbildenden Wirkungen nur entwickeln, wenn sie in den Horizont der Suchbewegungen des lernenden Subjekts gerückt werden. Die didaktische Analyse des Lehrinhalts muss deshalb mit der didaktischen Analyse des Lernsubjekts verknüpft werden. Dabei ist es das Subjekt selbst, welches sowohl diese Analyse als auch die erwähnte Verknüpfung in seiner Aneignung herzustellen vermag.

Didaktische Analyse des Lehrinhalts		Didaktische Analyse des Lernsubjekts	
Begründungsproblematik			
Gegenwarts-bedeutung	Welche Gegenwarts-bedeutung hat der ins Auge gefasste Ziel- und Themenzusammenhang für die Alltagswelt der Lernenden?	Lernpro-jektbezug	In welchen (Er-)Klä-rungsversuchen ist das Subjekt selbst bereits befangen?
Zukunfts-bedeutung	Welche Bedeutung wird das Thema in Zukunft für die Lernenden ha-ben?	Selbst-lernbezug	Wie lernt das Sub-jekt und in welchen Formen bereitet es sich selbst auf seine – unbekannte – Zu-kunft vor?
Exemplari-sche Bedeu-tung	Welche allgemeinen Zusammenhänge, Be-ziehungen, Gesetzmä-ßigkeiten u. Ä. können mithilfe des Themas erarbeitet werden?	Individua-lisierung	Wie kann die Such-bewegung des Lernenden wertge-schätzt, begleitet und – zu seinen Bedingungen – un-terstützt werden?
Thematische Strukturierung		**Situierung**	
Struktur des Inhalts	Welche thematische Struktur hat das The-ma? Unter welcher Perspektive soll es erar-beitet werden? Welche methodische Struktur liegt in der Thematik? In welchem größeren Zusammenhang steht das Thema? Welche Vo-raussetzungen müssen die Schüler mitbringen oder erwerben?	Situati-onsorien-tierung	Wie kann man der Gegebenheit Rechnung tragen, dass Menschen bevorzugt an und in bestimmten Situa-tionen bleibende Kompetenzen ent-wickeln?
Erweisbar-keit und Überprüf-barkeit	An welchen Fähigkei-ten, Erkenntnissen und Handlungsformen soll sich zeigen, dass die Lernprozesse erfolgreich waren?	Kompe-tenzrei-fung	Wie lassen sich der Fortschritt und Stand der jeweiligen Befähigung vom Lernsubjekt selbst bzw. in Kooperation mit ihm beurteilen?

Zugänglichkeit		Nutzung	
Zugangs- und Darstellungsmöglichkeiten	Wie kann das Thema dargestellt und zugänglich gemacht werden?	Zugangswege	Wie können vielfältige Lernwege gleichzeitig eröffnet werden, ohne diese »im Gleichschritt« durchwandern zu wollen?
Methodische Struktur		**Inszenierung**	
Methodenwahl	Welche methodische Struktur ist für das Thema angemessen? Wie können aktives Lernen und aktive Auseinandersetzungsprozesse mit dem Ziel, Mitbestimmungs- und Solidarisierungsfähigkeit zu fördern, durch die Methodenwahl unterstützt werden?	Arrangement	Wie lassen sich Lernräume gestalten, welche die Lernenden selbstgesteuert und mit ihren Aneignungsmethoden in Besitz nehmen können?

Abb. 28: Von der Inhalts- zur Subjektdidaktik (nach Klafki 1991; 1993)

Am Anfang war die selbstgesteuerte Aneignung

Was die pädagogische Anthropologie schon seit Langem wusste, bestätigt auch seit einigen Jahren die neuere Hirnforschung: Der Mensch ist das lernende Tier. Der Hirnforscher Manfred Spitzer schreibt:

> »Wenn man irgendeine Aktivität nennen sollte, für die der Mensch optimiert ist, so wie der Albatros zum Fliegen oder der Gepard zum Rennen, dann ist es das Lernen. Unsere Gehirne sind äußerst effektive Informationsstaubsauger, die gar nicht anders können, als alles Wichtige um uns herum in sich aufzunehmen und auf effektivste Weise zu verarbeiten« (Spitzer 2007, S. 10).

Was als wichtig empfunden werden kann, beurteilt der Mensch allerdings selbst. Nur selten glaubt er anderen, was er nicht selbst einordnen und nutzen kann. Dies wiederum bedeutet, dass Bildungsangebote nicht allein von den überlieferten Inhalten her begründet werden können; sie müssen auch vom Lernsubjekt her begründet sein. Denn Lernen ist eine selbstgesteuerte Aktivität, die nicht erzeugt, wohl aber ermöglicht werden kann. Lehrende können die Herausbildung von Kompetenzen nicht erzwingen, sie können sich aber von linearen Vermittlungsvorstellungen lösen und Kontexte gestalten, in denen die Selbstorganisation der Lernenden Anregung und Raum findet, sich so zu entfalten, wie sie dies bereits seit mehreren hunderttausend Jahren tun: selbstgesteuert, in Situationen, von eigenen Lernprojekten getragen, eigene Wege nutzend und eigene Dialoge mit den Überlieferungen führend.

Literarische Räume für Persönlichkeitsbildung

In dieser Logik können auch überlieferte Texte bedeutsame Lernumwelt sein – vorausgesetzt, sie stiften den Lernenden Orientierungen für Fragen, die sie selbst bewegen. So kann der Einzelne auch in den überlieferten Texten Denk- und Gesprächspartner finden und den Dialog mit ihnen pflegen, wenn er sich die Texte nutzerorientiert zugänglich macht. Er entdeckt diese Zugänge jedoch kaum, wenn sie ihm als Pensum eines verpflichtenden Maturitätskatalogs zugemutet werden – von anderen ausgewählt, zusammengestellt und in Lehrpläne gegossen. Literatur kann demgegenüber zum Lebensbegleiter werden – frei von administrativem Erlass und erzwungenem Pensum.

Zum 100. Geburtstag von Albert Camus (1913–1957) erschien im Literaturcafe eine Hommage von Astrid Braun, der Geschäftsführerin des Stuttgarter Schriftstellerhauses:

> »Wir sind so daran gewöhnt, von der Absurdität unserer Existenz zu sprechen, dass wir vergessen haben, mit welcher einmaligen Intensität und Klarheit Albert Camus sie Anfang der 1940er Jahre literarisch in Szene setzte. Sisyphos und sein Stein sind seit Camus kein Mythos mehr, wir wissen, wir alle sind Sisyphos. Wir ruckeln den Stein und sehen ihn ins Tal stürzen. Manchmal sind wir glücklich. (…)

> Im Französisch-Examen lächelt Camus, der jüngste Literatur-Nobelpreisträger aller Zeiten, mir wieder zu und wundert sich, wie leicht man ihn in appetitliche Weisheiten verwandeln konnte. In meinem Jahr in Südfrankreich sprang ich in seinem Schatten dem Licht hinterher, glaubte zu wissen, was er meinte. Den bislang größten Verlust in meinem Leben milderte er durch seine unvergessene Formulierung von der

›zärtlichen Gleichgültigkeit der Welt‹, für mich das schönste Oxymoron in der Literatur. Wir dürfen von der Welt, die uns umgibt, keine Anteilnahme erwarten, auch nicht von Gott, Engeln oder Teufeln. Die Welt ist einfach nur da. Aber wir Menschen sind in der Lage, sie zu fühlen und zu beschreiben. Wir können Zärtlichkeit und Nicht-Anteilnahme gleichzeitig spüren, es blitzt Geborgenheit auf« (Braun 2013).

Kann man das persönlichkeitsbildende Potenzial überlieferter Texte treffender beschreiben?

Regel 24: Stärke deine persönliche Meisterschaft im erfolgreichen Umgang mit anderen!

Persönliche Meisterschaft – so lautet die These von Peter Senge – ist das A und O eines erfolgreichen Umgangs mit anderen. Insbesondere Führungskräfte benötigen deshalb eine entsprechend ausgebildete Kompetenz, die sie in die Lage versetzt, mit vielfältigen Situationen angemessen umzugehen und dabei stets zwischen den eigenen Wahrnehmungen und denen der anderen zu unterscheiden. Peter Senge schreibt:

> »›Personal Mastery‹ ist der Begriff, mit dem meine Kollegen und ich die Disziplin der Selbstführung und Persönlichkeitsentwicklung bezeichnen. Menschen, die einen hohen Grad an Personal Mastery erlangen, erweitern beständig ihre Fähigkeiten, die Ergebnisse zu erzielen, die sie wahrhaft anstreben. Ihr kontinuierliches Streben nach Selbstschulung und Selbstführung prägt den Geist der lernenden Organisation« (Senge u. a. 1996, S. 173).

Diese Hypothese ist zwar nicht ganz neu, aber weitgehend unpopulär. Sie wendet sich von den im jährlichen Turnus aufkommenden neuen Führungskonzepten ab, die stets neue Hinweise dafür bereithalten, wie es gelingen könnte, Kontexte zu verändern und Mitarbeiter nachhaltig zu motivieren.

Zu solchen mechanistischen Konzepten geben die Bostoner Veränderungsforscher zu verstehen: Ihr verändert in Wahrheit nichts, wenn es nicht gelingt, die Persönlichkeit derer zu verändern, die für die Führung in der Organisation Verantwortung tragen! Diese müssen ein Reflexionsniveau erreichen, das es ihnen erlaubt zu verstehen, wie sie sich ihre Wirklichkeit selbst konstruieren. Die Situationen, mit denen sie es zu tun zu haben meinen, stellen sich ihnen nämlich nur so dar, wie sie diese zu verstehen vermögen. Ohne die kontinuierliche Bemühung, die Wirklichkeit in anderer Weise in Erscheinung treten zu lassen, wird es ihnen nicht gelingen, tatsächlich Energien nutzen und

Veränderungen erfolgreich gestalten zu können. Wer so bleiben möchte, wie er ist, der wird es auch stets mit den Problemen zu tun haben, die er bereits kennt!

Dies ist leichter gesagt als getan! Auf welchen Wegen können wir voranschreiten, um unsere persönlichen Kompetenzen im Sinne der Personal Mastery zu professionalisieren? Fragt man nach den Dimensionen, auf denen diese persönlichen Kompetenzen ihren Ausdruck finden können, so rücken folgende Fähigkeiten von PM-Führungskräften in den Blick (PM = Personal Mastery):

KATHARSIS – 9 Schlüsselfähigkeiten von Führungskräften:

Kreativität: »Ich kann neue und ungewohnte Lösungen schaffen!«

PM-Führungskräfte sind in der Lage, sich auf Neues einzulassen. Sie begegnen anderen Vorstellungen aufgeschlossen und regen andere zu Widerspruch, Infragestellung und Innovationen an. Sie haben sich von der Vorstellung gelöst, dass sie selber die Urheber der Lösungswege sein müssen, sondern können zunächst zur Vielfalt ermuntern und sachbezogene Entscheidungen im Diskurs vorbereiten.

Achtsamkeit bzw. Präsenz: »Ich kann mich ganz auf die Menschen und Aufgaben einstellen!«

PM-Führungskräfte sind in der Lage, mit den Mitarbeiterinnen und Mitarbeitern sowie den Kolleginnen und Kollegen eine resonante Beziehung zu gestalten. Dabei vermeiden sie sowohl unnötige Distanz als auch Kumpanei und präsentieren sich als offene Kommunikationspartner, die sich auch darum bemühen, die Anliegen der anderen zu verstehen und sich mit diesen auseinanderzusetzen.

Transparenz (der Zielerreichung): »Ich weiß, was noch zu tun ist!«

PM-Führungskräfte sind in der Lage, dort, wo Unsicherheit und Irritation die Überhand gewinnen, Besonnenheit und Sicherheit zu vermitteln. Sie insistieren zwar nicht stets auf den eigenen

Vorstellungen, zeigen jedoch, dass jede Entscheidung – auch wenn sie sich die Vorschläge und Vorstellungen anderer zu eigen macht – von ihnen selbst verantwortet wird.

Holistische Eingebundenheit: **»Ich fühle mich als Teil eines Ganzen!«**

PM-Führungskräfte sind in der Lage, die Möglichkeiten und das Überlebensinteresse des Ganzen stets im Blick zu behalten. Sie begnügen sich nicht mit kurzfristigen Erfolgen, sondern fragen auch nach möglichen Risiken und Nebenwirkungen. Ihnen ist bewusst: »Es kommt nicht darauf an, eine Schlacht zu gewinnen, sondern den Krieg!« – um es in einer martialischen Formel auszudrücken.

Aktivität: **»Ich bemühe mich, das Notwendige zu tun!«**

PM-Führungskräfte handeln zwar nicht vorschnell und unbesonnen, sie bleiben aber auch nicht untätig. Sie prüfen stets gründlich, was das Notwendige sein könnte, indem sie sich mit den Einschätzungen und Beurteilungen anderer Akteure befassen, diese ernst nehmen und in ihre Überlegungen einbeziehen. Sie vermeiden typische Reaktionen oder routinehafte Antworten und Stile.

Relevanzbewusstsein: **»Ich weiß, worauf es ankommt!«**

PM-Führungskräfte sind in der Lage, die Bedeutung einer Anfrage, Entscheidung oder Reaktion einzuordnen. Sie haben sich von jeglichem Tunnelblick befreit, der einen dazu verführt, die Angelegenheiten nur aus der jeweils eigenen Interessenlage heraus zu fokussieren, und können auch konfligierende Interessen achten und berücksichtigen.

Selbstgenügsamkeit (Bescheidenheit): **»Es geht mir um die Aufgaben, nicht um mich!«**

PM-Führungskräfte handeln sachbezogen und beziehungsstiftend. Ihre Führungsweise ist frei von eigenem Geltungsstreben und möglichen Versuchen, sich in erster Linie selbst Anerkennung, Macht oder Einfluss zu sichern oder sich gar selbst ein Denkmal zu errichten.

Intentionalität: »Ich bin mir meiner Ziele bewusst!«

PM-Führungskräfte wissen, worum es ihnen geht. Sie verfolgen klare strategische Ziele und achten darauf, dass alles, wofür sie Verantwortung tragen, die Erreichung dieser Ziele unterstützt – nicht kompromisslos, aber doch kontinuierlich und engagiert.

Selbstbewusstsein: »Ich weiß, wer ich bin und was ich kann!«

PM-Führungskräfte sind frei von Ichproblemen. Deshalb missbrauchen sie ihre Rolle auch nicht für Zwecke der Eigentherapie, indem sie z. B. vollständig in der Arbeit aufgehen und diese fast ihre gesamte Identität ausmacht. Sie sind vielmehr in der Lage, eine ausgewogene Work-Life-Balance zu realisieren, und können auch – wenn es soweit ist – ihren Platz räumen und die Übergabe an eine Nachfolge klug vorbereiten.

Diese neun Schlüsselfähigkeiten von PM-Führungskräften sind immer wieder Anlass für entmutigte Reaktionen, wie z. B. die folgende Feststellung im Rahmen eines Führungskräftetrainings in den Schweizer Bergen:

»Wenn ich all dies gleichzeitig versuche zu berücksichtigen, dann geht es mir doch wie dem Tausendfüßler, der darüber nachdenkt, wie er gut vorankommt. Er fällt hin und seine Füße verheddern sich!« – so die Reaktion der Leiterin einer großen Sozialhilfeeinrichtung. »Bei mir ist es so, dass ich tagtäglich mit kühlem Kopf, aber auch mit echtem Interesse an meinen Leuten agieren muss. Das kann ich nur spontan und situativ angemessen; dazu benötige ich kein ›Personal Mastery‹.«

Ein anderer Teilnehmer konterte: »Nach meinem Eindruck geht es darum auch gar nicht. Sicherlich: Wir alle können nur reagieren, wie wir dies spontan und in der jeweiligen Lage vermögen – im Übrigen auch abhängig von der Tagesform und den anderen Fragen, die uns gleichzeitig bewegen. Wir können uns aber – sozusagen: am Ende des Tages – Rechenschaft darüber ablegen, ob wir heute im Vollbesitz unserer PM-Fähigkeiten reagiert haben oder ob wir in einigen Dimensionen hinter unserer besten Performance zurückgeblieben sind. Wenn uns dabei z. B.

auffällt, dass wir wiederholt aus eigener Intuition heraus – routinemäßig – reagieren, dann ist dies ein wichtiger Hinweis darauf, in dieser Dimension etwas zu verändern. Das finde ich hilfreich, ehrlich gesagt!«

Die Checkliste in Abbildung 29 kann bei einer solchen »Am-Ende-des-Tages-Überprüfung« hilfreich sein.

Checkliste: War ich heute ein Personal Master?		- -	-	+	++
Kreativität: »Ich kann neue und ungewohnte Lösungen schaffen«	Mir ist aufgefallen, wann ich in einer für mich typischen Weise reagieren wollte.				
	Ich konnte mein Gegenüber durch eine unerwartete Reaktion überraschen.				
	Ich konnte für mich typische Formen des Verhaltens minimieren.				
Achtsamkeit bzw. Präsenz: »Ich kann mich ganz auf die Menschen und Aufgaben einstellen!«	Heute habe ich etwas Neues über einen Menschen erfahren, mit dem ich zu tun hatte.				
	Ich war hellhörig genug, um zu erfahren, worum es meinem Gegenüber geht.				
	Mir gelang es, in meinen Gesprächen an den Ideen anderer anzuknüpfen.				
Transparenz (der Zielerreichung): »Ich weiß, was noch zu tun ist!«	Es ist mir gelungen, meine Aktivitäten den wirklich prioritären Anliegen zu widmen.				
	Auch den anderen gegenüber konnte ich sichtbar ausdrücken, was derzeit prioritär ist.				
	Es gelang mir, darauf zu achten, dass wir uns nicht verzettelt haben.				
Holistische Eingebundenheit »Ich fühle mich als Teil eines Ganzen!«	Ich habe heute mehrfach daran gedacht, dass ich nur ein Akteur im Dienste eines Großen bin.				
	Mein Tun war geeignet, die Werte auszudrücken, die mir wichtig sind.				
	Ich war heute besonnen, aber auch fördernd und unterstützend wirksam.				

Aktivität: »Ich bemühe mich, das Notwendige zu tun!«	Es gelang mir, die notwendigen Entscheidungen zu treffen, ohne in Hektik zu verfallen.				
	Ich war aktiv darum bemüht, das Gemeinsame voranzubringen.				
	Ich konnte nicht nur tun, was ich gut kann, sondern was notwendig und angemessen war.				
Relevanzbewusstsein: »Ich weiß, worauf es ankommt!«	Ich war in der Lage, klar zu erkennen, was die jeweilige Situation erfordert und was nicht.				
	Ich konnte mich mit denen verständigen, die anderes von mir erwarteten.				
	Es gelang mir, Konflikte durch Bezugnahme auf gemeinsame Interessen zu entschärfen.				
Selbstgenügsamkeit (Bescheidenheit): »Es geht mir um die Aufgaben, nicht um mich!«	Es gelang mir, eigenen Empfindlichkeiten, wo sie sich meldeten, keine Wirkung zu erlauben.				
	Was mich störte, konnte ich mit Ichbotschaften und ohne Angriffigkeit ausdrücken.				
	Ich konnte unangemessene eigene Reaktionen zurückrufen bzw. mich entschuldigen.				
Intentionalität: »Ich bin mir meiner Ziele bewusst!«	Ich habe die Ziele und deren Erreichung heute nicht aus dem Auge verloren.				
	Das meiste, mit dem ich mich befasste, war im weitesten Sinne für die Zielerreichung wichtig.				
	Es gelang mir, anderen gegenüber die Ziele zu visualisieren und glaubwürdig auszudrücken.				
Selbstbewusstsein: »Ich weiß, wer ich bin und was ich kann!«	Ich bin mir meiner Stärken und Schwächen bewusst und kann beide verantworten.				
	Ich habe eine ausgeglichene Work-Life-Bilanz gelebt und meine Familie nicht vernachlässigt.				
	Ich weiß, wer ich bin und wer ich sein kann, und entfalte mein Potenzial.				

Abb. 29: KATHARSIS – Selbst-Check »Personal Mastery«

Persönlichkeitsbildung stärkt die Fähigkeit, zurückhaltender und besonnener zu agieren. Die Basis dafür ist die Fähigkeit, die Welt in ihrer Vielfalt wahrzunehmen und zu verstehen, dass wir das Gegenüber nicht überzeugen oder gar verändern können. Wir können uns lediglich um Verschränkung unserer Perspektiven bemühen, indem wir vermeiden, dass unsere emotionalen und kognitiven Muster wieder von uns Besitz ergreifen und unser Denken, Fühlen und Handeln bestimmen. Personal Mastery beschreibt eine Kunst, wie man sichtbar und berechenbar agiert, aber auch gleichzeitig sich selbst und die anderen immer wieder damit überrascht, erneut eine gemeinsame Konstruktion der Wirklichkeit zu versuchen.

Die Wahrheit beginnt zu zweit überschrieb Michael Lukas Moeller bereits im Jahre 1988 seinen Ratgeber für Paare (Moeller 1988) – welch ein treffender Titel! Bevor man sich darauf einlassen kann, eine tragfähige – gemeinsame – Wirklichkeit zu erschaffen, bedarf es jedoch einer persönlichen Transformation, die auf stillen und durchspürten Entscheidungen beruht. Kann ich wirklich dauerhaft gewohnte Gefühlslagen und Deutungen loslassen? Was hilft es mir dabei, wenn ich mich immer und immer wieder in meinen bekannten Gefühlslagen und Zuschreibungen wiederfinde? »Ich konnte für mich typische Formen des Verhaltens minimieren« – ein Item, welches so harmlos anmutet, aber können wir es tatsächlich positiv beurteilen. Personal Mastery zielt auf die Kultivierung untypischer Reaktionen, deren Wert sich einzig und allein danach beurteilen lässt, ob das jeweilige Gegenüber diese als tragfähiges Element für die Konstruktion einer Sicht der Dinge nutzen kann oder nicht. Wer sein Gegenüber mehr oder weniger nachdrücklich in eine Rechtfertigungsposition drängt, weil er ihm das Gefühl vermittelt, falsch zu liegen, der darf sich nicht darüber wundern, dass das Gegenüber andere Steine zum Bau oder zur Stabilisierung seiner Identität bevorzugt.

Regel 25: Schaffe dir Feedback- und Supervisionsgelegenheiten und nutze sie regelmäßig!

Dieser Hinweis ist für professionelle Berufe nicht wirklich neu, für unser Alltagshandeln schon. Während Therapeuten, Berater oder auch Lehr- und Führungskräfte häufig für sich einen Reflexionsraum geschaffen haben, in dem sie regelmäßig gemeinsam mit anderen über die Frage nachdenken, ob es sich bei dem, was sie erleben und tun, sowie insbesondere bei dem, woran sie scheitern, um ein Echo ihrer eigenen – bevorzugten – Muster handeln könnte, stehen den allermeisten Menschen solche Räume nicht zur Verfügung. Im Alltag interagieren wir meist munter drauflos – immer getragen von dem tiefen Gefühl des eigenen Rechthabens und der eigenen Berechtigung. Für diese Art der Lebensführung ist kennzeichnend, was Fritz B. Simon mit den Worten beschreibt:

> »Wer über Erklärungen verfügt, weiß, was er zu tun hat oder – weit konfliktträchtiger – die anderen zu tun haben. Hier kommt es zum Streit der Disziplinen und zu Glaubenskriegen. Denn auch Glaubenssysteme – und wissenschaftliche Theorien sind nicht immer klar davon zu unterscheiden – stellen nur selten die Existenz wahrnehmbarer Phänomene infrage, sondern sie liefern jeweils unterschiedliche Erklärungen dafür, aus denen dann unterschiedliche pragmatische Konsequenzen zu ziehen sind« (Simon 2006, S. 75).

Dies bedeutet, dass wir selbst dann, wenn wir sehr begründend reden oder gar wissenschaftlich argumentieren, immer auch unseren tiefen emotional-kognitiven Bestrebungen nach Berechtigung Ausdruck verleihen. Deshalb passiert es uns immer wieder, dass wir anderen die Berechtigung ihres Tuns absprechen und sie unter Rechtfertigungsdruck setzen – eine, wie gesagt, schlechte Basis, um eine gemeinsame Konstruktion der Wirklichkeit zu erschaffen.

> Die Berechtigung des anderen – und seines Denkens, Fühlens und Handelns – benötigt Raum, um sich als ebenfalls berechtigt entfalten zu können. Dieser Raumbedarf sprengt unsere eigenen Interpretationsmuster, die wir wie Blaupausen über sein Verhalten legen. Der Weg zum anderen ist deshalb fragil: Er formt sich – neu – aus den Schnipseln unserer zerrissenen und fortgeworfenen Blaupausen.

In einem Führungskräfteseminar, in dem es um den Umgang mit »schwierigen Mitarbeitern« ging, stellte ein Teilnehmer fest: »Also, das Bild mit den zerstörten Blaupausen in mir gefällt mir eigentlich. Auch das mit den Schnipseln, aus denen sich der Weg zum anderen formt, ist anschaulich, da gleichzeitig deutlich wird, dass die Schnipsel sich auch zu alten Erklärungen zusammenfügen können, weshalb wir alle Hände voll zu tun haben, darauf zu achten, dass aus dem Bisherigen wirklich Neues entsteht. Aber trotzdem ist mir das alles noch viel zu abstrakt. Was heißt das konkret? Wenn ich z. B. immer wieder dazu neige, meinem Sohn oder gar meiner Frau das Gefühl zu geben, nicht zu genügen, melden sich doch in mir unzählige Beispiele für ihr zurückweisendes, distanziertes und kränkendes Verhalten zu Wort. Ich kann doch durch noch so viel Blaupausenzerschnipselung kaum wirklich etwas erreichen, wenn mein Gegenüber so bleibt, wie es ist? Wie kann ich das ignorieren?«

Diese Sorge ist berechtigt. An dieser Stelle können Feedback und Supervisionskontexte helfen, den Blick vom Gegenüber wegzulenken und die eigenen Reaktionsweisen nüchterner zu beobachten. Die Mitglieder von solchen Kontexten sind meist selbst berufliche Experten einer Beobachtung zweiter Ordnung. Sie sind darin geübt, sich nicht von der Dichte des aktuellen Geschehens mitreißen zu lassen, sondern sich auf das »Muster, das verbindet« (Bateson 1987, S. 22), beziehen zu können.

In der sozialen Kommunikation geht es darum, den typischen Interpretations- und Bewertungsmustern einer Person auf die Spur zu kommen. Dies gelingt in der Regel bloß, wenn die Feedbackgeber und Supervisoren gleichzeitig die Geschichte der Problemfälle einer Person kennen – sei es aus der Schilderung durch die Supervisanden oder sei es, weil sie diese bereits seit mehreren Monaten oder gar Jahren begleiten. Im konkreten Fall war dies gegeben; die Gruppe war bereits mehrfach zusammengekommen, um gemeinsam über die Fälle zu reden, mit deren Lösung sie nicht zufrieden war. Deshalb konnte einer der Teilnehmenden auch begründet intervenieren, indem er bemerkte:

»In deinem Fall würde ich mich daran erinnern, wie du das Trennende in deinem Leben immer wieder Raum gewinnen lässt, und ich würde mich auch nach dem verborgenen Nutzen dieser Selbstisolierung, die du dadurch erreichst, fragen. Wenn ich mich recht erinnere, hatten wir doch in unseren früheren Supervisionen schon einmal solche Spuren bei dir gekreuzt – erinnerst du dich? Es geht dir nicht ums Rechthaben, vielmehr geht es dir um Distanzierung. Du kapselst dich von denen, die dir nah sein könnten, ab, um letztlich allein zu sein. Für mich ist es faszinierend zu beobachten, wie es dir immer wieder gelingt, dich in Situationen zu manövrieren, in denen du andere mit einem Rechtfertigungsgrund von dir fernhältst. Dies sagt mir viel über die Rechtfertigung, die du dir in Wahrheit selbst zu geben vermagst! Mein Tipp: Frage dich doch mal nach dem verborgenen Nutzen, den dir dieses ganze Hin und Her mit seinen gelegentlichen Konfrontationen, Eskalationen und den folgenden Depressionen stiftet! Das wäre eine wirklich mutige und wahrscheinlich auch klärende Bewegung.«

Die Beobachtung 2. Ordnung und die Frage nach dem heimlichen Nutzen sind die wesentlichen Mechanismen, durch die wir uns den verbindenden Mustern in unserem Denken, Fühlen und Handeln reflektierend zuwenden können. Wir fragen dann:

• Welches Gefühl geht mit meinem Eindruck einher?
• Woher kenne ich dieses Gefühl?
• Wann hatte ich es zum letzten Mal?
• Welcher Handlungsimpuls wird in mir ausgelöst? Welcher ausgeschlossen? (Arnold 2015a, S. 171). Und:
• Welchen heimlichen Nutzen beziehe ich aus dieser Rekonstellierung?

> Der Begriff der *Rekonstellierung* beschreibt die Gegebenheit, dass un-
> sere Reaktionen im Denken, Fühlen und Handeln meist nur vorgeb-
> lich mit einer bestimmten Lage im Außen zu tun haben. Sie entstam-
> men vielmehr den sich verbindenden Mustern in unserem Inneren.
> Diese verbinden sich mit dem jeweils Aktuellen, rücken das Aktuelle in
> das Licht unserer mitgebrachten Interpretationen und Bewertungen
> und wirken dadurch daran mit, dass dieses so wird, wie wir es kennen.

Auf diese selbst erfüllende Kraft der inneren Muster bezieht sich
auch Gregory Bateson, wenn er darauf hinweist,

> »(…) dass alle ›Dinge‹ (…) in die Welt der Kommunikation und Bedeu-
> tung nur durch ihre Namen, ihre Qualitäten und ihre Attribute eintre-
> ten können (d. h. durch Darstellung ihrer inneren und äußeren Relatio-
> nen sowie ihre Wechselwirkungen)« (Bateson 1987, S. 81).

In Feedback- und Supervisionskontexten können solche Wechselwirkungen zwischen »inneren und äußeren Relationen«
(ebd.) in das Bewusstsein der Akteure treten. Dies bedeutet noch
nicht, dass deren spontane Geltungskraft bereits außer Kraft gesetzt werden kann, wenn man die erwähnten Wechselwirkungen
verstanden hat. Es bedarf auch der Übung. Der Effekt, der sich
allmählich einzustellen vermag, ist in der bekannten Geschichte
»Das Loch in der Straße« anschaulich dargestellt:

»Das Loch in der Straße

Ich gehe eine Straße entlang.

Da ist ein tiefes Loch.

Ich falle hinein.

Ich bin verloren.

… Ich bin ohne Hoffnung.

Es ist nicht meine Schuld.

Es dauert endlos, wieder herauszukommen.

Ich gehe dieselbe Straße entlang.

Es ist ein tiefes Loch.

Ich falle wieder hinein.

Ich kann nicht glauben,

schon wieder am gleichen Ort zu sein.

Aber es ist nicht meine Schuld.

Immer noch dauert es sehr lange herauszukommen.

Ich gehe dieselbe Straße entlang.

Da ist ein tiefes Loch.

Ich falle schon wieder hinein …

Aus Gewohnheit.

Meine Augen sind offen.

Ich weiß, wo ich bin.

Es ist meine Schuld.

Ich komme sofort wieder heraus.

Ich gehe dieselbe Straße entlang.
Da ist ein tiefes Loch.

Ich gehe darum herum.

Ich gehe eine andere Straße.«[7]

Dieser Weg ins Loch, an dem die anderen die Schuld tragen, zu einem selbstverantworteten Weg geht mit einer inneren Bewegung einher: *der Bewegung aus der Opferrolle zur Selbstverantwortung.* Diese Bewegung folgt keiner seichten esoterischen Empfehlung; sie ist vielmehr die einzig nüchterne Folgerung aus den Einsichten der in diesem Buch bereits vielfach zitierten Hirn- und Wahrnehmungsforschungen der letzten Jahre. Wenn es stimmt, dass wir die Welt nur zu unseren eigenen Bedingungen wahrzunehmen vermögen, dann gilt diese Einsicht uneingeschränkt – auch in den Situationen, in denen wir ganz sicher zu wissen meinen, wer die Verursacher unseres Unglücks sind. Wir haben die Wahl anzuerkennen, dass wir auch diese Situationen »wahr geben«, um eine in der systemischen Theorie häufig rezipierte Wortschöpfung von Heinz von Foerster aufzugreifen (vgl. Mack et al. 2016, S. 24).

Feedback und Supervision eröffnen Räume der Selbstreflexion, die ohne fremde Hilfe nur schwer zu betreten sind. In ihnen setzen wir uns nicht nur selbst der Beobachtung aus, sondern ernten Kommentare darüber, was die jeweiligen Fälle, die wir berichten, über uns aussagen. Damit setzen wir uns nicht nur der

---

7 Dies ist der Liedtext zu dem Song von Portia Nelson (1920–2001) mit dem Titel »There is a hole in my sideway«. (www.zenkreis.de/zen/weisheit/das_loch_in_der_strasse.htm)

Kritik aus, sondern erweitern unsere Möglichkeiten. Doch bevor Muster zerbrochen werden können, müssen sie erkannt und – was noch viel schwieriger ist – angenommen werden. Erst dann ist die Bewegung reif, um sich zum Co-Creator zu entwickeln (vgl. Uhlmann u. a. 2014). Auf diesem Weg starten wir als »Beginner«, und es liegt eine ganze Reihe von Entwicklungsschritten noch vor uns, wie das 5-Stufen-Schema in Abbildung 30 zeigt.

Stufen	Beschreibung	Selbsteinschätzungen	- -	-	+	++
1. Stufe: **Wissen als Erfahrung** (Beginner)	Überzeugungen auf Basis der eigenen Erfahrungen sind oft sehr fest. Die Wissensbasis ist zwar empirisch, aber persönlich.	Ich verlasse mich auf meine eigenen Erfahrungen.				
		Ich trete für meine Meinung entschieden ein und versuche, andere zu überzeugen.				
		Selbstzweifel und Unsicherheit sind mir eher fremd.				
2. Stufe: **Wissen als Tatsache** (Advanced)	Konkrete Daten, Fakten, Modelle und Theorien bilden das Fundament einer stabilen Überzeugung, dass man selbst über das relevante Wissen verfügt.	Ich halte mich an die Fakten, um die ich mich bemüht habe und über die ich verfüge.				
		Abweichenden Lehrmeinungen stehe ich oft skeptisch und bisweilen ablehnend gegenüber.				
		Ich verstehe mich als Experte, der stets auf der Basis empirischer Fakten handelt.				
3. Stufe: **Wissen als Konstruktion** (Professional)	Das Interesse, sich in andere Denkweisen hineinzuversetzen, ist ausgeprägt. Die Erkenntnis der Relativität des eigenen Wissens irritiert	Ich setze mich mit gegenteiligen Meinungen auseinander und kann mich überzeugen lassen.				
		Ich trage selten Einsichten vor, sondern versuche, mit Fragen mehr Licht in das Dunkel zu bringen.				

		Ich weiß, dass meine Sicht der Dinge nur eine mögliche Konstruktion der Wirklichkeit ist.				
4. Stufe: **Wissen als System** (Master)	Durch den Überblick über das relevante Wissen im entsprechenden Themenfeld können eigene und fremde Positionen eingeordnet werden.	Ich gehe stets offen an Problemlösungen heran und nutze eigene und fremde Expertise.				
		Ich kann nüchtern mit Wissen umgehen und dieses sichten, hinterfragen und strukturieren.				
		Ich bin zu einem frischen Denken in der Lage und kann mit neuem Blick Probleme betrachten.				
5. Stufe: **Wissen als Prozess** (CoCreator)	Im Austausch mit Experten verschiedener Disziplinen und Kulturen wird das eigene Wissen in gemeinsame Problemlösungen eingebracht.	Ich bemühe mich darum, andere zu verstehen und mit ihnen gemeinsame Lösungen zu entwickeln.				
		Ich weiß, dass ich nichts weiß, und halte mich deshalb mit meinem Bescheidwissen zurück.				
		Ich kann mich selbst bremsen, wenn ich zu dominant auftrete, und an gemeinsamen Deutungen der jeweiligen Lage mitarbeiten.				

Abb. 30: Stufen kognitiv-emotionaler Reifung (im Anschluss an Uhlmann u. a. 2014, S. 15 ff.)

Regel 26: Trainiere dich im absichtlichen Umdeuten und Umfühlen!

Die Lösung von alten Sichtweisen und Gewohnheiten ist schwer – zu stark zerren die »bewährten« Muster des Denkens, Fühlens und Handelns an uns und ziehen uns in unsere vertrauten Gewissheiten zurück. Und auch die tiefsten Einsichten ermöglichen oft nicht wirklich den Durchbruch zu einer anderen Alltagspraxis. Der bekannte amerikanische Schriftsteller Mark Twain (1835–1910) brachte dies mit dem folgenden Satz auf den Punkt:

> »Eine Gewohnheit kann man nicht einfach zum Fenster hinauswerfen; man muss sie Stufe für Stufe die Treppe hinunterlocken.«[8]

Weil die Gewohnheiten zäh und klebrig an uns haften, finden wir uns zwar ständig in äußerlich neuen, aber innerlich irgendwie ähnlichen Lagen wieder: So reagieren wir gegenüber Vorgesetzten nicht völlig anders als so, wie wir gelernt haben, mit unseren Eltern umzugehen. Und wir reagieren auch häufig aus denselben emotionalen Mustern heraus auf vermeintliche oder tatsächliche Anfeindungen und Ungerechtigkeiten. Dann finden wir uns z. B. in einer lähmenden Enttäuschung wieder, wo es um einen klärenden Dialog ging. Oder wir machen »aus einer Mücke einen Elefanten«, weil ein ausbleibendes Lob, ein Übersehenwerden oder die Verwendung einer bestimmten – belasteten – Formulierung in uns eine jahrelang aufgestaute Wut zum Ausbruch kommen lässt.

Nach solchen Ausbrüchen merken wir bisweilen selbst, dass wir überreagiert haben – unsere Umwelt (z. B. Arbeitskollegen, Familie) merkt dies meist unmittelbar und versteht nicht, warum wir so empfindlich oder dünnhäutig sind. Doch nicht nur die sichtbaren – eruptiven – Reaktionen sind Ausdruck unserer inneren vertrauten Gewissheiten; auch und gerade unsere Alltags-

---

8 Zit. nach: www.lebens-zitate.de

deutungen und vertrauten Lebensgefühle tragen subtil dazu bei, dass wir uns in vertrautem Gelände bewegen. Dabei urteilen und bewerten wir immer gleichzeitig, ohne dass uns bewusst ist, auf welchen emotionalen Spuren wir uns dabei bewegen und worum es uns eigentlich geht.

In einem Workshop mit Führungskräften illustrierte eine Teilnehmerin diese »Unausweichlichkeit des Vertrauten«, wie sie es nannte, mit folgendem Beispiel:

Ich übernehme die Verantwortung für meine Bewertungen

»Ich erinnere mich noch gut daran, wie das gewesen ist, als ich in meiner heutigen Firma anfing. Zuvor hatte ich an der Universität gearbeitet, und ich hatte dort eine fürchterliche Auseinandersetzung mit meinem Vorgesetzten, die letztlich zu meiner Kündigung führte. Dieser hatte es für zulässig angesehen, Forschungsergebnisse aus meiner laufenden Untersuchung darzustellen, ohne zu erwähnen, dass diese gar nicht von ihm stammen. Damals bin ich auf die Barrikaden gegangen und habe Himmel und Hölle in Bewegung gesetzt – nur, um am Ende zu erfahren, dass dies der Inhaber eines Lehrstuhls, an dem man angestellt ist, offensichtlich darf, da man selbst ja bloß unter seiner Anleitung forscht. Deshalb wollte ich in meiner neuen Position alles vermeiden, was mich nochmals zu einer Eskalation verführt, die meine berufliche Existenz zu zerstören droht. Es dauerte aber gar nicht so lange – so nach zwei bis zweieinhalb Jahren – da fand ich mich emotional in einer ganz ähnlichen Situation wieder. Auch dieses Mal ging es um meinen Vorgesetzten und die Frage nach dem Umgang mit meinen Ausarbeitungen. Es gelang mir, meinen inneren Groll runterzuschlucken und nicht zu intervenieren, und ich besprach meine ziehenden Gefühle mit einem bekannten Therapeuten. Ihm bin ich noch heute dankbar, da er Folgendes zu mir sagte: ›Du musst dich entscheiden, ob du deinen belastenden Gefühlen treu bleiben oder ihnen auf die Spur kommen willst. Es gibt nämlich durchaus Menschen, die das, was dich so aufregt, als zwar ungerecht, aber in Hierarchien unvermeidbar akzeptieren, ohne daran zu zerbrechen oder einen dauerhaften inneren Groll in sich zu tragen. Letztlich kommen diese – wie ›Hans im Glück‹ – besser durchs Leben. Oder du startest einen erneuten

Kreuzzug und lässt die Verantwortung für diese Ungerechtigkeit in einem Außen, das es zu bekämpfen gilt.‹ Diese Äußerung, vor allem der Hinweis auf meine eigene Verantwortung für meine Art des Deutens und Fühlens, hat mir sehr geholfen, und ich frage mich jetzt immer in allen holprigen Lagen, wie ich die jeweilige Gegebenheit einfach umdeuten kann. Manchmal hilft bereits diese Frage, bisweilen bedarf es gezielter Übungen zum Umfühlen, die etwas schwieriger sind.«

Diese Schwierigkeit hat etwas damit zu tun, dass unsere vertrauten Gewohnheiten gleichzeitig unsere blinden Flecken sind. Diese zu erkennen und im Blick zu behalten, verweist auf »eine neue Wissenschaft«, wie C. Otto Scharmer überzeugend darlegt:

> »Damit das gelingt, müssen wir ein Teleskop neuen Typs entwickeln: nicht des Typs, durch den wir beobachten können, was weit außerhalb von uns selbst liegt – die Monde des Jupiters –, sondern eines anderen Typs, durch den wir den Beobachtungsstrahl krümmen, wenden und schließlich auf seinen Ursprungsort zurücklenken können: auf den blinden Fleck, d. h. auf das hervorbringende Selbst im blinden Fleck des Beobachters« (Scharmer 2009, S. 39).

Auch für C. O. Scharmer und seine Kollegen vom MIT in Boston sind unsere *Selbstwahrnehmung* und unsere spezifischen Wahrnehmungen, Gefühle und Handlungsimpulse in sozialen Situationen von grundlegender Bedeutung dafür, was wir zu erkennen, zu denken und zu fühlen vermögen. Auch sein Plädoyer für eine neue Sozialwissenschaft, die aus dem Schatten der naturwissenschaftlichen Paradigmen herauszutreten vermag, um nicht nur nach Daten, sondern auch nach den Möglichkeiten einer gelingenden sozialen Transformation und der Entwicklung des Selbst zu fragen, geht letztlich von der folgenden erkenntnistheoretischen Prämisse aus:

> »Wir blicken grundsätzlich so auf die Welt, wie wir dies gewohnt sind zu tun, und nicht in einer Nüchternheit, welche die Dinge und insbesondere die Beziehungen so zu sehen vermag, wie diese »sind« (Arnold 2015a, S. 254 f.).

Den damit einhergehenden Verzerrungen der eigenen Beurteilungen (»Spontandeutungen«) kann man durch Achtsamkeit und

Reflexion auf die Spur kommen. Hierzu muss man sich in einem ersten Schritt seiner »üblichen« Brillen bewusst werden, durch die man – in projektivem Vorwurf (Motto: »Warum tut man mir dies an?«) – auf Infragestellung, Ablehnung, Konflikte etc. zu blicken gewohnt ist. Die Krümmung des Beobachtungsstrahls, von der C. O. Scharmer spricht, bedeutet, dass man diese Brillen nüchtern in den Wirkungen, die sie entfalten, bzw. mit den Realitäten, die sie hervorbringen, beobachtet. Mit dieser Selbstbeobachtung hat man bereits viel zu tun, doch kann man ihr nicht ausweichen. Sie benötigt Zeit, Hilfestellungen und Tricks (z. B. den alten Bekannten einen Namen geben) sowie Übung.

Nur, wer die mühsamen Übungen zur »selbsteinschließenden Reflexion« (Varela u. a. 1992) tatsächlich durchlaufen hat, ist auch in der Lage, die eigenen Spontandeutungen stets bei der eigenen *Wahrgebung* der Wirklichkeit in Abzug zu bringen und sich mit anderen Formen des Deutens, Fühlens und Handelns anzufreunden, wie die Beispiele in Abbildung 31 zeigen.

Anlass	Spontandeutungen (Beispiele)	Formen des Anfreundens
Ableh-nung	Das Gegenüber will mit mir nichts zu tun haben und mich ausschließen aus einer gemeinsamen Aktivität. (»**Verlassenheitsbrille**«)	Schon wieder …! Nein, das Gegenüber kann zahlreiche andere Gründe haben, mich hier nicht dabei haben zu wollen. Schließlich will ich ja auch nicht alles mit ihm gemeinsam machen!
	Das Gegenüber findet mich langweilig, uninteressant, unsympathisch etc. (»**Abwertungsbrille**«)	Das Gegenüber hat sich eigentlich nur zu einem Argument von mir, nicht zu meiner Person geäußert. Das sind zwei ganz unterschiedliche Dinge, die ich gerne vermische!
	Die anderen sehen und respektieren mich nicht in meiner – wichtigen dies – Funktion; sie halten dies – und damit mich – für unwichtig. (»**Unwirksamkeitsbrille**«)	Immer wieder passiert mir das: Ich nehme Ablehnung – zu – persönlich, wo es doch lediglich darum geht, klar meine Erwartungen in der Sache darzustellen und auch ggf. durchzuhalten!

Konflikt	Die glauben wohl, sich mir ge-genüber alles herausnehmen zu können. (»**Die provozieren mich**«)	Hier muss ich aufpassen, denn zur Kreativität und Beteiligung gehört auch, dass man nicht alles auf die Gold-waage legt!
	Wenn es darauf ankommt, hält wahrscheinlich wieder keiner zu mir – trotz meiner Bemü-hungen für die anderen. (»**Die ungerechte Undank-barkeit**«)	Ein alter Bekannter: Ich bin hier offensichtlich selbst bedürftiger, als es für eine sachliche Kooperation gut ist. Dankbarkeit und Gerechtig-keit in Arbeitskontakten gibt es am Ende, wenn überhaupt!
	Wenn ich hier nicht kläre und zeige, »wer Herr im Hause ist«, dann machen die in Zu-kunft mit mir, was sie wollen. (»**Die Opferrolle**«)	Beteiligung und Engagement »leben« davon, dass man in »meine Kreise« gerät. Hier muss ich ausweichen und keinen Übergriff persönlich nehmen; ich werde dann vom Opfer zum Arrangeur, indem ich nicht in uralte Fallen (ei-nes Autoritarismus) tappe!
Interesse	Die anderen finden mich gut und mögen mich deshalb auch. (»**Die (Ein-)Bezogenheitsillu-sion**«)	Hier lasse ich mich von der gefährlichen Droge des Nar-zissmus betören. Das muss nicht sein und trübt meinen nüchternen Blick!
	Man interessiert sich für mich. (»**Angenommenheitssuche**«)	... auch hier: Es geht um das Interesse an der Sache und den Vorgaben. Man kann sich für die Sache interessieren und mich ablehnen und umgekehrt!
	Die erinnern sich ja noch an mich und drücken dies aus, d. h., ich bin ihnen wichtig. (»**Nähe-Verwechslung**«)	... auch hier: nichts persön-lich nehmen – außer die eigenen Spontandeutungen und Verwechslungen!

Abb. 31: Spontandeutungen revisited (Arnold 2015a, S. 255 f.)

Diese Beispiele zeigen: Wir müssen nicht so bleiben, wie wir sind. Wir können uns nämlich mit dem gekrümmten Beobach-tungsstrahl stets selbst im Blick behalten, wenn wir wahrgeben, Gewissheit spüren und reagieren – mehr oder weniger besonnen, aber stets im Einklang mit uns selbst. Doch nicht nur das: Wir können uns auch selbst ins Wort fallen, indem wir die »Formen des Anfreundens« mit anderen möglichen Interpretationen und Emotionen gewissermaßen zu einer neuen Routine des Umgangs mit Wirklichkeiten – oder besser gesagt: der emotionalen Konstruktion von Wirklichkeiten – entwickeln. »Es könnte auch ganz anders sein!« (Wittgenstein 1984). Indem es uns gelingt, uns nicht länger auf unsere tief empfundenen Gewissheiten zu verlassen, worauf »man sich freilich auf gar keinen Fall verlassen sollte« (Heinze 2010, S. 27), werden wir innerlich vielfältiger. Und es ist diese innere Vielfalt, welche unsere Kompetenzen zu einem gelingenden Umgang mit dem Unterschiedlichen im Außen reifen lässt.

Die »Formen des Anfreundens« sind die Lockstoffe, mit denen wir unsere alten Gewohnheiten die Treppe hinunter locken können – eine Treppe, die es unserem Gegenüber erlaubt, in anderer Weise in Erscheinung zu treten. Aber auch uns führt diese Treppe letztlich in eine neue Welt, da sich unsere inneren Muster aufweichen und anderen Deutungen und Gefühlen Raum geben können. Ein Leben im Modus des Umdeutens bzw. Anfreundens fällt uns nicht in den Schoß, sondern erfordert Übung. Der Philosoph Peter Sloterdijk fasste 2009 seine Philosophie in dem Aufruf zusammen »Du musst dein Leben ändern« (Sloterdijk 2009) und sprach in diesem Zusammenhang von einer »Anthropotechnik«. In einer recht verkanteten Form definiert er dabei, worum es ihm geht:

> »Ich verstehe hierunter die mentalen und physischen Übungsverfahren, mit denen Menschen verschiedenster Kulturen versucht haben, ihren kosmischen und sozialen Immunstatus angesichts von vagen Lebensrisiken und akuten Todesgewissheiten zu optimieren. (…) Der Held der folgenden Geschichte, der homo immunologicus, der seinem Leben mitsamt dessen Gefährdungen und Überschüssen eine symbolische Form geben muss, ist der mit sich selbst ringende, der um seine Form besorgte Mensch – wir werden ihn als den ethischen Menschen näher charakterisieren oder besser: als den homo repetitivus, den homo artista, den Menschen im Training« (ebd., S. 23 f.).

Persönlichkeitsbildung tritt in diesen Formulierungen deutlich als Ergebnis einer Übung in den Blick. Der »Mensch im Training«, wie ihn Sloterdijk bezeichnet, ist der Mensch, dem seine

eingespurten Formen des Deutens und Fühlens zum Thema geworden sind und der mit sich selbst ringt, um die »Vertikalspan-
nung« zwischen »den Brückenköpfen in der Leiblichkeit und
denen in den Kulturprogrammen« (ebd., S. 35) zu balancieren,
um seinem Leben sowohl soziale Anschlussfähigkeit als auch
Identität und Perspektive stiften zu können. Über dieser Praxis
»des übenden Lebens« (ebd., S. 31) schwebt der Anspruch einer
tiefenwirksamen Persönlichkeitsbildung:

> »Die tiefen Spiele sind diejenigen, die von den Höhen bewegt werden«
> (ebd., S. 31).

Die »Höhen« stehen hierbei für die gedankliche Tiefe der überlieferten Vorlagen, die Einbeziehung evidenter Hinweise sowie
die Ausdauer des Bemühens, sich im selbstreflexiven Bewusstsein von dem »unauflösbaren Eigensinn von Vorstellungsinhal-
ten« (ebd., S. 32) um einen weiterführenden und neuen Umgang
mit dem Vertrauten zu bemühen.

Die erwähnte Teilnehmerin beschrieb ihre Übungserfahrun-
gen:

Ich traue mich

»Für mich war es zunächst gar nicht leicht, mein Handeln an
absichtlichen Umdeutungen dessen, was mir spontan der Fall
zu sein schien, auszurichten. Es dauerte schon einige Zeit, bis es
mir tatsächlich gelang, in anderer Weise auf das Gegenüber zu
blicken – gewissermaßen im Unterschied zu meinen inneren Bildern. Dies verunsicherte und verlangsamte mich – es entstand
aber auch ein neuer Umgang mit den anderen.«

Regel 27: Nutze das kognitiv-emotionale Echolot für deine Selbstreflexion und Selbstveränderung!

Art und Wirkungen unserer Anfangseinspurungen sind vielfältig und unübersichtlich. Deshalb ist die Differenzielle Psychologie seit ihren Anfängen darum bemüht, diese Vielfalt zu einer überschaubaren Zahl von Idealtypen zu verdichten und diese in ihren typischen Verhaltensweisen zu beschreiben.

Verbreitet ist die grobe Unterscheidung zwischen introvertierten und extrovertierten Menschen oder die aus der Antike von Hippokrates (460–377 v. Chr.) überlieferte Unterscheidung zwischen den Temperamenten des Sanguinikers, Cholerikers, Phlegmatikers oder Melancholikers. Solche Typenlehren ermöglichen zwar eine erste Orientierung im zwischenmenschlichen Umgang, sie haben jedoch auch zwei entscheidende Nachteile: Zum einen verführen sie dazu, das Gegenüber aufgrund einer beobachteten Verhaltensweise vorschnell zu klassifizieren, zum anderen verleiten sie zur zuweisenden, nicht zur reflexiven Beobachtung. Im Klartext: Die Fragen, für welchen Persönlichkeitstyp der Beobachter selbst steht oder als welche Persönlichkeitstypen er andere bevorzugt als introvertiert oder extrovertiert wahr*gibt*, spielt in diesen Typenlehren kaum eine Rolle.

Aus diesem Grunde gilt es, sich von solchen – letztlich anmaßenden – Zuschreibungsmodellen zu lösen.

> Wer andere bevorzugt durch ein Typenmodell wahr*gibt*, hat sich selbst bereits vom Modus einer selbstreflexiven Beobachtung gelöst und taumelt in der Illusion, es im Außen mit Typen zu tun zu haben, die sich ihm so oder anders zumuten.

Zwar gibt es in unserem sozialen Umfeld typische Verhaltensweisen, doch sind wir nur in der Lage, diese zu unseren eigenen Bedingungen oder angeleitet durch irgendwelche psychologischen

Lehrmodelle zu erkennen. Dabei verzerren wir jedoch mehr, als wir erhellen, da die soziale Diversität nur im Rahmen unserer Modelle in Erscheinung treten darf.

Auf diese wirklichkeitsschaffenden Wirkungen unserer überlieferten Beobachtungsweisen und sozial folgenreichen Festlegungen wurde insbesondere vom Sozialen Konstruktivismus deutlich hingewiesen, dessen Leitthese Gisela Stein folgendermaßen zusammenfasst: Die sozialkonstruktivistische Sicht

»(...) postuliert, dass bereits unsere Wahrnehmung auf sozialen Konventionen beruht und unentwegten Täuschungen ausgesetzt ist. Durch unseren kulturellen, wirtschaftlichen, historischen, sozialen, gesellschaftlichen und politischen Kontext werden unsere Wahrnehmungen geleitet, sodass wir die Wirklichkeit, wie sie ist, nicht erkennen können. Radikale Vertreter-/innen behaupten, dass es grundsätzlich keine Wirklichkeit gibt, da diese immer konstruiert ist. Auch Wissenschaftler-/innen unterliegen in ihrer Forschungstätigkeit diesen Prozessen. Wissenschaftliche Theorien sind nach dieser Auffassung deswegen einflussreich und langlebig, weil die Vertreter-/innnen dieser Theorien ein gutes Verhandlungsgeschick besitzen und ihre wissenschaftliche Gemeinde von der Güte der Theorie überzeugen können. Theorien sind also nicht wegen ihrer wahren Aussagen einflussreich, sondern weil bestimmte Gruppendynamiken angestoßen werden, die durch Machtverhältnisse beeinflusst werden. Ändern sich der Zeitgeist oder die ökonomischen Verhältnisse einer Gesellschaft, dann werden andere Theorien und andere Konventionen aktuell. Unser ganzes Leben beruht auf impliziten Normen eines stillschweigenden Einverständnisses, die gesellschaftlichen Konventionen zu akzeptieren und zu leben. Man kann sich letztlich nur selber immer wieder kritisch reflektieren, um zu sehen, in welchem Kontext man zu bestimmten Erkenntnissen kommt« (Steins 2010, S. 14).

Deshalb gilt auch für die Frage nach den typischen Mustern im sozialen Miteinander:

> Löse dich von überlieferten Typenlehren und lasse die Vielfalt, die dir begegnet, in Erscheinung treten. Dies gelingt dir umso eher, je besser du in der Lage bist, deinen eigenen – nach Wiederholung drängenden – Mustern der *Wahrgebung* auf den Grund zu gehen, sie verwundert zu betrachten und dich von ihnen zu lösen!

Dazu kann folgende Fortschreibung des Emotionsportfolios (zweiter Teil zu Regel 17) einen Anstoß bilden (siehe Abb. 32).

Den eigenen Deutungs- und Gefühlsprogrammen auf die Spur kommen – das Emotionsportfolio (zweiter Teil)		Mögliche Leitfragen
Umgang mit Unbekanntem	Ich bewege mich bevorzugt in bekannten Bahnen und meide Kontextwechsel, Trennungen oder Neubeginn.	Wer waren meine frühen (Un-)Bekanntschaften? Welche Erfahrungen habe ich dabei gesammelt? Was entgeht mir, wenn ich dem Neuen ausweiche?
	Ich suche gezielt nach neuen Herausforderungen und nähere mich diesen voller Neugierde.	Welche unsicheren Lagen habe ich bislang bewältigt? Wie bin ich dabei vorgegangen? Welche Gefühle hatte ich dabei?
	Meine Gefühle gegenüber dem Unbekannten sind mehr Angst als freudige Erwartung.	Wann war ich vor Angst gelähmt? Wo habe ich bei der Suche nach neuen Wegen versagt? Wie wirkt diese Erfahrung nach?
Umgang mit Rechthaben	In Auseinandersetzungen über Sachfragen, reagiere ich bisweilen emotional und beharre auf meinem Recht.	Welches Gefühl bestimmt mich dabei? Wie nimmt mich mein Gegenüber dabei wahr? Bin ich in der Lage, diesen Eindruck zu korrigieren und dem anderen Recht zu geben?
	Ich kann überzeugend zum Ausdruck bringen, dass ich zwar einiges weiß, aber nicht völlig sicher bin, ob es nicht weiterführende oder aktuellere Einsichten gibt, die ich nicht kenne.	In welchen Situationen ist mir dies gelungen? Welches Gefühl hat mich dabei bestimmt? Welche Befürchtungen haben sich dabei nicht bestätigt?
	Ich frage in Auseinandersetzungen häufiger interessiert nach und gebe meine eigene Beurteilung nur auf Anfrage preis.	In welchen Situationen ist mir dies bereits gelungen? Wie erlebe ich mich selbst dabei? Wie reagieren die anderen?

Umgang mit Infragestellung	Wenn meine Einschätzungen und Vorschläge bezweifelt werden, reagiere ich oft gekränkt und ziehe mich zurück.	In welchen solcher Situationen war ich gekränkt? Wie hat dieses Gefühl meine Reaktion bestimmt? In welchen Situationen konnte ich in anderer Weise reagieren?
	Ich kann es sportlich nehmen, wenn jemand an mir zweifelt oder mein Verhalten kritisiert.	Wann ist mir dies gelungen? Welche konstruktiven Wirkungen hatte diese Reaktion? Was ist das Besondere an den Situationen, in denen mir dies misslingt?
	Ich weise Kritik nicht sofort zurück, sondern versuche, in jeder Kritik auch den berechtigten Kern zu identifizieren und für mich zu nutzen.	In welchen Situationen konnte ich dies? Zu welchen wertschätzenden Reaktionen habe ich dabei gegriffen? Wie waren die Wirkungen bei den anderen?

Abb. 32: Emotionsportfolio – 2. Teil

Wege aus der Alltagstrance

Das Emotionsportfolio eignet sich zur nachgrübelnden Reflexion; es beinhaltet kaum Hilfen zum Verhalten in der konkreten Lage. Nach einiger Übung kann sich allerdings ein Effekt einstellen, der uns während der emotionalen Reaktion stocken lässt. Wie aus der Ferne erinnert uns dann eine innere Stimme an die Selbsteinsichten, die wir bereits erarbeitet haben und die wir gerade über Bord werfen. Dann sind wir ganz in der Trance des Bekannten und wissen bereits, wozu uns diese im nächsten Schritt verleiten wird.

In der Alltagstrance manifestieren sich unsere emotionalen Erinnerungen, inneren Bilder und die Gedanken, die sie stiften. Diesen können wir uns hingeben, oder wir üben uns darin, aus ihnen bewusst auszusteigen (vgl. Lauterbach 2007). Dies gelingt umso besser, je tiefer wir die banalen Wirkungsmechanismen unserer Wahrnehmung verstanden und gewissermaßen »am eigenen Leib« durchdrungen haben. Dass die menschliche Wahrnehmung dazu tendiert, möglichst mit den bisherigen Mustern von Kognition und Emotion das Neue zu deuten, ist eine zwar spannende Einsicht, doch fällt es schwer, dies auch für die eigenen Deutungen der Gegebenheiten in Rechnung zu stellen.

Wem gefällt es schon, wenn er sich sagen muss »Was regst du dich so auf, versuche lieber zu erkennen, welche deiner eigenen Muster da gerade zusammenwirken!«? Und doch ist es das, was wir uns dann selbst beständig zuraunen müssen, wenn wir bemerken, dass sich in uns etwas emotional versteift und wir anfangen, immer vertrauter zu reagieren – gefangen in alten Mustern, statt in achtsamer, nachfragender und angemessener Bezogenheit auf die jeweilige Situation und das, was in ihr zum Ausdruck drängt. In solchen Lagen verfallen wir in einen zeitweiligen Autismus, der eigene Reaktionsformen wiederbelebt, ohne dass z. B. die empfundene Bedrohung im Außen wirklich eine nachvollziehbare Ursache hat.

Um solche autistischen Katastrophisierungen zu meiden, ist es hilfreich, sich das folgende Erregungsgesetz zu eigen zu machen:

> »Die Dauer einer emotionalen Unbalanciertheit verhält sich umgekehrt proportional zu ihrem Erregtheitsniveau« (Arnold 2012, S. 70).

Diese Daumenregel kann uns helfen, umso behutsamer und zweifelnder voranzuschreiten, je entschiedener wir meinen zu wissen, was richtig oder falsch ist. Anhalten ist in solchen Lagen eine gute Verhaltensweise, einen Schritt zurückgehen eine noch bessere! Auch hier hilft das Bild von der Echternacher Springprozession, welche sich jährlich am Pfingstdienstag zu Ehren des heiligen Willibrord durch den luxemburgischen Grenzort Echternach bewegt: Der Pilgerzug bewegt sich dabei durch die Straßen, indem die Beteiligten jeweils drei Schritte vor und zwei zurück gehen. Sie kommen mühsam voran, indem sie Rückschläge symbolisieren und vielleicht sogar die Notwendigkeit von Nachdenken und Umkehr ausdrücken wollen (vgl. Krack 1999).

Wie dem auch sei: Das Bild der Prozession selbst erweist sich als hilfreich und sinnvoll, wenn es darum geht, sich dem Neuen gegenüber zu öffnen und zu vermeiden, dass die subtile Gewissheit unserer Emotionen von unseren Interpretationen und Beurteilungen Besitz ergreift und uns immer und immer wieder in die vertrauten Muster des Agierens hineinzieht. Hilfreich ist dieses Bild auch, weil es zeigt:

> Man kann sich der Kraft gefühlter Gewissheiten nur im Rückwärtsgang entziehen, indem man den bekannten Weg zwei Schritte zurückgeht, um ihn nochmals besonnener neu zu bestimmen!

Auswege aus der Trance des Durchschnittswertes

Nicht nur unsere eigenen Wahrnehmungsmuster sind in ihrer Typisierung, mit der wir das Gegenüber durch unsere Muster interpretieren, infrage gestellt, auch die wissenschaftlichen Erklärungsversuche, zu denen wir im Bemühen um Evidenz dann bevorzugt greifen, halten vielfach nicht, was wir uns von ihnen versprechen. Dies ist besonders dann der Fall, wenn wir an ihnen mit ähnlicher Entschiedenheit festhalten, wie zuvor an unseren spontanen Deutungen. Beobachtbar sind solche neuerlichen Trancezustände u. a. bei den Anhängern unterschiedlicher Schulen, von denen es in den Veränderungswissenschaften (Pädagogik, Psychologie etc.) zahlreiche gibt.

Die von diesen wissenschaftlichen Schulen vorgelegten Typenlehren geraten auch deshalb mehr und mehr ins Gerede, weil sie das *Singuläre* im Durchschnittlichen auflösen. Damit erhalten wir eine statistische Wahrheit, die aber grobkörnig ist. Ihr entgeht das jeweils Spezifische, dessen Kenntnis uns auch ein genaueres Bild vom Gegenüber, seinen Besonderheiten und seinen Möglichkeiten verschaffen könnte. Indem wir typisieren und uns auch in unseren analytischen Verfahren auf die Ermittlung wahrscheinlicher Wahrheiten kaprizieren, kann sich uns das Gegenüber zwar als Individuum zeigen – »aber bloß in Abweichung vom Durchschnitt – der Maßeinheit der Moderne« (Kucklick 2015, S. 9), wie Christoph Kucklick in seinem viel beachteten Buch *Die Granulare Gesellschaft* schreibt. Dort heißt es weiter:

»Jeder Mensch ist ein Unikat, ein Singularium (...). Wenn man die Einzelheiten hinreichend gut kennt, dann ist der Gruppendurchschnitt irrelevant« (ebd. S. 48 u. 38).

Christoph Kucklick plädiert für eine Differenz-Revolution, die von einem anderen Blick auf den Einzelnen und die Gesellschaft getragen wird:

»Die Neue Auflösung lässt bislang verborgene Unterschiede hervortreten, auch zwischen uns Menschen. Wir werden radikal vereinzelt, singularisiert – und diese Unterschiede werden wiederum sozial zugespitzt und verwertet. Wir erleben eine Krise der Gleichheit, die schon jetzt unsere Arbeitswelt und unsere Demokratie verändert« (ebd., S. 11).

Die wieder stärker in das Bewusstsein tretende Singularität konfrontiert uns somit mit einer zweiten Ernüchterung: Sie entlarvt viele Forschungen und Theorien als zu grobgranuliert, während die feinkörnigere Wahrnehmung uns vielfach wieder bei null starten lässt: Wir erkennen, dass auch die statistische Wahrheit uns nur den Durchschnitt, nicht aber das Besondere, für das wir uns emotional mit Bemühung geöffnet haben, erkennen lässt. Wir sind dann zwar weitgehend frei von der eigenen emotionalen Trance, erliegen aber sogleich vorgefertigten Interpretationen aus Literatur und Wissenschaft, die sich zwischen unsere offene Beobachtung und die Singularität des Gegenübers schieben.

Daten sind die Baustoffe, aus denen sich Brücken der Verständigung bauen lassen, auf denen man sich aufeinander zubewegen kann. Die Tragfähigkeit dieser Brücken ist aber davon abhängig, wie man die Daten erhoben hat und mit welcher Interpretation man sie bereits in der Fragestellung selbst erzeugt hat. Nur wenn beides – Methode *und* Implikation –zur Debatte steht, sollte man sich auf die Evidenzbrücken zubewegen. Sonst könnte es sein, dass einen auf der anderen Seite bloß der Anhänger einer anderen Schule erwartet, kein Partner für eine gemeinsame Suche.

Regel 28: Präzisiere die *Hidden Agenda* deiner Selbstbildung (Motto: »Wer kann ich werden und wenn ja wie?«)!

Die grundlegende These dieses Buchs zielt darauf, die *Verantwortung* jedes einzelnen für seinen eigenen Bildungsprozess zu stärken. Bildung ist immer eine Kompetenztransformation, zu der man sich nur selbst entschließen kann. Den einen fällt dieser Entschluss leicht, den anderen schwerer. Letztere haben meist den Zugang zu ihrer Lernfähigkeit schon verloren oder nie wirklich entdecken können – eine Blockierung, an deren Profilierung frühe familiäre und schulische Kontexterfahrungen nicht ganz unbeteiligt gewesen sind. Indem in diesen Kontexten eher schwächende (»Du kannst das nie«) oder gar verneinende Botschaften (»Setzen! Note 6!«) vernommen wurden, entwickelten die Betroffenen nicht selten eine Vermeidungstendenz gegenüber Lernanforderungen und Lernangeboten. Sie lernen nur, um sich zu verteidigen und Nachteile zu vermeiden, nicht aus der Begeisterung heraus, zu wachsen und zu denen zu werden, die sie sein könn(t)en. Dieses »defensive Lernen« (Holzkamp 1993) hat für sie gute – weil: plausible – Gründe.

Lehr- und Beratungskräfte können eine solche Selbstentwicklung ermöglichen, anregen und begleiten, aber nicht erzwingen oder gar gewährleisten. Diese Einsicht ist nicht neu, aber unausweichlich! Humberto Maturana spricht in diesem Zusammenhang von einem »verpflichtenden Argument« (Maturana 1997). Er meint damit zwar die Unausweichlichkeit der Selbstorganisation, mit der wir unseren Erfahrungen treu bleiben und auch unsere Bilder von der »Wirklichkeit« erzeugen. Er stärkt mit diesem Hinweis aber auch einen Blick auf das Lernen von Neuem und die Aneignung von Kompetenzen – einen Blick, der sich von den verbreiteten Vorstellungen der Vermittlung oder Vermittelbarkeit von Kenntnissen, Fähigkeiten und Fertigkeiten befreit hat.

Lernen ist ein Selbstlernen. Als Impuls ist es allen Menschen eigen, als Fähigkeit kann es sich jedoch nur dann entfalten, wenn die Einzelnen Wertschätzung, Übung und Bestätigung erleben und Gelegenheiten nutzen können.

Lernen als Selbstlernen rückt das in den Blick, was Lernen schon immer gewesen ist: eine erkundende Bewegung des Subjekts. Mit dieser bemüht sich das Subjekt um neue Sichtweisen und Handlungsmöglichkeiten – vor allem in solchen Lagen, in denen seine bisherige Sicht der Dinge nicht mehr weiterführt und neue Fähigkeiten entwickelt werden müssen. Diese Erkundung führt zu Erkenntnissen, setzt aber auch bereits Erkenntnisse voraus, nämlich ein Wissen darüber, wie man selbst lernt und wie man diese eigenen Mechanismen ggf. aufgeben kann, um sich wirksamer mit sich selbst (z. B. eigenen Gefühlen) und der Welt (z. B. beruflichen Anforderungen) auseinandersetzen zu können und um biografische Optionen zu sichern oder gar zu gestalten.

Waltrauds Lerngeschichte

In einem Workshop mit Trainerinnen und Trainern schildert Waltraud ihren holprigen Weg in den Lehrberuf: »Lernen war eigentlich nie mein Ding. Schon in die Schule ging ich meist mit Bauchweh, und ich entwickelte mit der Zeit eine richtige Schulphobie. Entsprechend erleichtert war ich, als ich Unterricht, Lehrer und Prüfungen hinter mir lassen konnte. Damals habe ich mir geschworen: ›Du setzt niemals mehr den Fuß in eine Schule, Hochschule oder Volkshochschule!‹ Deshalb geriet ich regelrecht in Panik, als nach meiner Berufsausbildung mein Chef zu mir sagte: ›So, und Sie lernen jetzt Portugiesisch! Schließlich haben wir viele Kunden in Portugal und Brasilien, da erwarten wir einiges von Ihnen.‹ Es kam, wie befürchtet: Der VHS-Kurs erwies sich als Flop. Anders jedoch meine erste dreimonatige Reise zu unserem Partnerbetrieb nach Portugal. Dort lernte ich im ständigen Kontakt mit den einheimischen Ingenieuren in relativ kurzer Zeit die Alltagssprache – und: Ich hatte richtig Freude daran! Heute führe ich eigene Trainings auf Portugiesisch durch – und ich übe und verbessere meine Sprachkompetenz dabei ständig. Ich lerne, während ich lehre!«

Solche und ähnliche Erfahrungen bestätigen die Wirkungskraft des informellen Lernens. Diesem liegt auch ein neues Verständnis davon zugrunde, was Lernen und Bildung im Lebenslauf tatsächlich sind oder sein können: die kontinuierliche Profilierung von Kompetenzen, mit deren Hilfe es Menschen auch gelingt, sich selbst neu zu erfinden. Um mit den Situationen umgehen zu können, mit denen ihr Alltags- und Berufsleben sie beständig und in exponentialer Steigerung konfrontiert, müssen neue Haltungen und Fähigkeiten ausgebildet werden. Neben ihrer fachlichen Ausbildung bekommt daher die systematische Förderung der Selbstführung und des Selbstlernens von Lernenden eine grundlegende Bedeutung.

Diese reflexive Wende der Bildung wird in den Sozialwissenschaften bereits länger als das zentrale Merkmal der Lernkulturen moderner Gesellschaften diskutiert. Bildungseinrichtungen experimentieren deshalb heute mit einer solchen Anreicherung der Bildungsprozesse, die die Lernenden darin unterstützt, ihre Lernprozesse noch wirksamer selbstorganisiert zu gestalten, die Verantwortung für ihren Lernprozess zu übernehmen und sie so auf das lebenslange Lernen wirksam vorzubereiten.

Dabei wurde u. a. herausgearbeitet, dass sich die Muster und Lernkulturen der modernen Bildungssysteme in gesellschaftlichen Transformationsprozessen grundlegend wandeln. So entsprechen z. B. die vertrauten »linearen Transformationsmuster« (Motto: »Qualifizierung für eine bekannte Zukunft«) in vielen Bereichen schon länger nicht mehr der Realität, obgleich sie die mentalen Modelle von Bildungspolitikern und Lehrenden nach wie vor prägen. Demgegenüber haben sich in den modernisierten Gesellschaften der Welt mehr und mehr Transformationsmuster herausgebildet, die der Bildungsforscher Ortfried Schäffter von der Humboldt-Universität Berlin als »reflexiv« beschreibt. Kennzeichnend für diese Transformationsmuster ist dabei ein Verständnis von den Aufgaben und Möglichkeiten nachhaltiger Kompetenzentwicklung,

»(…) das nicht mehr unmittelbar Verantwortung übernehmen kann für die Lernziele und -inhalte der Teilnehmer, sondern sich als Förderung von Selbstlernprozessen und als ›entwicklungsbegleitendes Lernen‹

versteht. Statt Lernorganisation ausschließlich nach der ›Instruktions-logik‹ (›Wie kommt man effizient von A nach B?‹) zu arrangieren, geht es zunehmend mehr um ein Initiieren-Aufbauen-Ausgestalten und Unterstützen von Entwicklungsverläufen (…)« (Schäffter 2001, S. 30).

Diese Argumentation wirft auch für die Gestaltung der Bildungsprozesse im Kontext gesellschaftlicher und wirtschaftlicher Transformationen grundlegende Fragen auf. Wir können nicht so weitermachen wie bisher, sondern sind kontinuierlich mit der Frage konfrontiert, die der MIT-Organisationsforscher Peter Senge in die Worte fasst:

»Do we protect the ways of the past or join in creating a different future?« (vgl. Senge 2008, S. 8).

Ausgangslage	Kompetenzziele	Lernmodell	Lernkultur
bekannt	bekannt	**A: Curriculares Modell** (»Qualifizierung für spätere Verwendungssituationen«)	lineare Transformation
unbekannt	bekannt	**B: Aufklärungsmodell** (»Initiierung in Überlieferung bzw. erreichte Fachlichkeit«)	
bekannt	unbekannt	**C: Suchbewegungsmodell** (»Unterstützung von Professionalisierung«)	reflexive Transformation
unbekannt	unbekannt	**D: Kompetenzreifung** (»Persönlichkeitsbildung zur Gestaltung von Unsicherheit«)	

Abb. 33: Wandel der Lernkulturen (nach Schäffter 2001, S. 29)

Diese Akzentverlagerung in Richtung Selbstreflexion und Selbstverantwortung ist von grundlegender Bedeutung für eine Kompetenzentwicklung, die die Persönlichkeitsbildung in das Zentrum rückt. Dabei geht es nicht in erster Linie um die fachlichen Anforderungen, sondern um die Fähigkeiten des Einzelnen, sich mit diesen in Verbindung zu setzen, sie zu erschließen und sich anzueignen, die entscheidenden Fähigkeiten aber auch mit seiner professionellen Haltung zu verbinden.

Angeleitete Selbstreflexion mithilfe der Portfoliostrategie

Diese persönliche Bewegung kann angeregt und unterstützt werden, wobei sogenannte Portfoliokonzepte zunehmend an Bedeutung gewinnen. Diese stellen die professionelle Selbstreflexion in das Zentrum und bieten meist eine Art Leitfaden an, mit dem sich der Einzelne gegenüber sich selbst und der eigenen Entwicklung positionieren kann. Ein solches Portfolio dient somit der Dokumentation, Reflexion und Planung der eigenen Kompetenzentwicklung. Indem man sich darauf einlässt, die Kapitel des Portfolios mit den geeigneten Unterlagen und Aufzeichnungen zu »bestücken«, wird man mehr und mehr zum Eigentümer seiner eigenen Kompetenzkarriere – dies ist das Grundanliegen der sich verbreitenden Portfolioansätze. Diese zielen darauf ab, bewusst zu machen, über welche Kompetenzen man bereits verfügt (ohne dass einem dies wirklich bewusst ist). Außerdem wird der Einzelne angehalten, für sich selbst zu präzisieren, welche Kompetenzen er in Zukunft verstärken oder neu entwickeln möchte.

Dabei sind in diesem reflexiven Lernprozess meist folgende Kapitel zu füllen:

1) Die Lektionen meines Lebens

In diesem Kapitel skizzieren die Selbstlerner, welche speziellen Kompetenzen sie im familiären Umfeld, in ihrer Gemeinde, im Ehrenamt, in Vereinen oder durch Reisen und Hobbies erworben haben. Dabei bearbeiten sie u. a. folgende Fragen:

- Durch welche besonderen Fähigkeiten und Erfahrungen unterscheide ich mich von anderen?
- Wofür setzte ich mich ein? Wofür engagiere ich mich?
- Worin liegen meine Stärken?
- Wo liegen meine Interessen?
- Welche Einschätzungen und Äußerungen anderer waren für mich anregend oder gar prägend?

2) Meine beruflichen Stationen

Dies ist der Raum für die Darstellung des eigenen beruflichen Werdegangs – wobei es nicht nur um Stationen, Zeiträume und

Abschlüsse, sondern auch um die persönlichen Erfahrungen geht. Dabei bearbeiten sie u. a. folgende Fragen:

- Welche beruflichen Stationen habe ich bereits innegehabt?
- Welche Aufgaben haben mir innerhalb der jeweiligen Station besonders viel Freude gemacht?
- Gab es Herausforderungen, die ich gut bewältigt habe und an denen ich gewachsen bin?
- Was habe ich jeweils Neues gelernt?
- Habe ich mich Situationen gestellt, vor denen ich Angst/Respekt hatte?

3) Meine beruflichen Kompetenzen

Hier sollten die Einzelnen skizzieren, welche speziellen fachlichen und methodischen Kompetenzen Sie im Laufe Ihres Berufslebens erworben haben. Sie bearbeiten u. a. folgende Fragen:

- Mit welchen Themen habe ich mich inhaltlich und theoretisch auseinandergesetzt?
- Welchen Themen und Aufgaben bin ich in der Praxis begegnet?
- Habe ich Situationen erlebt, mit denen ich nicht gerechnet habe und auf die ich nicht vorbereitet war?
- Wie bin ich mit diesen Situationen umgegangen und was habe ich aus ihnen gelernt?
- In welchen Themenbereichen fühle ich mich fachlich sehr sicher?

4) Meine eigenen Werke

An dieser Stelle sollen die Einzelnen ihre bisherigen »Werke« beschreiben (z. B. mit Schilderungen, Fotos). Mit Werken ist hier vieles gemeint: handwerklich Hergestelltes, entwickelte Konzepte und Modelle, geplante Veranstaltungen, etc. Welche Zertifikate und Qualifikationen habe ich erlangt? Dabei bearbeiten sie u. a. folgende Fragen:

- An welchen Projekten habe ich mitgearbeitet? Welche Rolle habe ich übernommen?
- Habe ich eigene Konzepte gestaltet?

- Habe ich eigene Modelle erarbeitet?
- Wo habe ich Verantwortung übernommen?
- Wobei habe ich besonderen Einsatz/Engagement gezeigt?

5) Meine inoffizielle Personalakte

Dies ist der Raum für die Darstellung des Werdegangs mit den bedeutsamen Situationen und Herausforderungen, von denen die Einzelnen meinen, dass diese sie zu dem gemacht haben, was sie heute sind. Dabei bearbeiten sie u. a. folgende Fragen:

- Wobei hatte ich besondere Schwierigkeiten? Was habe ich daraus mitgenommen?
- Welche Lektionen habe ich aus Konflikten/Schwierigkeiten gelernt?
- Was habe ich besonders gut bewältigt? Wofür wurde ich gelobt? Wofür habe ich Anerkennung erfahren?
- Gab es Herausforderungen, an denen ich gewachsen oder gescheitert bin?
- Gab es Schwierigkeiten, die in meinem Berufsleben wiederholt aufgetreten sind?

6) Meine offizielle Personalakte

Hier sollten die Selbstlernenden Ihre Ausbildungs-, Schul- und/oder Hochschulzeugnisse sowie Arbeitszeugnisse und dienstlichen Beurteilungen zusammenstellen. Dazu gehören auch Bescheinigungen und Zertifikate zu beruflichen Qualifizierungen. Diese Dokumentation sollte zu folgenden Fragen Aufschluss geben:

- Was ist mein bisheriger beruflicher Werdegang?
- Welche/n Bildungsabschluss/Bildungsabschlüsse habe ich bislang erreicht?
- Welche Schulungen/Trainings/Fortbildungen habe ich besucht?
- Welche Zertifikate und Qualifikationen habe ich erlangt?
- Wo habe ich Arbeitszeugnisse/Beurteilungen erhalten?

7) Meine Lernpartner

Dies ist der Platz, an dem die Selbstlernenden die Begegnungen beschreiben, bei denen Sie Wichtiges gelernt haben. Dabei kann es sich z. B. um Mentoren oder Kollegen (in der Ausbildung und im Beruf) handeln. Fragen, die sie in diesem Zusammenhang bearbeiten können, sind:

• Von wem konnte ich in der beruflichen Praxis viel lernen?
• Wer hatte immer ein offenes Ohr für mich? Wem konnte ich mich bei Schwierigkeiten anvertrauen?
• Wer hat mich in meinem beruflichen Werdegang unterstützt/ mich bekräftigt?
• Mit wem bin ich aneinandergeraten und weshalb? Was habe ich daraus gelernt?
• Mit welchen Kollegen/Vorgesetzten/Mitarbeitern hatte ich Probleme? Warum?

8) Meine Selbstlernverträge

Hier können die Einzelnen ihre Selbstlernverträge, die sie z. B. in Begleitung durch ihre Lernpartner oder ihre Führungskräfte mit sich selbst abschließen, dokumentieren:

• Welche fachlichen, methodischen, sozialen und personalen Kompetenzen habe ich bisher erlangt?
• Worin habe ich mich verbessert?
• Welche Kompetenzen habe ich bereits erlernt und möchte ich noch ausbauen?
• Welche Fähigkeiten, die mich im Beruf weiterbringen, möchte ich erwerben?
• Welchen Herausforderungen möchte ich mich gerne stellen?

Anfangs kommt vielen diese Art der Selbstdokumentation aufwendig und wie eine Kür vor – zu stark hängen sie auch in ihrer Selbstwahrnehmung noch den offiziellen Dokumenten an (Motto: »Was ich bin, sagen meine Zeugnisse und Zertifikate!«). Mit der Zeit kann sich jedoch eine Routine der kontinuierlichen Selbstreflexion herausbilden, die eine wichtige Vorstufe für die Selbstführung der eigenen Entwicklung darstellt. Der Einzelne übernimmt stärker die Initiative, um tatsächlich zu werden, was er sein kann.

Regel 29: Misstraue den 28 Regeln und komme ohne sie aus!

Auch Regeln sind Konstruktionen. Sie sind die geronnenen und verdichteten Erfahrungen und Reflexionen derer, die sie aufstellen und verbreiten. Gleichwohl kann man unterscheiden zwischen solchen Regeln, die über ihr Zustandekommen Auskunft geben und fragil, provisorisch und brüchig daherkommen, und solchen, die so tun, als hätten Sie universell Gültiges zu präsentieren.[9]

> Wirkliche Regeln schreiben nicht vor, sondern regen dazu an, der eigenen – vielfach verborgenen – Regelhaftigkeit im Denken, Handeln und Tun auf die Spur zu kommen. Diese Regeln dienen dazu, die eigenen Regelungsimpulse und das eigene Regelwerk besser zu verstehen und die Art und Anzahl der – durch diese eingeschränkten – eigenen Handlungsoptionen zu vergrößern.[9]

Auch die in diesem Buch vorgestellten Regeln zur Persönlichkeitsbildung sind in diesem Sinne reflexiver Art: Sie geben Impulse und Reflexionsanstöße, die Sachlage anders – systematischer sowie selbstreflexiver bzw. selbsteinschließender – zu betrachten und reaktionsgebremster zu agieren, doch meiden sie den Nimbus einer neuen Bildungstheorie. Vielmehr wird durch sie ein prinzipielles Misstrauen gegenüber jeglicher Art geschlossener Konzepte gestärkt. Deren Formen und Wirkungen haben wir vielfach selbst in unseren Bildungskarrieren erlebt und nicht selten erduldet. Wir haben den Appetit auf solche »von außen« auf uns zukommenden Handlungsempfehlungen häufig schon früh eingebüßt.

Diese Enttäuschung ist ein notwendiger und auch hilfreicher Schritt, beendet sie doch die Täuschung, Regeln zur Persönlich-

---

9 Diese Regel 29 schließt alle meine 29-Regel-Bücher ab. Sie ist – in verkürzter Form – entnommen aus Arnold 2015b, S. 134 ff.
10 Diese Zielrichtung greift den Imperativ von Heinz von Foerster (1993, S. 51) auf: »Handle stets so, dass du die Zahl der Möglichkeiten vergrößerst!«

keitsbildung seien losgelöst von der eigenen Person im Außen verborgen und müssten nur endlich einmal wahrgenommen und angewandt werden, dann werde sich der eigene Erfolg schon wie von selbst einstellen. Dieser – in den Köpfen und Herzen so mancher Bildungsnutzer und Bildungsgestalter – anzutreffenden Haltung hat selbst eine seriöse Bildungsforschung nicht anderes anzubieten als den ernüchternden, aber auch ermutigenden Hinweise, dass es keine wirksamen Regeln der Persönlichkeitsbildung gibt außer denen, zu denen man sich selbst in einer konzentrierten Such- und Reflexionsbewegung durchgearbeitet hat – nicht, indem man bleiben durfte, wer man ist, sondern indem man zu werden verstand, wer man sein konnte.

In diesem Sinne brachte Erich Kästner (1899–1974) seine Lebensphilosophie in dem Gedicht »Der Abschied« auf den Punkt:

»Der Abschied
Nun ich mich ganz von euch löse,
hört meinen Epilog:
Freunde, seid mir nicht böse,
dass ich mich selbst erzog!

Wer sich strebend verwandelt,
restlos und ganz und gar,
hat unselig gehandelt,
wenn er nicht wird, was er war!

Variante zum ›Abschied‹
Ein Mensch, der Ideale hat,
der hüte sich, sie zu erreichen.
Sonst wird er eines Tages statt
Sich selber andren Menschen gleichen«

(aus: Kurz und bündig. © Atrium Verlag, Zürich 1948 und Thomas Kästner)

Es ist die Ernüchterung über die im Außen und in sich selbst vorgefundenen Regeln, mit denen wir zurechtkommen oder eben nicht zurechtkommen. Wer nicht zurechtkommt und mehr Verwirrung als Orientierung, Kraft und Perspektive in der Suchbewegung seines Lebens spürt, hat keine andere Wahl, als die Regeln, die da am Wirken sind, zu entdecken und nach Möglichkeiten zu suchen, wie er wirksamere Regeln für sich und sein Tun entwickeln kann.

Diese Ernüchterung löst vielfach Überraschungen und Irritationen aus, wohl auch deshalb, weil sie Rezepterwartungen durchkreuzt und mit einer – ganz im kästnerschen Sinne – paradoxen Metaregel hervorschaut, die da lautet:

> »Man kann nicht *nicht* regeln, aber man kann auch nicht regeln. Man kann lediglich die Regel befolgen, sich selbst und andere dabei zu beobachten, welcher eigenen Regelhaftigkeit sie in ihrem Denken, Fühlen und Handeln Ausdruck verleihen!«

Um in diesem Sinne zu lernen, wie man Regeln misstraut und eigene Regeln aufspürt, kann den in Abbildung 34 dargestellten Dreischritt empfehlen, der ein »Rezept zur Vermeidung von Rezepten« beinhaltet:

Rezepte zur Vermeidung von Rezepten bei der Umsetzung systemischer Führung	
A: Reflektiere mentale Modelle! (= Reflexion)	(1) Rezepte reduzieren die Komplexität zulasten der Einmaligkeit und Spezifik von Situationen. Haben Sie Mut zur Situationsspezifik! (2) Mentale Modelle sind Brillen mit Scheuklappen (Fehler des Egozentrismus). (3) Rezepte sind geronnene mentale Modelle. (4) Suchen Sie Supervisions-, Coaching- und Beratungschancen.
B: Rekonstruiere die Systemik! (= Analyse)	(5) Erzeugen Sie systematisch eine Vielfalt der Aspekte, Kraftfelder und Lesarten (»Lass das System sprechen«). (6) Fragen Sie immer zunächst nach dem Problemlösungspotenzial der Systemkräfte.
C: Gestalte die Systementwicklung! (= Handeln)	(7) Schaffen Sie systematisch Möglichkeiten zur Selbstführung. (8) Schaffen Sie Transparenz und bemühen Sie sich immer um (weitgehenden) Konsens, markieren aber auch deutlich den Dissens. (9) Entwickeln Sie gezielt die Beziehungs- und Akzeptanzebene.

Abb. 34: Die Kunst, Regeln zu vermeiden (nach Arnold 2009a)

Das Münchhausen-Syndrom: Ich werde selbst, wer ich sein kann

Der Versuch des Barons Münchhausen, sich an den eigenen Haaren aus dem Sumpf zu ziehen, ist in der systemischen Theorie und Beratung ein verbreitetes Bild (vgl. Watzlawick 2011a). Augenscheinlich naturgesetzlich unmöglich verdeutlicht dieses Bild die Schwierigkeit einer notwendigen, aber – schier – unmöglichen Aktivität: die Befreiung aus dem Sumpf unserer vertrauten Muster des Denkens, Fühlens und Handelns durch eine Selbsterkenntnis, die selbst nie völlig frei ist von ihrer Musterhaftigkeit. Doch genau darum geht es:

> Die wesentliche Dimension einer gelungenen Persönlichkeitsbildung liegt darin, sich – im Wissen um die schier unüberwindliche Musterhaftigkeit des eigenen Beobachtens und Interpretierens – darin zu üben, die Gegebenheiten und Wirkungszusammenhänge jenseits unserer eigenen Gewissheit in den Blick treten zu lassen.

Persönlichkeitsbildung ist deshalb reflexiv, d. h., sie kann sich niemals in der bloßen Aneignung kultureller Standards und einer enzyklopädischen Allgemeinbildung erschöpfen, sondern lebt vielmehr vom Verstehen der eigenen Formen des Denkens, Fühlens und Handelns. Diese konstituieren den Habitus, aus dem heraus wir auf die Umwelt und das Gegenüber reagieren. Sie erfassen dabei lediglich das, was sie erfassen (können) – eine Beschränkung, die uns in bekannten Spuren hält, die aber auch dazu beiträgt, dass unsere Zukunft wird, wie unsere Vergangenheit gewesen ist.

Diese Mustergebundenheit kann uns aber auffallen, und wir können verstehen, dass wir nur zu unseren eigenen Bedingungen auf die Welt blicken und diese interpretierend erschließen. Dadurch eröffnet sich die Chance, aus den vertrauten Formen auszusteigen und die Welt des Gegenübers in anderer Weise in Erscheinung treten zu lassen.

Indem uns dies gelingt, kann auch eine Haltung entstehen, die nicht nur in anderer – neuer – mit der eigenen – kognitiv-emotionalen – Geschlossenheit angemessener umzugehen vermag, sondern auch mit der des Gegenübers. Grundlage ist dafür eine Neubestimmung der Wirkungsfrage, wie sie für das systemische Denken charakteristisch ist. Insbesondere in den neueren systemischen Debatten zur Möglichkeit von Interventionen in komplexen Systemen (z. B. in der Familientherapie, der Organisationsberatung oder der internationalen Zusammenarbeit) hat man schon vor Jahren begonnen, die Wirkungsfrage in anderer Weise zu betrachten. Dabei löste man sich von den linear-mechanistischen Vorstellungen mit ihren Wenn-Dann-Annahmen und näherte sich *prozessualen Verfahren* an, die nicht in erster Linie von einem »Wissen um das Gegenüber«, sondern von einer nüchternen »Beobachtung des Verhaltens des Gegenübers« getragen werden.

Zwar benötigen auch systemische Führungskräfte oder Berater eine Expertise über die Abläufe sowie die psychologischen und soziologischen Dimensionen des Geschehens, sie nutzen diese jedoch nicht als substanzielle Basis für ihre Steuerung. Ihre professionelle Bewegung folgt nicht einer »objektiven Erkenntnis« des Gegebenen und Möglichen, sondern eigenen Fähigkeiten zum »Er-Rechnen einer Realität«, wie Fritz B. Simon diese Fähigkeiten im Anschluss an Heinz von Foerster beschreibt:

»Menschen sind nichttriviale Maschinen. Das gilt nicht nur für ihre Psyche, die sich im Laufe ihrer Geschichte verändert (d. h. vergangenheitsabhängig ist), sondern auch für ihren Körper. Dieser behält zwar viele Merkmale seiner Struktur, solange er lebt, aber auch er ist lernfähig. Das Gehirn verändert im Laufe der Lerngeschichte eines Individuums seine neuronalen Verknüpfungen, und das Immunsystem entwickelt Abwehrmechanismen gegenüber Erregern, mit denen es in Kontakt gekommen ist. All diese internen Veränderungen führen dazu, dass die Reaktionen des Organismus, der immer nur im Hier und Jetzt operiert, unvorhersehbar bleiben, was die Zukunft betrifft. Ob er eine Krankheit entwickelt oder nicht, ist – zumindest im Hinblick auf die meisten Krankheiten (d. h. nicht alle) – nicht gradlinig-kausal determiniert. Dasselbe gilt für die Verhaltensweisen, die ein Individuum zeigen wird. Auch sie sind nicht berechenbar, obwohl dankenswerterweise nur wenige Menschen ihre Nichttrivialität wirklich ausleben und sich so unberechenbar verhalten, wie sie eigentlich könnten« (Simon 2006, S. 40).

> Persönlichkeitsbildung kann als die Fähigkeit gesehen werden, die eigene Nichttrivialität auch dadurch auszuleben, dass wir in der Lage sind, unser eigenes Verhalten und das des Gegenübers aus den jeweils spezifischen Vorbedingungen und Prägungen heraus zu »errechnen« oder – besser gesagt – zu »verstehen«.

Ein wirksamer Umgang mit individuellen und sozialen Veränderungen kann nämlich nicht von außen, sondern lediglich von innen heraus erfolgen. Peter Senge und andere Autoren folgen bei ihrer systemischen Veränderungsbegleitung deshalb der Leitmaxime: »Es geht nicht darum, was die Vision ist, sondern was sie bewirkt« (Senge u. a. 2011, S. 365), und begleiten die Verantwortlichen bei der systematischen »Suche nach Energie und Commitment in ihrer eigenen Organisation« (ebd., S. 367 ff.) – eine Anleitung zur beobachtenden »Errechnung« der spezifischen – inneren – Wirklichkeit des jeweiligen Gegenübersystems, die nur verspricht, was sie zu halten vermag, und deshalb hält, was sie verspricht. Die Prozessverantwortlichen arbeiten dabei nur mit dem, worüber sie tatsächlich selbst verfügen können: ihre Beobachtung und ihre Kontextsteuerung durch Varietät und Diversität. Das ist ganz im Sinne von de Shazers Vorschlag:

> »Vielleicht sollten wir einen wittgensteinschen Schritt machen und sagen, da wir über Kausalität nichts wissen können, könnten wir genauso gut so tun, als ob sie nicht existiere, und sehen, was passiert« (de Shazer 2006, S. 98).

Diese reflexive Bewegung ist dem luhmannschen Technologievorwurf an die Pädagogik fremd.[11] Im Grunde genommen entspringt dieser Vorwurf einer Illusion der Erkennbarkeit und Zurechenbarkeit, die Luhmann nach seiner autopoietischen Wende seit 1984 selbst aufgegeben hat. Dies blieb in der Pädagogik und Erziehungswissenschaft weitgehend unbemerkt – außer bei Dieter Lenzen. Dieser hat nämlich recht früh erkannt, dass die emergenten Wirkungsgefüge der pädagogischen Felder andere Begrif-

---

11 Mit diesem Vorwurf hatten H.-E. Schorr und Niklas Luhmann seinerzeit die Erziehungswissenschaften aufgeschreckt, indem sie aufzeigten, dass diese keine instrumentell nutzbaren und mehr oder weniger wirkungssicheren Verfahren bereitzustellen vermögen (vgl. Luhmann u. Schorr 1979).

fe und Konzepte nahelegen als die Input-Erwartungen, die mit den überlieferten Anliegen verbunden sind (vgl. Lenzen 1997). In der von ihm gesamtredaktionell betreuten Denkschrift der »Vereinigung der Bayerischen Wirtschaft« mit dem programmatischen Titel *Bildung neu denken! Das Zukunftsprojekt* heißt es – am Beispiel der Pädagogik – zu der überlieferten Unterrichtstechnologie im Sinne eines »linearen, einseitig vom Lehrer ausgehenden Vorganges« (Vereinigung 2003, S. 88):

> »In den Kognitionswissenschaften wird Unterricht heute nicht mehr als eine ausschließliche Aktivität des Lehrers, sondern des Lernenden begriffen. Der Lernende benötigt eine komplexe, differenzierte ›Lernumgebung‹, die ihn zum Lernen herausfordert. Diese komplexe ›Irritation‹ führt zu einer kognitiven Ausdifferenzierung des Gehirns. Es kommt also darauf an, eine Lernumwelt so zu gestalten, dass sie zum Lernen veranlasst.
>
> Dies bedeutet, dass der Lehrer sich von dem Bild verabschieden muss, eine Wahrheit zu verwalten und zu vermitteln. Seine Aufgabe hat neben der pädagogisch-erzieherischen Komponente durchaus Ähnlichkeit mit der eines (Wissens-)Ingenieurs. Er ›konstruiert‹ mit seinem Unterricht eine Lernumwelt. (…) Für den Vollzug von Unterricht bedeutet dies, dass er sowohl ›direktiv‹, z. B. bei der Mitteilung und Erläuterung von Sachverhalten im klassischen Sinne, als auch ›situiert‹ im Sinne der Schaffung von realitätsnahen Lernanlässen sein muss« (ebd.).

Aus dieser Öffnung in Richtung einer nichtlinearen Technologie ergibt sich die abschließende These:

> Eine moderne Sozialwissenschaft braucht Beobachtungsformen, Konzepte und Modelle, die nicht intentional fokussieren, sondern funktional bzw. – besser – relational ansetzen, indem sie Kontexte gestalten und deren Wirkungen beobachten.

Selbst, wenn die Akteure selbst anderes glauben oder gar beabsichtigen, gilt: Soziale Technologien können keinen externen, sondern bloß internen Zwecken dienen. Sie vermitteln nichts, sondern eröffnen Wege der Selbstbildung; und sie erzeugen nichts, sondern ermöglichen Lernen sowie Kompetenz- und Persönlichkeitsreifung. Während der Vorwurf des Technologiedefizits nicht nur von einem engen, sondern auch von einem linear-mechanistischen Wirkungsbegriff ausgeht, verweist das Konzept der »selbsteinschließenden Reflexion« (Varela u. a. 1992, S. 50) auch auf eine technologische Praxis, die durch eine *doppelt reflexive Bewegung* gekennzeichnet ist. Diese vermag sowohl die Eigenbewegung des Gegenübersystems als auch die Selbstgebundenheit der eigenen Wahrnehmungs- und der eigenen Gestaltungspräferenzen in dem, was man erkennt, zu berücksichtigen. In diesem Sinne spricht Michel Foucault von den »Techniken und Technologien des Selbstverhältnisses« (Foucault 2009, S. 18), und er markiert damit ein Technologieverständnis, welches auch die neue Logik der Softwareentwicklung charakterisiert. Dieser geht es bekanntlich nicht mehr um die Bereitstellung von Modellen, Algorithmen und Methoden zur Bearbeitung einer kontrafaktisch gegebenen Problemstellung, sondern vielmehr um eine systematische Nutzung von Verfahren der Selbstbeobachtung und Selbstkritik bei der Technologieentwicklung und -nutzung (vgl. Moldaschl 2000). In diesem Sinne schreibt Josef Kucklick:

> »Die Welt der Neuen Auflösung, in die wir uns begeben, hält zwar viele Fallstricke und Gefahren bereit. Aber sie wird auch dazu führen, dass wir uns intensiver mit dem beschäftigen werden, was uns als Menschen kennzeichnet. Wir gehen nicht der Entmenschlichung, der Roboterisierung entgegen, sondern im Gegenteil: der Präzisierung dessen, was uns eigentlich ausmacht. Die neuen Maschinen und Algorithmen fordern uns heraus, und wir werden uns verändern müssen, um ihnen erfolgreich begegnen zu können, aber genau darin liegt unsere Stärke: Wir sind die Wesen, die sich neu erfinden können« (Kucklick 2015, S. 19).

Auch die Pädagogik als *die* Lebenslauf- und Veränderungswissenschaft moderner Gesellschaften kann Technologien entwickeln und bereitstellen. Dabei haben wir Werkzeuge der Selbstreflexion vor Augen, wie sie den in diesem Buch vorgestellten Regeln entsprechen. Diese Regeln versuchen nicht, die Angesprochenen zum Objekt von Intervention und Beeinflussung zu machen, sondern sie zu Eigenbewegungen anzuregen und ggf. anzuleiten. Um mit diesen Regeln als Werkzeugen der Selbstreflexion zu arbeiten, sollten Forscher und Begleiter gleichermaßen darum bemüht sein, an den Emergenzpunkten des Selbstausdrucks und der Selbstbewegung des Gegenübers anzusetzen, diese durch Irritations- oder Perturbationshandlungen herauszufordern. Ob und in welcher Weise das Gegenüber die damit einhergehende emotionale Labilisierung auch tatsächlich zur Kompetenzreifung zu nutzen vermag, bleibt seiner eigenen autonomen Entscheidung vorbehalten. Es gibt keine wirkungssichere »Technologie«, mit deren Hilfe das gewünschte Verhalten »effektiv« erzwungen und nachhaltig gewährleistet werden kann. Die reflexive Technologie arbeitet zwar mit Zweck-Mittel-Kalkülen, muss aber de facto ohne sie auskommen. Sie kann allenfalls beobachtend relationieren (= in Beziehung setzen), aber nicht bewirken, wie u. a. Ortfried Schäffter herausgearbeitet hat (vgl. Schäffter 2012).

Konkret heißt dies:

Persönlichkeitsbildung ist Ergebnis einer Selbstbewegung des Subjekts. Diese kann angeregt und begleitet, aber nicht gewährleistet werden. Geeignete Kontexte in Elternhaus und Bildungsinstitutionen können diese Selbstbewegung ebenso unterstützen wie varianten- und anregungsreiche Bedingungen in Beruf und Gesellschaft. Hilfreich können Selbsttechnologien sein, die das Augenmerk auf das eigene Selbst mit seinen Wiederholungsmustern lenken und zu einem Wachstum der inneren Möglichkeiten anstiften.

Literatur

Adorno, T. W. (1970a): Ästhetische Theorie. Frankfurt (Suhrkamp).

Adorno, T. W. (1970b): Erziehung nach Auschwitz. In: T. W. Adorno: Erziehung zur Mündigkeit. Frankfurt (Suhrkamp), S. 88–104.

Améry, J. (2004): Über das Altern – Revolte und Resignation. Stuttgart (Klett-Cotta).

Arnold, R. (2009): Das Santiagoprinzip. Systemische Führung im Lernenden Unternehmen. Baltmannsweiler (Schneider), 2., überarb. u. erw. Aufl.

Arnold, R. (2012): Seit wann haben Sie das? Grundlinien eines Emotionalen Konstruktivismus. Heidelberg (Carl-Auer), 2. Aufl.

Arnold, R. (2013): Selbstbildung. Oder: Wer kann ich werden und wenn ja wie? Baltmannsweiler (Schneider), 2., korr. Aufl.

Arnold, R. (2014a): Begriffe sind Fenster. Systemische Pädagogik von A bis Z. Antworten, Algorithmen und Akronyme. Baltmannsweiler (Schneider).

Arnold, R. (2014b): Lob des Eklektizismus. Zu den Grenzen einer Kohärenztheorie der Wahrheit. *Der pädagogische Blick* 22 (4): 257–266.

Arnold, R. (2015a): Leadership by Personality. Von der Emotionalen zur Spirituellen Kompetenz. Wiesbaden (Springer-Gabler).

Arnold, R. (2015b): Wie man führt, ohne zu dominieren. 29 Regeln für ein kluges Leadership. Heidelberg (Carl-Auer), 3. Aufl.

Arnold, R. (2014c): Wie man liebt, ohne (sich) zu verlieren. 29 Regeln einer klugen Beziehungsgestaltung. Heidelberg (Carl-Auer).

Arnold, R. (2014d): Wie man ein Kind erzieht, ohne es zu tyrannisieren. 29 Regeln für eine kluge Erziehung. Heidelberg 2014d (Carl-Auer), 2. Aufl.

Arnold, R. u. I. Schüßler (2015): Deutungsmuster. In: J. Dinkelaker u. A. von Hippel (Hrsg.): Erwachsenenbildung in Grundbegriffen. Stuttgart (Kohlhammer), S. 66–74.

Baecker, D. (2013): Beobachter unter sich. Eine Kulturtheorie. Berlin (Suhrkamp).

Balmer, H.-P. (2008): Montaigne und die Kunst der Frage. Grundzüge der Essays. Tübingen (Francke).

Bateson, G. (1987): Geist und Natur. Eine notwendige Einheit. Frankfurt (Suhrkamp).

Beck, H. (2010): Warum gute Vorsätze so selten halten. Frankfurter Allgemeine Zeitung vom 3.8.2010. Verfügbar unter: (www.faz.net/aktuell/wirtschaft/der-volks-und-betriebswirt/zeitkonsistenz-warum-gute-vorsaetze-so-selten-halten-11030048.html) [18.5.2015].

Belgrad, J. (1992): Identität als Spiel. Eine Kritik des Identitätskonzepts von Jürgen Habermas. Opladen (Westdeutscher Verlag).

Bennet-Vahle, H. (2007): Philosophie des Alters. In: U. Pasero, G. M. Backes u. K. R. Schroeter (Hrsg.): Altern in Gesellschaft. Aging – Diversity – Inclusion. Wiesbaden (VS Verlag für Sozialwissenschaften), S. 11–42.

Bergson, H. (1921): Schöpferische Entwicklung. Jena (Eugen Diederichs).

Blumenberg, H. (2015): Rigorismus der Wahrheit. Berlin (Suhrkamp).

Bohm, D. (2011): Der Dialog. Das offene Gespräch am Ende der Diskussionen. Stuttgart (Klett-Cotta).

Böhme, G. (2002): Der Typ Sokrates. Frankfurt (Suhrkamp), erw. Neuauflage.

Böschemeyer, U. (2014): Warum nicht: Über die Unmöglichkeit des Unmöglichen. Salzburg (Ecowin).

Bothe-Scharf, M. (2010): Bildung – the formation of a genteel character? In: D. Gaus u. E. Drieschner (Hrsg.): ›Bildung‹ jenseits pädagogischer Theoriebildung? Fragen zu Sinn, Zweck und Funktion der Allgemeinen Pädagogik. Wiesbaden (VS Verlag für Sozialwissenschaften), S. 67–78.

Bowlby, J. (1958): The nature of the child's tie to his mother. *International Journal of Psycho-Analysis* 34: 1–23.

Bowlby, J. (1982): Bindung. Eine Analyse der Mutter-Kind-Beziehung. München (Kindler).

Bowles, J. (2014): The Computarisation of European Jobs. www.bruegel.org/nc/blog/detail/article/1394-the-computarisation-of-europ-jobs/

Braun, A. (2013): Literarischer Lebensbegleiter: Albert Camus zum 100. Geburtstag. www.literaturcafe.de/literarischer-lebensbegleiter-albert-camus-zum-100-geburtstag/

Brenk, M. (2014): Nur noch Etüden? – Kritisch-konstruktive Anmerkungen zur Kompetenzorientierung im Musikunterricht. www.zfkm.org/14-brenk.pdf, S. 56–67 (leicht überarbeitete Version des Orginalbeitrages (2012) in: *Vierteljahresschrift für wissenschaftliche Pädagogik* 88 (1): 74–95.

Christensen, C. M. (2011): The Innovator's Dilemma. Warum etablierte Unternehmen den Wettbewerb um bahnbrechende Innovationen verlieren. München (Vahlen).

Delors, J. (2013): The treasure within: Learning to know, learning to to, learning to live together and learning to be. What is the value of that treasure 15 years after its publication. *International Revue of Education* 59: 319–330.

Delors, J. u. a. (1997): Lernfähigkeit: Unser verborgener Reichtum. UNESCO-Bericht zur Bildung für das 21. Jahrhundert. Neuwied (Luchterhand).

de Shazer, S. (2006): Das Spiel mit Unterschieden. Wie therapeutische Lösungen lösen. Heidelberg (Carl-Auer), 5. Aufl.

Deutscher Ausschuss für das Erziehungs- und Bildungswesen (1967): Zur Situation und Aufgabe der deutschen Erwachsenenbildung. In: H. J.

Knoll u. H. Siebert (Hrsg.): Erwachsenenbildung in der Bundesrepublik. 1945–1966. Heidelberg (Quelle & Meyer).

Dörner, A. (2001): Politainment. Politik in der medialen Erlebnisgesellschaft. Frankfurt (Suhrkamp).

Draheim, A. u. A. Crimmann (2015): Arbeit 4.0 braucht Bildung 4.0. www.carta.info/78360/arbeit-4-0-braucht-bildung-4-0/

Durkheim, E. (1897): Le Suicide. Étude de sociologie. Paris (Félix Alcan).

Foerster, H. von (1993): KybernEthik. Berlin (Merve).

Foucault, M. (1996): Der Mensch ist ein Erfahrungstier. Frankfurt (Suhrkamp).

Foucault, M. (2009): Die Regierung des Selbst und der andere. Frankfurt am Main (Suhrkamp).

Frankl, V. (1997): Ärztliche Seelsorge. Grundlagen der Logotherapie und Existenzanalyse. Frankfurt (Fischer), Neuaufl.

Frankl, V. (2005): Der leidende Mensch. Anthropologische Grundlagen der Psychotherapie. Bern (Huber).

Frisch, M. (1998): Tagebuch 1966–1971. In: Gesammelte Werke in zeitlicher Folge, Bd. 6. Frankfurt (Suhrkamp).

Fromm, E. (1992): Gesamtausgabe, Bd. 11. Frankfurt (Suhrkamp).

Funk, R., H. Johach u. G. Meyer (Hrsg.) (2000): Erich Fromm heute. Zur Aktualität seines Denkens. München (dtv).

Gergen, K. (1999): Konstruierte Wirklichkeiten. Eine Hinführung zum sozialen Konstruktionismus. Stuttgart (Kohlhammer).

Gibran, K. (2012): Der Prophet. Wegweiser zu einem sinnvollen Leben. München (dtv), 3. Aufl.

Goffman, E. (1959): The presentation of self in everyday life. New York (Doubleday&Co.).

Goffman, E. (2003): Wir alle spielen Theater. Die Selbstdarstellung im Alltag. München (Piper), 10. Aufl.

Gottschlich-Kempf, S. (2014): Identitätsbalance im Roman der Moderne. Würzburg (Königshausen&Neumann).

Gronemeyer, M. (1996): Das Leben als letzte Gelegenheit. Sicherheitsbedürfnis und Zeitknappheit. Darmstadt (Primus), 2. Aufl.

Hagemann, I. (2012): Konstruktivistische Theorie und politische Praxis. Ist eine konstruktivistisch orientierte Praxis denkbar? Verfügbar unter: www.ingmar-hagemann.de/wordpress/konstruktivistische-theorie-und-politische-praxis/ [Aufruf: 23.2.2015].

Hansch, D. (2006): Erfolgsprinzip Persönlichkeit. Berlin (Springer).

Heisig, C. u. C. Savory-Deermann (2001): Mein Echo im Beruf. Wege zum Einklang zwischen innerer Entwicklung und Arbeitsleben. Gießen (Psychosozial).

Heinze, H. (2010): Die psychologische Weltformel. Mysterium und Martyrium unserer Sprache in der Zeitlosigkeit. Berlin (LIT).

Henneberger, M. (2000): A Boy's Life In and Out of the Family Script. Al Gore's Journey. A Boyhood Divided. New York Times vom 22.5.2000. Verfügbar unter: www.partners.nytimes.com/.../052200wh-dem-gore. html [20.8.2015].

Hinz, A. (2002): Zeit als Bildungsperspektive in theologischer Perspektive. Münster (LIT).

Hofmann, D. V. (2000): Gewissheit des Fürwahrhaltens: zur Bedeutung der Wahrheit im Fluss des Lebens nach Kant und Wittgenstein. Berlin (de Gruyter).

Holzkamp, K. (1993): Lernen. Eine subjektwissenschaftliche Grundlegung. Stuttgart (Klett-Cotta).

Humboldt, W. von (1793/1964): Bildung des Menschen in Schule und Universität. Heidelberg (Quelle & Meyer).

Hürter, T. (2013): Der Tod ist ein Philosoph. Wie mich ein Sturz vom Berg auf den Sinn des Lebens brachte. München (Piper).

Isaacson, W. (2011): Steve Jobs. Die autorisierte Biografie des Apple-Gründers. München (Bertelsmann).

Kahl, J. (2007): Weltlicher Humanismus: eine Philosophie für unsere Zeit. Berlin (LIT).

Kahneman, D. (2011): Schnelles Denken, langsames Denken. München (Siedler).

Kandinsky, W. (1973): Und. In: Essays über Kunst und Künstler. Bern (Benteli), 3. Aufl., S. 97–108.

Kannicht, A. u. B. Schmid (2015): Einführung in systemische Konzepte des Selbststeuerung. Heidelberg (Carl-Auer).

Kästner, E. (1998): Moral. In: Zeitgenossen, haufenweise. Gedichte. Werke, Bd. 11. München (Carl Hanser).

Keese, C. (2014): Silicon Valley. Was aus dem mächtigsten Tal der Welt auf uns zukommt. München (Knaus), 4. Aufl.

Klafki, W. (1963): Das pädagogische Problem des Elementaren und die Theorie der Kategorialen Bildung. Weinheim (Beltz), 2. Aufl.

Klafki, W. (1986): Die bildungstheoretische Didaktik im Rahmen kritisch-konstruktiver Erziehungswissenschaft oder: Zur Neufassung der Didaktischen Analyse. In: H. Gudjons (Hrsg.): Didaktische Theorien. Braunschweig (Westermanns), S. 11–26.

Klafki, W. (1991): Zur Unterrichtsplanung im Sinne kritisch-konstruktiver Didaktik. In: B. Adl-Amini u. R. Künzli (Hrsg.): Didaktische Modelle und Unterrichtsplanung. Weinheim (Beltz), 3. Aufl.

Klafki, W. (1993): Neue Studien zur Bildungstheorie und Didaktik. Zeitgemäße Allgemeinbildung und kritisch-konstruktive Didaktik. Weinheim (Beltz), 3. Aufl.

Kost, J. (2004): Wilhelm von Humboldt – Weimarer Klassik – Bürgerliches Bewusstsein. Kulturelle Entwürfe in Deutschland um 1800. Würzburg (Könighausen & Neumann).

Krack, P. (1999): Relicts of dancing mania. The dancing procession of Echternach. *Neurology* 53: 2169–2172.

Kreitmeir, C. (2014): Sehnsucht Spiritualität. Gütersloh (Gütersloher Verlagshaus).

Kucklick, C. (2015): Die granulare Gesellschaft. Wie das Digitale unsere Wirklichkeit auflöst. Berlin (Ullstein), 2. Aufl.

Kurzweil, R. (2014): Menschheit 2.0. Die Singularität naht. Berlin (Lola Books), 2. Aufl.

Landwehr, A. (2015): Europas Werte und das Paradox der Aufklärung. Verfügbar unter: www.achimlandwehr.wordpress.com/2015/01/12/33-europas-werte-und -das-paradox-der-aufklaerung/.

Lauterbach, U. (2007): Raus aus dem Gedankenkarussell. Wie Sie leidige Gedanken und Grübelattacken genüsslich ins Leere laufen lassen. München (Kösel), 5. Aufl.

Leimbach, K. A. (2010, urspr. 1894): Untersuchungen über die verschiedenen Moralsysteme. Hamburg (Severus).

Lelord, F. u. C. André (2007): Die Macht der Emotionen – und wie sie unseren Alltag bestimmen. München (Piper).

Lenzen, D. (1997): Lösen die Begriffe Selbstorganisation, Autopoiesis und Emergenz den Bildungsbegriff ab? Niklas Luhmann zum 70. Geburtstag. *Zeitschrift für Pädagogik* 43 (6): 949–968.

Luhmann, N. (2001): Legitimation durch Verfahren. Frankfurt (Suhrkamp), 6. Aufl.

Luhmann, N. u. K.-E. Schorr (1979): Reflexionsprobleme im Erziehungssystem. Stuttgart (Klett-Cotta).

Mack, O., A. Khare, A. Krämer a. T. Burgatz (eds.) (2016): Managing in a VUCA World. Heidelberg (Springer).

Maturana, H. (1997): Objetividad. Un argumento para obligar. Santiago de Chile (Dolmen Ediciones).

Maurer, H. (2000): Beziehung und Erkenntnis. Zum Zusammenhang intrapsychischer und intersubjektiver Strukturen im psychoanalytischen Prozess. Würzburg (Königshausen&Neumann).

Mead, G. H. (1968): Geist, Identität und Gesellschaft. Frankfurt (Suhrkamp).

Miller, A. (1997): Das Drama des begabten Kindes. Eine Um- und Forschreibung. Frankfurt (Suhrkamp).

Mitscherlich, A. (1996): Auf dem Weg zur vaterlosen Gesellschaft. München (Piper), 10. Aufl.

Moldaschl, M. (2000). Reflexivität: Zur Bestimmung und Anwendung der Kategorie in Organisationsforschung, Beratung und Gestaltung. Working Papers. Nr. 3 des Lehrstuhls für Soziologie der TU-München. München. Verfügbar unter: www.tu-chemnitz.de/wirtschaft/bwl9/forschung/fprojekte/reflex/instReflex/ergebnisse/download/MM_Reflexivitaet_TUM_2000.pdf [6.4.2016].

Moeller, M. L. (1988): Die Wahrheit beginnt zu zweit. Die Liebe ist das Kind der Freiheit. Das Paar im Gespräch. Hamburg (Rowohlt).

Montaigne, M. de (1998): Essais. Frankfurt (Eichborn).

Müller-Commichau, W. (2005): Fühlen lernen. Oder Emotionale Kompetenz als Schlüsselqualifikation. Mainz (Grünewald).

Murphy, S. a. M. A. Smith (1992): Writing Portfolios. A Bridge from Teaching to Assesment. Markham/Ontario (Pippin Publications).

Musil, R. (1957): Der Mann ohne Eigenschaften. Gesammelte Werke, Bd. 1. Hamburg (Rowohlt).

Ohmer, H. u. A. von Schlippe (2015): Autorität durch Beziehung. Göttingen (Vanderhoeck & Ruprecht), 8. Aufl.

Ordine, N. (2013): Von der Nützlichkeit des Unnützen. Warum Philosophie und Literatur lebenswichtig sind. Berlin 2014 (Ullstein).

Piaget, J. (1981): Jean Piaget über Jean Piaget. Sein Werk aus seiner Sicht. München (Kindler).

Pörksen, B. u. F. Schulz von Thun (2014): Kommunikation als Lebenskunst. Philosophie und Praxis des Miteinander-Redens. Heidelberg (Carl-Auer).

Pregadio, F. (Hrsg.) (2008): The Routledge Encyclopedia of Taosim. 2Bde. London (Routledge).

Raddatz, F. J. (2015): Die Tagebücher von Fritz J. Raddatz. *Die Zeit* vom 19. März 2015, S. 51.

Riemann, F. (2009): Grundformen der Angst. Eine tiefenpsychologische Studie. Frankfurt (Reinhardt).

Robinsohn, S. B. (1967): Bildungsreform als Revision des Curriculum. Neuwied (Luchterhand).

Roediger, E. (2014): Wer A sagt, muss noch lange nicht B sagen. München (Kösel).

Roth, G. (1997): Das Gehirn und seine Wirklichkeit. Kognitive Neurobiologie (Suhrkamp).

Roth, G. (2007): Persönlichkeit, Entscheidung und Verhalten. Warum es so schwierig ist, sich und andere zu verändern. Stuttgart (Klett-Cotta).

Roth, G. (2015): Wie entsteht Persönlichkeit. *Der Tagesspiegel* vom 5.6.2015. Verfügbar unter: www.tagesspiegel.de/wissen/was-kinder-praegt-wie-entsteht-persoenlichkeit/11876126.html [1.8.2015].

Saarni, C. a. H. Weber (1999): Emotional displays and dissembalance in childhood: Implications for self-presentation. In: P. Philippot, R. S. Feldman a. E. J. Coats (eds): The social context of nonverbal behavior. Studies in emotion and social interaction. New York (Cambridge University Press), S. 71–105.

Schäffter, O. (2012). Systemische Veränderungsforschung aus relationaler Sicht. Erwachsenenbildung zwischen Inklusion und Exklusion. In W. Gieseke, E. Nuissl u. I. Schüßler (Hrsg.): Reflexionen zur Selbstbildung. Festschrift für Rolf Arnold. Theorie und Praxis der Erwachsenenbildung. Bielefeld (Bertelsmann), S. 32–58.

Schäffter, O. (2001): Weiterbildung in der Transformationsgesellschaft. Zur Grundlegung einer Theorie der Institutionalisierung. Baltmannsweiler (Schneider).

Scharmer, C. O. (2009): Theorie U. Von der Zukunft her führen. Presencing als soziale Technik. Heidelberg (Carl-Auer).

Schmid, W. (2004): Mit sich selbst befreundet sein. Frankfurt (Suhrkamp).

Schulz von Thun, F. (1990): Miteinander reden 1. Störungen und Klärungen. Allgemeine Psychologie der Kommunikation. Reinbek bei Hamburg (Rowohlt).

Senge, P. u. a. (1996): Die fünfte Disziplin. Stuttgart (Klett-Cotta).

Senge, P. u. a. (1997): Das Fieldbook zur Fünften Disziplin. Stuttgart (Klett-Cotta).

Senge, P. et al. (2008): The Necessary Revolution. How Individuals and Organizations Are Working Together to Create a Sustainable Word. New York (Broadway Books).

Senge, P. u. a. (2011). Die notwendige Revolution. Wie Individuen und Organisationen zusammenarbeiten, um eine nachhaltige Welt zu schaffen. Heidelberg (Carl-Auer).

Shiller, R. (2015): Das gefährdet die Identität des Menschen. *Süddeutsche Zeitung* Nr. 78 vom 4./5./6.April, S. 25.

Siebert, H. (2015): Erwachsene – lernfähig aber unbelehrbar. Was der Konstruktivismus für die politische Bildung leistet. Schwalbach/Ts. (Wochenschau).

Simon, F. B. (2010): Die Kunst, nicht zu lernen, und andere Paradoxien in Psychotherapie, Management und Politik. Heidelberg (Carl-Auer).

Simon, F. B. (2006): Einführung in Systemtheorie und Konstruktivismus. Heidelberg (Carl-Auer).

Sloterdijk, P. (2009): Du musst dein Leben ändern. Über Anthropotechnik. Frankfurt (Suhrkamp).

Spitzer, M. (2007): Lernen. Gehirnforschung und die Schule des Lebens. München (Spektrum).

Steins, G. (2010): Einführung in die »Psychologie der Geschlechterforschung«. In: G. Steins (Hrsg.): Handbuch Psychologie und Geschlechterforschung. Wiesbaden (VS Verlag), S. 11–26.

Stierlin, H. (2010): Sinnsuche im Wandel. Herausforderungen für die Psychotherapie. Eine persönliche Bilanz. Heidelberg (Carl-Auer).

Stierlin, H. (2014):Sinnsuche im Wandel. Herausforderungen für die Psychotherapie. Eine persönliche Bilanz. Heidelberg (Carl-Auer).

Stock, J. (2015): Es könnte auch alles ganz anders sein. *Weiterbildung* 1: 26–29.

Strenger, C. (2015): Zivilisierte Verachtung. Eine Anleitung zur Verteidigung unserer Freiheit. Berlin (Suhrkamp).

Tannen, D. (1994): Das hab' ich nicht gesagt! Kommunikationsprobleme im Alltag. München (Goldmann).

Ten Hompel, M. u. H.-J. Bullinger (2007): Internet der Dinge. Berlin (Springer).

Uhlmann, A., B. Krewer u. R. Arnold (2014): Wertschätzender Vergleich. Stufe für Stufe Internationale Diversitätskompetenz entwickeln. Bonn (Akademie für Internationale Zusammenarbeit).

Varela, F., E. Thompson u. E. Rosch (1992): Der mittlere Weg der Erkenntnis. Der Brückenschlag zwischen wissenschaftlicher Theorie und menschlicher Erfahrung. Bern (Goldmann).

Vereinigung der Bayerischen Wirtschaft (Hrsg.) (2003): Bildung neu denken! Das Zukunftsprojekt. Opladen (Leske + Budrich).

Viernickel, S. (2008): Grundlage des Lebens: Emotionale Kompetenz. www.kindergartenplus.de/dl/KGpl_Fachtag09_Vortrag_Susanne_Viernickel.pdf.

Volkelt, J. (1922): Die Gefühlsgewissheit. München (Salzwasser).

von Schlippe, A. u. J. Schweitzer (2009): Systemische Interventionen. Göttingen (Vanderhoeck& Ruprecht).

Watzlawick, P. (1988): Anleitung zum Unglücklichsein. München (Piper).

Watzlawick, P. (2011a): Münchhausens Zopf. Oder Psychotherapie und Wirklichkeit. Bern (Huber), 2. Aufl.

Watzlawick, P. (2011b): Vom Unsinn des Sinns oder Vom Sinn des Unsinns. München (Piper), 7. Aufl.

Watzlawick, P., J. H. Beavin u. D. D. Jackson (1974): Menschliche Kommunikation. Formen, Störungen, Paradoxien. Bern (Huber), 4., unveränd. Aufl.

Watzlawick, P., J. H. Weakland u. R. Fisch (1992): Lösungen. Zur Theorie und Praxis menschlichen Wandels. Bern (Huber), 5. Aufl.

Windelbrand, L. (2014): Zukunft der Facharbeit im Zeitalter »Industrie 4.0«. *Journal of Technical Education* 2 (2): 138–160.

Wittgenstein, L. (1984): Über Gewissheit. Werkausgabe, Bd. 8. Frankfurt (Suhrkamp).

Wittchen, H.-U. et al. (2011): The size and burden of mental disorders and other disorders of the brain in Europe 2010. *European Neuropsychopharmacology* 21 (9): 655–679.

Yalom, I. D. (2008): In die Sonne schauen: Wie man die Angst vor dem Tod überwindet. München (btb).

Ziegler, J. (2011): Die Lebenden und der Tod. Salzburg (ecowin).

Über den Autor

Rolf Arnold, Prof. Dr., Professor für Pädagogik; Wissenschaftlicher Direktor des Distance and Independent Studies Centre (DISC) an der TU Kaiserslautern; systemischer Berater im nationalen und internationalen Rahmen. Schwerpunkte: Berufs- und Erwachsenenbildung, Systemische Pädagogik, Emotionale Bildung, Führungskräftebildung und Interkulturelle Bildung. Lehrtätigkeiten an den Universitäten Bern, Heidelberg und Klagenfurt sowie an der Pädagogischen Hochschule Luzern. Veröffentlichungen u. a.: *Wie man liebt, ohne (sich) zu verlieren. 29 Regeln für eine kluge Beziehungsgestaltung* (2. Aufl. 2016), *Wie man führt, ohne zu dominieren. 29 Regeln für ein kluges Leadership* (3. Aufl. 2015), *Wie man ein Kind erzieht, ohne es zu tyrannisieren. 29 Regeln für eine kluge Erziehung* (2. Auflage 2014).

Kontakt: *www.systhemia.com*

Rolf Arnold

Wie man liebt, ohne (sich) zu verlieren

29 Regeln für eine kluge Beziehungsgestaltung

240 Seiten, Kt, 2. Aufl. 2016
ISBN 978-3-8497-0038-6

Die Liebe ist eine Himmelsmacht, behauptete schon Johann Strauss. Aber auch ihre „soziale Macht" ist nicht zu unterschätzen: Liebe führt Menschen zusammen oder treibt sie auseinander, lässt Familien entstehen oder zerbrechen.

Rolf Arnold verbindet seine Einschätzungen und Vorschläge zur Beziehungsgestaltung mit Erkenntnissen aus der Wahrnehmungs-, Kommunikations- und Paarforschung. In Form von 29 klugen Regeln gibt er konkrete Hinweise und Anregungen, die es fast unmöglich machen, die eigenen Liebesbeziehungen nicht zu verändern und zu vertiefen.

„Klasse Buch! Und klug. Der nächste Beziehungsratgeber wird es schwer haben, etwas zu empfehlen, das Rolf Arnold noch nicht gesagt hat. Das einzige Problem ist, sich die ganzen Regeln zu merken. Hätten es 28 nicht auch getan? Nein, man kann keine weglassen. Da hilft nur eins: noch mal lesen."
Prof. Dr. Ulrich Clement

Carl-Auer Verlag • www.carl-auer.de

Rolf Arnold

Wie man führt, ohne zu dominieren

29 Regeln für ein kluges Leadership

158 Seiten, Kt, 3. Aufl. 2015
ISBN 978-3-89670-833-5

Beim Versuch, Menschen zu „führen", kann man schnell an Grenzen sto-
ßen – an die eigenen wie an die der Geführten. Rolf Arnold zeigt in diesem
Buch, wie man in der Kooperation mit anderen auf gute Weise Führung
beanspruchen und seine Ziele umsetzen kann. Klug Führende gestalten die
Beziehungen, sie machen Zusammenhänge sichtbar und schaffen „Spirit", indem sie die Eigendynamik von Gruppen, Teams oder Organisationen stärken.

Der Autor stellt das Handwerkszeug für die wirksame Gestaltung von ty-
pischen Führungsanforderungen bereit. Er stützt sich sowohl auf aktuelle
Erkenntnisse aus der Führungsforschung als auch auf seine umfangreiche
Praxiserfahrung, die er während fast dreier Jahrzehnte in unterschiedlichen
Führungsfunktionen sowie als Berater und Supervisor von Unternehmen
und Organisationen weltweit gesammelt hat.

Die „29 Regeln für ein kluges Leadership" will der Autor dabei nicht als
Rezepte verstanden wissen, sondern als Aufforderung zur Selbstreflexion.
So ist die letzte Regel zugleich bezeichnend für einen klugen Führungsstil:
Misstrauen Sie Regeln und erforschen Sie Ihre eigene Regelhaftigkeit!

Carl-Auer Verlag • www.carl-auer.de